AUTOAJUDE-ME!

MARIANNE POWER

AUTOAJUDE-ME!

Minha jornada para descobrir
se a autoajuda realmente pode
transformar vidas

Tradução
Clóvis Marques

1ª edição

Rio de Janeiro | 2023

Título original
Help me! — One Woman's Quest to Find Out If
Self-help Really Can Change Her Life

Design de capa original
Macmillan Publishers International Ltda.

Adaptação de capa
Renata Vidal

CIP-BRASIL. CATALOGAÇÃO NA PUBLICAÇÃO
SINDICATO NACIONAL DOS EDITORES DE LIVROS, RJ

P895a

Power, Marianne
    Autoajude-me! : minha jornada para descobrir se a autoajuda realmente pode transformar vidas / Marianne Power ; tradução Clóvis Marques e Equipe BestSeller. – 1ª ed. – Rio de Janeiro : BestSeller, 2023.

    Tradução de: Help-me! — one woman's quest to find out if self-help really can change her life
    ISBN 978-65-5712-211-2

    1. Relatos – Técnicas de autoajuda. 2. Autoaceitação em mulheres. 3. Sucesso – Aspectos psicológicos. I. Marques, Clóvis. II. Equipe BestSeller (Firma). III. Título.

22-78387	CDD: 158.1
	CDU: 159.947.5

Gabriela Faray Ferreira Lopes – Bibliotecária – CRB-7/6643

Texto revisado segundo o novo Acordo Ortográfico da Língua Portuguesa.

Copyright © 2015 by Marianne Power
Copyright da tradução © 2023 by Editora Best Seller Ltda.

Todos os direitos reservados. Proibida a reprodução,
no todo ou em parte, sem autorização prévia por escrito da editora,
sejam quais forem os meios empregados.

Direitos exclusivos de publicação em língua portuguesa para o Brasil
adquiridos pela
Editora Best Seller Ltda.
Rua Argentina, 171, parte, São Cristóvão
Rio de Janeiro, RJ — 20921-380
que se reserva a propriedade literária desta tradução.

Impresso no Brasil

ISBN 978-65-5712-211-2

Seja um leitor preferencial Record.
Cadastre-se e receba informações sobre nossos lançamentos e nossas promoções.

Atendimento e venda direta ao leitor:
sac@record.com.br

Para G — minha pessoa

Mãe: Sobre esse livro...
Eu: Sim.
Mãe: Por favor, me diga que você não usa a palavra "jornada" nele.
Eu: Não uso.
Mãe: Que bom.
Eu: Eu prefiro o termo "caminho espiritual".
Mãe: Ai, Marianne...

Sumário

A ressaca que mudou tudo 15

Capítulo 1: *Tenha medo... e siga em frente*, de Susan Jeffers ... 25

Capítulo 2: *Money: A Love Story*, de Kate Northrup ... 57

Capítulo 3: *O Segredo*, de Rhonda Byrne ... 81

Capítulo 4: Terapia da Rejeição, com Jason Comely ... 101

Capítulo 5: Terapia da Rejeição: Parte II ... 117

Capítulo 6: *Dane-se: Quando uma atitude resolve tudo*, de John C. Parkin ... 137

Capítulo 7: A queda do Dane-se ... 159

Capítulo 8: Liberte o poder interior, com Tony Robbins ... 169

EU PERFEITO:
O DESAFIO DE 10 DIAS DO TONY ... 181

Capítulo 9: Dura   185

Capítulo 10: *Angels*, de Doreen Virtue   199

Capítulo 11: Doente   211

Capítulo 12: *Os 7 hábitos das pessoas altamente eficazes*,
de Stephen R. Covey   219

Capítulo 13: Deprimida   231

Capítulo 14: *O poder do agora*, de Eckhart Tolle   247

Capítulo 15: *Mulheres poderosas não esperam pela sorte*,
de Matthew Hussey   269

Capítulo 16: Arrumar um marido?   293

Capítulo 17: *A coragem de ser imperfeito*, de Brené Brown   303

Capítulo 18: *Você pode curar sua vida*, de Louise Hay   327

E então, a autoajuda ajuda?   341
Agradecimentos   347
Nota da autora   349

A cadeira de escritório manchada está coberta de alguma coisa cinzenta e áspera. Tento não pensar na origem do borrão escuro ao tirar meu roupão felpudo branco e me sentar. Nua.

O ar gelado do salão estranho toca a minha pele. Meu coração bate acelerado.

Estou nua. Na frente de outras pessoas. Nua. Sob um holofote. Nua. Meus pensamentos disparam. E se alguém que conheço entrar aqui? Alguém com quem trabalho? Ou um dos meus antigos professores?

— Encontre uma posição confortável e relaxe — diz uma voz no fundo da sala. — Posso lhe garantir que ninguém vai ficar olhando para uma mulher nua, estão todos muito concentrados em sua arte.

É fácil dizer, Sr. Jeans e Jaqueta. Neste exato momento, você está cem por cento mais vestido que eu.

Cruzo as pernas e repouso os braços no colo, só para cobrir alguma coisa. Olho para o chão. Vejo minha barriga molenga e os pelos louros das minhas pernas brancas sob a luz intensa. O barulho dos lápis no papel é a única coisa que me distrai da voz na minha cabeça. Uma voz que grita: *Mas o que você está fazendo aqui? Por que não está em casa vendo televisão, como uma pessoa normal? Como é que se esqueceu de raspar as pernas? Essa não é a primeira coisa a fazer quando sabe que está prestes a ficar nua em público? Uma depilação básica?*

Com o canto do olho, vejo movimento. Alguém chegando atrasado. Um homem. Ele é alto. Cabelos escuros e cacheados. Levanto um pouco a cabeça. Ele está usando um suéter azul-marinho. Meu Deus, eu adoro um belo suéter... A realidade me alcança: um homem gostoso entrou na sala enquanto estou sentada, sem roupa, num salão.

É disso que os pesadelos são feitos.

Encaro uma penugem no chão como se minha vida dependesse disso. Inspiro fundo e me preocupo: inspirar me faz parecer maior. Bem maior.

Pare, Marianne. Pense em outra coisa... Pense no que vai jantar quando chegar em casa. Ensopado de galinha? Torrada com queijo?

— Muito bem, Marianne, vamos tentar uma pose de pé? Quem sabe de costas para a sala... com os braços levantados?

Minhas pernas fraquejam.

Tento imaginar como esses candidatos a Michelangelo vão encarar minhas celulites. Será que aprendem a tratar especificamente esse fator? Mais ou menos como aprender perspectiva e capturar o céu? Eu me pergunto o que o bonitão vai pensar do meu bumbum... Vai detestar, tenho certeza. Aposto que todas as suas namoradas são mulheres perfeitas com bunda de pêssego...

Eu me concentro na torrada com queijo. Tento lembrar que tipo de pão tenho em casa.

Meus braços doem por ficar levantados. Duas gotas de suor escorrem pela lateral do meu corpo. E então o professor está falando de novo.

— Mudem de posição se precisarem — diz para os alunos. — Aproximem-se da modelo. Encontrem um bom ângulo.

Barulho de cadeiras sendo arrastadas em piso de madeira. O bonitão está a menos de um metro de distância. Está tão perto que posso sentir o aroma de sua loção pós-barba. Cheira a limpeza e maresia.

Aposto que ele me acha estranha por estar nua em público num domingo à noite. E que minhas coxas estão cabeludas e feias. E que... Pare, Marianne!

Volto a encarar a penugem no chão. *Por que o chão dos salões está sempre empoeirado? Será que consigo não lavar roupa hoje?* O professor me fala que posso me vestir.

Assim que ele termina de falar, me sinto ainda mais nua. Ele me pediu para levar um robe — evocando imagens de sótãos parisienses e modelos usando vestidos de seda —, mas eu só tinha um roupão macio. Eu o visto, respiro fundo e vou na direção do bonitão.

— Me desculpe, estou sem prática — alega ele, olhando para o cavalete. — Não peguei bem seu nariz, e a testa ficou muito grande...

Olho para o desenho da minha forma nua em traços caóticos de carvão. *Maldita testa!*, quis gritar. *E desenhou minha bunda tão grande quanto a Austrália!*

Vou para o banheiro de pisos gelados e lascados e tento me vestir rápido. Eu me esforço para colocar as meias nos limites da cabine e me sento na privada.

Eu me sinto mais envergonhada do que empoderada.

Por que estou fazendo isso comigo mesma?

A ressaca que mudou tudo

Chega um momento na vida de toda mulher em que ela se dá conta de que as coisas não podem continuar como estão. No meu caso, esse momento chegou com uma ressaca em um domingo.

Não lembro o que fiz na noite anterior — além, óbvio, de beber muito e dormir com a roupa que saí e de maquiagem. Ao acordar, meus cílios estavam grudados por causa do rímel seco e minha pele era uma mancha oleosa resultante da mistura de base e suor. A calça jeans se afundava na minha barriga. Eu queria chegar ao banheiro, mas estava mole demais para me mexer. Então, abri o zíper e continuei deitada com os olhos fechados.

Meu corpo inteiro doía.

Às vezes, você consegue driblar uma ressaca. Acorda se sentindo tonta, mas feliz, talvez até eufórica, e sobrevive até ela fazer um pouso suave lá pelas quatro da tarde. Aquela ressaca, naquele domingo, não foi assim. Foi uma ressaca completa e impossível de ignorar. Parecia que uma bomba tinha explodido na minha cabeça. Meu estômago revirava feito uma máquina de lavar cheia de lixo tóxico. E minha boca... bem, é como dizem: era como se alguém, ou algo, tivesse morrido ali dentro.

Eu me virei, procurando pelo copo na mesinha de cabeceira. Minhas mãos tremiam tanto que derramei água no travesseiro e no lençol.

Os feixes de luz que vinham da cortina machucavam meus olhos. Eu os fechei e esperei... Ah, sim, isso mesmo...

Aquele maremoto de ansiedade e autodesprezo atingindo você depois de uma noite daquelas. Aquela sensação de ter feito algo muito ruim, que você é uma má pessoa e que só coisas ruins acontecerão com você pelo resto da sua vida patética, porque é isso que você merece.

Eu estava sofrendo do que meus amigos chamam de "o medo", mas não me sentia daquele jeito por causa de uma ressaca. O pavor, a ansiedade e o fracasso sempre estavam comigo, bem lá no fundo. A ressaca só os trazia mais para perto.

Não que minha vida fosse ruim. Longe disso.

Depois de passar pelos meus vinte anos me virando do avesso em redações de jornais, me tornei uma escritora freelance bem-sucedida em Londres. Eu era paga — de verdade — para testar máscaras de cílios. Um mês antes dessa ressaca que mudou tudo, eu estava em um spa austríaco com donas de casa ricas que pagaram uma fortuna para comer apenas caldo e pão amanhecido. Eu fui sem pagar nada, perdi quase 2,5kg e voltei para casa com uma coleção chique de minixampus.

Um pouco antes disso, eu estava na suíte de Dita Von Teese tendo uma aula sobre sedução para um artigo de jornal. Até tinha entrevistado James Bond e ouvido, por semanas, a mensagem de voz deixada pelo grande Roger Moore agradecendo pelo "texto bom pra caramba".

Profissionalmente, eu estava vivendo um sonho.

Sem considerar o lado profissional, tudo parecia bem também. Tinha amigos e familiares que se importavam comigo. Eu comprava jeans caros e bebia drinques caros. Fazia viagens. Eu fingia muito bem ser uma pessoa com uma vida boa.

Mas eu não era. E estava perdida.

Enquanto meus amigos planejavam viagens e redecoravam banheiros, eu passava meus fins de semana bebendo, ou deitada na cama assistindo *The Real Housewives* ou *Keeping Up with the Kardashians*.

Quando eu saía, minha vida social consistia numa sequência de festas de noivado, casamentos, open houses e batismos. Eu sorria e fazia minha parte. Comprava presentes. Assinava cartões. Brindava à felicidade. Mas, a cada festa que comemorava o avanço de alguém, eu me sentia mais deixada para trás, sozinha, irrelevante. Aos 36, meus amigos estavam todos passando pelas mais diferentes etapas da vida e eu tinha a mesma vida dos vinte e poucos anos.

A ressaca que mudou tudo

Eu era sempre a solteira, sem casa própria e sem um plano.

Meus amigos perguntavam se eu estava bem, e eu respondia que sim. Eu sabia que estava infeliz, mas por quê? Eu tive sorte. Tive muita sorte. Então, reclamava por estar solteira, pois era algo que as pessoas pareciam entender — mas eu nem sabia se aquela era a causa da minha infelicidade. Será que todos os problemas da minha vida seriam resolvidos por ter um namorado? Talvez, ou talvez não. Eu queria casar e ter filhos? Não sabia. De qualquer modo, os homens não estavam fazendo fila na minha porta.

A verdade era que homens me assustavam — e eu morria de vergonha disso. Por que eu não podia agir como todo mundo? Sabe, conhecer alguém, me apaixonar, casar.

Eu me sentia problemática.

Mas não falava nada disso para ninguém. Em vez disso, eu assentia quando me garantiam que logo eu encontraria alguém, e então mudávamos de assunto e eu voltava para casa sozinha para continuar na minha lenta descida para o nada. Isso se eu quisesse ser dramática. O que, considerando-se a ressaca, era o que eu fazia.

Eu passava os olhos pelo quarto escuro e úmido do apartamento de subsolo que alugava a um preço exorbitante. Meias velhas e tênis pelo chão, uma toalha úmida abandonada perto deles, uma caixa transbordando de lenços faciais e garrafas de água vazias. Uma, duas, três xícaras inacabadas de café...

Analisando a cena, ouvi uma voz dentro de mim: *O que você está fazendo?*

Eu a ouvi mais uma vez, num tom mais alto e insistente: *O que você está fazendo?*

Esse momento sempre acontece assim nos livros, não é? Uma voz, vinda de lugar algum, dizendo ao protagonista que alguma mudança tem que ser feita? Essa voz pode ser de Deus, de uma mãe morta, ou, sei lá, o fantasma do Natal passado — mas sempre existe uma voz.

Nunca acreditei em nada disso, lógico. Achava que era apenas um recurso literário inventado por caçadores de atenção superdramáticos, mas é real. Às vezes, você realmente chega no ponto em que ouve vozes.

O meu momento vinha acontecendo havia meses, me acordando às três da manhã — e eu me via sentada ereta na cama, o coração palpitando enquanto a voz perguntava: *O que você está fazendo? O que você está fazendo?*

Fiz o melhor que pude para ignorá-la. Voltei a dormir, trabalhar e ir ao bar. Porém, com o passar do tempo, foi ficando mais difícil ignorar a sensação de que algo estava errado. A verdade era que eu não tinha a menor ideia do que fazer com a minha vida. E as rachaduras começaram a aparecer. Sorrir ficou mais difícil, e as lágrimas, que antes se restringiam ao meu quarto, agora caíam em lugares públicos — bar, escritório, festas de amigos — até que finalmente me tornei aquelas mulheres que vemos em casamentos, que vão de dançar bêbadas enquanto toca "Single Ladies" da Beyoncé a chorar de soluçar no banheiro.

Nunca quis ser essa pessoa. Mas me tornei ela. Aconteceu.

Quando já estava na minha quarta hora de ressaca curtindo as Kardashian, o telefone tocou. Ainda não tinha tomado banho.

Era minha irmã, Sheila.

— O que você está fazendo? — quis saber ela. Sua voz alegre e contagiante. Dava para perceber que ela estava andando.

— Nada. Estou de ressaca. E você?

— Acabei de sair da academia, e vou encontrar Jo para almoçarmos.

— Legal.

— Você parece estar horrível.

— Eu não estou horrível! Só de ressaca — retruquei.

— Por que não caminha um pouco? Sempre ajuda.

— Está chovendo.

Não, não estava chovendo, mas Sheila não tinha como saber. Ela morava em Nova York, em seu apartamento chique, com seu trabalho chique e seus amigos chiques com quem saía para almoços chiques. Eu a imaginei saltitante pelas ruas de Manhattan, revigorada e animada por causa do exercício, com seu cabelo com luzes caras na luz do sol.

— O que vai fazer hoje? — perguntou ela. Eu detestei o julgamento implícito na pergunta.

— Não sei. O dia está quase acabando. São quatro da tarde aqui.

A ressaca que mudou tudo

— Você está bem?

— Sim, só cansada.

— Tudo bem... vou te deixar descansar.

Eu ia desligar, deixando-a voltar para sua vida fabulosa, e continuar meu momento de autocomiseração, mas comecei a chorar.

— O que houve? O que aconteceu noite passada? — indagou ela.

— Nada do que você está pensando.

— Então o que foi?

— Não sei... — respondi, minha voz falhando. — Não sei o que há de errado comigo.

— Como assim?

— Estou infeliz e não sei o motivo.

— Ah, Marianne... — A voz de Sheila perdeu o habitual tom agressivo.

— Não sei mais o que fazer. Fiz tudo que devia ter feito: trabalhei muito, tentei ser legal, pago o aluguel idiota desse apartamento idiota, mas pra quê? Qual o objetivo disso tudo?

Sheila não tinha as respostas, então, às três da manhã, sem conseguir dormir nem tolerar mais um minuto das Kardashian, resolvi procurar alguém, ou até mesmo algo, que pudesse.

Eu tinha 24 anos quando li meu primeiro livro de autoajuda. Estava bebendo um vinho branco vagabundo no All Bar One, em Oxford Circus, reclamando do meu emprego temporário ridículo, quando minha amiga me deu um exemplar todo detonado de *Tenha medo... e siga em frente*, de Susan Jeffers.

Li a chamada em voz alta: "Como transformar seu medo e sua indecisão em confiança e atitude..."

Revirei os olhos antes de virar o livro e ler na quarta capa: "O que impede você de ser a pessoa que gostaria e de viver a vida que gostaria? Medo de arrumar uma briga com seu chefe? Medo de mudar? Medo de assumir o controle?"

Revirei um pouco mais meus olhos.

— Não estou com medo. Só tenho um trabalho ruim.

— Sei que parece piegas, mas leia — falou minha amiga. — Juro que vai te dar vontade de fazer algo!

Eu não a vi fazendo nada a não ser encher a cara comigo, mas tudo bem. Naquela noite, li metade do livro inebriada de vinho. Terminei na noite seguinte.

Embora tivesse me formado em literatura inglesa e fosse alguém com pretensões literárias, havia algo naquelas letras maiúsculas e pontos de exclamação que me conquistou. Aquela atitude de "você pode". Era o extremo oposto do meu pessimismo britânico-irlandês. Parecia que tudo era possível.

Depois de ler o livro, pedi demissão do emprego temporário, apesar de não ter nenhum outro em vista. Uma semana depois, soube que uma amiga de um amigo de um amigo estava trabalhando em um jornal. Liguei para ela. Como ela não atendeu, continuei ligando. E continuei. Até eu me surpreendi com a minha insistência. Finalmente, ela retornou minha ligação e me ofereceu um trabalho em período de experiência. Duas semanas depois, estava empregada.

Foi assim que entrei no jornalismo. Valeu a pena arriscar.

Logo depois disso, me viciei em autoajuda. Se um livro prometia mudar minha vida na hora do almoço, me dar confiança/atrair um homem/ganhar dinheiro em cinco passos fáceis, e ainda tinha selo de aprovação da Oprah, eu comprava o livro, a camisa e o audiobook, obviamente.

Li *The Little Book of Calm* [O pequeno livro da calma, em tradução livre], *12 regras para a vida* e *O poder do pensamento positivo*. Destaquei trechos. Fiz anotações nas margens. Cada um deles parecia prometer uma versão minha mais feliz, melhor, satisfeita... mas será que entregam isso?

Uma ova que entregam!

Apesar de ter lido *Eu vou te enriquecer*, de Paul McKenna — um ex- -DJ que virou hipnotizador e enriqueceu com sua coleção de livros de autoajuda —, sou um desastre quando o assunto é dinheiro. Se me der dez pratas, já terei gastado o dobro enquanto você guarda a carteira.

A ressaca que mudou tudo 21

Apesar de ter lido *Homens são de Marte, mulheres são de Vênus* e *Por que os homens gostam de mulheres poderosas?*, eu continuava solteira.

E, mesmo que *Tenha medo... e siga em frente* tenha me ajudado na minha carreira, nenhum sucesso se devia à leitura de *Os princípios do sucesso* — mas sim ao medo do fracasso que me consumia, me fazendo trabalhar de modo obsessivo.

Enquanto me ajudava nas mudanças de um apartamento para o outro, minha amiga Sarah achou hilariante existir uma pilha de livros de autoajuda em cada cômodo da minha casa. Debaixo do sofá e da minha cama. Empilhados próximos ao meu guarda-roupa.

— Muitos deles são para o trabalho — argumentei. E até que isso era verdade, até certo ponto. Às vezes, eu escrevia mesmo sobre eles. Mas, na maioria das vezes, comprava esses livros por outro motivo: achava que eles mudariam a minha vida.

— Eles não dizem a mesma coisa? — questionou Sarah. — Seja positivo. Saia da sua zona de conforto. Não entendo por que precisam de duzentas páginas para dizer algo que resumem em um parágrafo na quarta capa.

— Às vezes, é preciso repetir a mensagem para ela ser assimilada.

Sarah pegou um livro de cima da geladeira, próximo a duas contas não pagas de telefone e uma pilha de anúncios de delivery de comida.

— *Como evitar preocupações e começar a viver* — Sarah leu o título de um livro muito manuseado.

— Esse é bom!

Ela riu.

— É sério, é um clássico, escrito na época da Grande Depressão. Já li umas três vezes.

— Três vezes?

— Sim!

— E você acha que ajudou?

— Sim!

— Então, você não se preocupa mais...?

— Bem...

Ela se curvou, lágrimas vindo aos olhos dela.

Eu queria ficar irritada, mas não consegui. Eu me preocupava mais do que todos que conheço.

Eu era uma péssima propaganda para aquele livro, e para tantos outros na minha estante — ou até para os que escondia debaixo da cama. Era a prova viva de que, se livros de autoajuda funcionassem de verdade, você leria um e seria bem-sucedido —, mas eu comprava um por mês e continuava a mesma: bêbada, depressiva, neurótica, sozinha...

Então, por que eu lia autoajuda se ela, bem, não me ajudava?

Assim como comer bolo de chocolate ou assistir a episódios antigos de *Friends*, eu os lia para me confortar. Esses livros conheciam as inseguranças e ansiedades que eu sentia, mas não falava para ninguém por vergonha. Faziam minhas angústias parecerem algo normal do ser humano. Lê-los me fazia sentir menos solitária.

E tinha o elemento fantasia. Toda noite, eu devorava suas promessas de riqueza e imaginava que, se eu fosse mais confiante e mais eficiente, se não me preocupasse com nada e pulasse às cinco da manhã da cama para meditar... Esse era apenas um dos problemas. A cada amanhecer, eu acordava — não às cinco da manhã — e voltava para a minha vida normal. Nada mudava, porque eu não fazia o que os livros instruíam. Não escrevia um diário, não repetia as afirmações...

Tenha medo... e siga em frente mudou minha vida na primeira vez que li porque tomei uma atitude: senti o medo e me demiti. Mas, desde então, não tinha saído da minha zona de conforto. Bem, eu mal saía da cama.

E, com a ressaca de domingo quase passando, enquanto relia *Tenha medo...* pela quinta vez, tive uma ideia. Uma ideia que faria com que eu não fosse mais depressiva e um horror de ressaca, e sim uma pessoa feliz e extremamente funcional: além de ler autoajuda, eu FARIA a autoajuda.

Eu seguiria cada um dos conselhos e dicas dos então chamados gurus para descobrir o que aconteceria, de verdade, se eu seguisse os ensinamentos de *Os 7 hábitos das pessoas altamente eficazes*. Se sentisse, de verdade, a força de *O poder do agora*. Minha vida seria transformada? Eu ficaria rica? Perderia peso? Encontraria o amor?

A ideia veio prontinha: ler um livro por mês, segui-lo ao pé da letra, checar se os livros de autoajuda poderiam mudar minha vida. Eu faria isso por um ano — logo, leria 12 livros. Então, eu superaria um problema de cada vez: dinheiro, preocupações, meu peso... E, no fim do ano, eu seria... perfeita!

— Certo, mas você precisa de fato fazer alguma coisa — disse Sheila dias depois, quando contei a ela a minha ideia pelo telefone. — Você não pode simplesmente ler livros que digam para analisar seus sentimentos por um ano.

O tom dela sugeria que eu usaria aquele ano como uma oportunidade gigante para divagar e me tornar ainda mais autocentrada.

— Eu vou fazer — retruquei. — Esse é o objetivo.

— Quais livros você escolheu? Já tem um plano?

Mais uma gracinha. Sheila sabe que eu nunca planejo nada.

— Vou começar com *Tenha medo... e siga em frente,* porque esse livro teve um impacto em mim da primeira vez que li, e acho que depois vou passar para algum livro de dinheiro e finanças, não sei ainda. No mundo da autoajuda eles sempre falam que o livro certo encontra você na hora certa.

Eu sabia que estava parecendo uma charlatã.

— Você vai usar livros que já leu ou novos? — perguntou Sheila.

— Vou fazer um mix.

— Vai testar um livro de relacionamentos?

— Sim.

— Qual?

— Ainda não decidi.

— E quando vai decidir?

— Eu não sei, Sheila! Mais pra frente. Quero me concentrar em mim mesma no início, depois vou pensar em homens.

Odiei ter usado a expressão "me concentrar em mim mesma".

— Mas o que exatamente você quer provar com tudo isso? — perguntou Sheila. É por isso que ela ganha tão bem. Para ver as falhas nos planos alheios.

— Não sei. Eu queria ser mais feliz, confiante e sem dúvidas. Queria ser mais saudável e beber menos...

— Você não precisa de um livro para aprender a beber menos — interrompeu ela.

— Eu sei que não! — respondi, tomando um gole de vinho.

— Certo. Mas você precisa de fato FAZER as coisas. Não só falar a respeito delas.

— Eu sei, Sheila. Eu sei. Eu vou fazer.

Mas mesmo o cinismo de Sheila não foi capaz de me dissuadir. Desliguei o telefone, fechei os olhos e imaginei a perfeição que seria a minha vida ao final daquele ano.

A *Eu Perfeita* não teria preocupações, não procrastinaria tarefas, ela daria conta do trabalho. Ela escreveria matérias para os melhores jornais e revistas e ganharia quantias absurdas — o suficiente para colocar aparelho em seus dentes tortos. A *Eu Perfeita* moraria em um lindo apartamento com janelas enormes. Teria prateleiras cheias de livros de alta literatura que ela de fato leria. À noite, ela iria a festas chiques usando roupas discretas porém caríssimas. E iria à academia todos os dias. Ah, e teria um homem lindo e com um suéter de caxemira ao seu lado. Nem precisa dizer.

Sabe aquela perfeição que vemos nas revistas: entrevistas com pessoas perfeitas em suas casas perfeitas com suas roupas perfeitas falando sobre suas vidas perfeitas? Eu me tornaria uma delas!

Estávamos em novembro. Eu começaria em janeiro. Ano novo, vida nova.

Senti uma onda de empolgação. Era isso. Era isso o que *realmente* mudaria a minha vida.

Eu não tinha ideia de que meu incrível plano de 12 meses se transformaria em uma montanha-russa de quase um ano e meio durante a qual toda a minha vida viraria de cabeça para baixo.

Sim, a autoajuda mudou a minha vida, mas será que foi para a melhor?

Capítulo 1

Tenha medo... e siga em frente,
de Susan Jeffers

"Corra um risco por dia — uma cartada pequena ou ousada
que o faça sentir-se muito bem depois."

Quarta-feira, 1º de janeiro. Estou parada em um deque de madeira, olhando para um lago enlameado abaixo de mim. O ar frio cortante toca a minha perna. Está começando a chover.

Uma lousa sobre uma cadeira informa a temperatura: 5 °C. Congelante. Calafrios tomam conta do meu corpo.

— Já nadou no Ladies' Pond? — pergunta a matriarca, de guarda observando quem entra na água. A voz dela é tão refrescante quanto a água e seu sotaque sugere que ela poderia ser dona de metade de Hampshire.

— Não — respondo.

— A água pode ser perigosa nesta época do ano. É muito gelada.

— Certo.

— Ao entrar você deve dar uma longa expiração.

— Certo.

— Isso vai evitar que você hiperventile.

Ai, meu Deus.

Olho ao redor para a aglomeração de mulheres de meia idade com xícaras de chá fumegante. Se elas conseguem eu também consigo. Não é?

Coloco um pé no degrau da gélida escada de metal, depois o outro. Depois no próximo degrau. Meu pé direito encosta na água. Uma pontada de dor.

— Merda!

Agora o pé esquerdo. Dou um guincho novamente.

Não quero continuar. Isso foi uma péssima ideia. Não sou o tipo de pessoa que sai para nadar no meio do inverno. Eu sinto frio só de ficar em pé diante da geladeira aberta.

Eu me viro e vejo uma fila se formando atrás de mim. Não posso desistir agora, as pessoas estão olhando para mim.

Continuo até estar com água batendo na cintura. Fico sem ar. E aí vem: a sensação de ser furada por um milhão de faquinhas de gelo.

As faquinhas de gelo foram ideia de Sarah. Ela podia não ser fã de autoajuda, mas sempre esteve disposta a me incentivar. Eu poderia ter dito que estava me juntando à Cientologia e ela responderia "Que legal, você vai conhecer o Tom Cruise!".

— Eu estava pensando em coisas assustadoras que você poderia fazer em janeiro — disse ela quando nos encontramos, pouco antes do Natal, em um pub na Charlotte Street.

— Eu estava assistindo *Kitchen Nightmares* ontem à noite e pensei que você podia trabalhar na cozinha de um restaurante londrino cinco estrelas e ser xingada a noite inteira por Gordon Ramsay — continuou ela, gritando para ser ouvida enquanto uma música desejando a todos um feliz Natal tocava nas caixas de som.

— Isso seria assustador — concordei para agradá-la. De jeito nenhum eu faria isso.

— Steve disse que você poderia sair correndo pelada no meio de uma partida de futebol...

Tenha medo... e siga em frente 27

— Entendi...

— Ou raspar a cabeça.

— Eu não quero raspar a cabeça! — respondi, incapaz de continuar incentivando essa linha de raciocínio.

Sarah olhou para a tela do celular e leu mais sugestões de uma lista:

— Terminar uma amizade e dizer exatamente por que odeia o ex--amigo. Não eu, obviamente... Ah, tenho uma melhor! Você podia escrever um conto erótico e mandar para a sua mãe!

— Que horror! E por que diabos eu faria isto? — perguntei.

— Não é de dar medo?

— Não, é só nojento.

— É nojento de dar medo!

— De onde você tirou essas ideias? — perguntei.

— Não sei. Eu estava na cama ontem à noite e elas começaram a pipocar! — respondeu Sarah.

— A ideia é enfrentar medos da vida cotidiana, não fazer um monte de coisas malucas aleatoriamente para acabar presa. E de qualquer maneira, como é que eu vou me enfiar na cozinha do Gordon Ramsay?

— Você pode descobrir. Não é jornalista?

— Eu escrevo sobre rímel.

— Então o que é que vai fazer?

— Não sei, coisas tipo olhar meu extrato bancário e atender ao telefone, fazer a declaração de imposto de renda... essas coisas reais que me assustam.

— Você vai passar o mês de janeiro inteiro atendendo ao telefone? — disse Sarah em um tom que deixava evidente que eu não poderia fazer aquilo.

— Acho que você devia começar pulando no lago Hampstead no réveillon — diz Sarah. — Enfrentar seu medo do frio.

Essa era mesmo uma boa ideia. Eu realmente tenho medo do frio. Uma vez eu e Sarah fomos à casa de nossa amiga Gemma, na Irlanda, no inverno. Estava tão frio que eu dormi vestida com todos os itens que tinha levado na mala — incluindo meu casaco de sair. Passei a maior parte da semana apavorada demais para sair de perto do aquecedor.

Assim, no dia 1º de janeiro, fui nadar em um dos dias mais frios do ano.

Sarah não me acompanhou. Ela tinha voltado para casa às 4 horas e agora estava deitada em seu quarto me mandando mensagens com emojis de aguinha. Gemma estava torcendo por mim de Dublin, onde cuidava de seu bebê recém-nascido, James.

Quem me acompanhou foi Rachel, minha amiga e nova colega de apartamento. Pouco antes do Natal, ela tinha se compadecido de mim e me oferecido o quarto vazio em sua casa, me poupando de morar num porão decrépito.

Ela tinha aceitado nadar comigo como se fosse a coisa mais corriqueira do mundo. Não pensei que estivesse falando sério. Imaginei que fosse acordar no dia, olhar para o céu nublado e sugerir que saíssemos para almoçar. Assim eu poderia fugir do programa e ainda colocar a culpa nela. Mas não foi o que aconteceu. Rachel bateu na minha porta às 10 horas, com uma toalha no ombro.

— Pronta? — perguntou ela.

— Vamos mesmo fazer isso?

— Claro! Vai ser divertido.

— Mas está chovendo lá fora, o tempo está horrível.

— Nós vamos nos molhar de qualquer jeito.

— Podíamos sair para almoçar... — sugeri.

— Deixa de ser preguiçosa. A ideia foi sua.

E esse era o problema. Eu era ótima em ter ideias. Também era muito boa em *falar* sobre ideias. Executá-las já era outra história.

Conforme caminhávamos pelo caminho arborizado até o lago, o falatório foi ficando mais alto. Chegando lá, encontramos algo em torno de trinta mulheres com gorros e jaquetas acolchoadas reunidas em volta de uma mesa improvisada com um cardápio que incluía rolinhos de salsicha, tortinhas e um barril gigante de vinho quente.

Parecia divertido. Ainda mais se pudéssemos pular a parte em que entraríamos na água.

— É muito frio? — perguntei à mulher mais velha que estava se trocando no vestiário.

Tenha medo... e siga em frente

— Acaba muito rápido — respondeu ela, sorrindo com os lábios azuis.

E foi mesmo.

No início a água estava tão fria que pensei que fosse morrer.

Bati os braços e pés na água como um cachorrinho desesperado.

Em questão de segundos comecei a sentir cãibra atrás do pescoço e no pé direito.

Doeu. A água machucava. Cada pedacinho do meu corpo doía.

Mas continuei me movimentando e, lentamente, comecei a me sentir mais aquecida. Bom, talvez não exatamente aquecida, mas entorpecida. Mas para mim isso já estava bom.

Fui me acalmando. Tudo ficou em silêncio e eu só escutava as batidas do meu coração nos meus ouvidos.

Olhei para os salgueiros que me protegiam, enquanto cortava a água sedosa.

Isso é que é se sentir vivo, pensei.

Continuei me movendo.

Era lindo.

E então acabou. Segurei na escadinha de metal e subi os degraus.

Uma mulher com uma touca de natação laranja estava se enxugando. Ela devia ter uns 70 anos e usava luvas de plástico cor-de-rosa. Ela sorriu para mim.

— Consegue pensar numa maneira melhor de começar o ano?

Uma onda de calor percorreu meu corpo. Estava empolgada e com um sorriso de orelha a orelha. Cada centímetro do meu corpo se sentia vivo.

— Não, não consigo.

E era verdade. Naquele mergulho congelante de cinco minutos eu havia cruzado uma enorme fronteira — a fronteira que leva você de uma pessoa que fala sobre as coisas a uma pessoa que toma atitudes. O mundo parecia cheio de possibilidades. Meu ano tinha começado.

Tenha medo... e siga em frente, de Susan Jeffers, foi publicado em 1987, época de Margaret Thatcher, da revista *Cosmopolitan* e das ombreiras. Ao passo que outros livros de autoajuda na época eram escritos por homens, dizendo às mulheres como encontrar e preservar o amor, *Tenha medo...* foi escrito por uma mulher que dizia a outras mulheres para botar o pé no mundo e fazer alguma coisa — *qualquer coisa*. Não para alguém, mas para elas próprias. O tom do livro é otimista mas sem enrolação e, quando o reli, entre o Natal e o Ano Novo, senti uma onda familiar de motivação. A questão agora era tomar alguma atitude, assim como eu tinha feito da primeira vez, nos meus vinte e poucos anos.

A premissa básica de Jeffers é que, se ficarmos sentados esperando o dia em que vamos sentir a coragem necessária, a inteligência necessária e o preparo necessário para fazer as coisas que queremos, jamais faremos nada.

Segundo Jeffers, o segredo das pessoas bem-sucedidas não é que elas têm menos medo, mas que (você adivinhou) sentem medo e vão em frente mesmo assim.

Na verdade, de acordo com Jeffers, deveríamos ter como objetivo sentir medo diariamente, pois é um sinal de que estamos exigindo de nós mesmos e caminhando. Se você não está sentindo medo, não está progredindo.

— Basicamente, preciso fazer uma coisa assustadora todo dia — disse a Rachel quando já estávamos de volta ao apartamento preparando molho bolonhesa após nosso mergulho.

— E qual é a coisa mais assustadora que você poderia fazer?

— Stand-up. Só de pensar já tenho vontade de vomitar.

— Espera aí — disse ela indo até à sala e voltado com um caderninho. — Vamos fazer uma lista.

— Por quê? Eu não vou fazer stand-up.

— Vai, sim.

— Não, nem pensar. Vou fazer coisas assustadoras, mas não preciso ir tão longe.

Mas não teve jeito, ela já tinha escrito "STAND-UP" em letras maiúsculas.

— O que mais? — disse ela, com a caneta na mão.

Senti o pânico se instalando.

— Hum... Chamar um cara pra sair, ou tomar a iniciativa com um cara, ou qualquer coisa relacionada a homens.

— Você devia chamar um cara pra sair no metrô na hora do rush.

— O quê?

— Só pra deixar as coisas mais interessantes.

— Nem pensar. Eu não vou fazer isso.

Ela levantou as sobrancelhas.

— Tá bom — respondi.

No fim da noite já tínhamos uma lista de atividades assustadoras que eu faria em janeiro:

1) Fazer stand-up
2) Flertar com um cara no metrô
3) Chamar um desconhecido para sair
4) Cantar para uma plateia
5) Falar em público
6) Posar nua para um fotógrafo ou um pintor
7) Assistir a um filme de terror (o que não faço desde os 13 anos, quando vi *Louca obsessão*)
8) Ir a uma aula de spinning
9) Confrontar alguém a respeito de algo que fez e que me incomodou
10) Pedir desconto numa loja/pechinchar (tenho pânico)
11) Fazer as quatro obturações de que preciso
12) Fazer um exame da verruga nas minhas costas
13) Comer miúdos (Eca! Tenho nojo de qualquer carne borrachuda ou com nervos)
14) Saltar de paraquedas ou fazer alguma outra coisa arriscada
15) Andar de bicicleta em Londres
16) Descobrir o que as pessoas pensam de mim (as coisas ruins)
17) Fazer baliza
18) Dirigir numa via expressa

19) Perder as estribeiras (Nunca acontece. Jamais. Sou reprimida demais e receio que as pessoas passem a me odiar)
20) Usar o telefone diariamente (eu realmente detesto telefone)

Naquela noite, não consegui dormir. Minha ideia brilhante agora parecia real demais e eu não estava gostando nada daquilo. Eu não queria saltar de paraquedas e nunca, nem em um milhão de anos, eu faria comédia stand-up. Isso era para outras pessoas. Pessoas extrovertidas, aventureiras, masoquistas. Pessoas que eram, possivelmente, meio doidas.

Será que eu era meio doida?

Dou início aos trabalhos num estacionamento no dia 2 de janeiro. Nada particularmente dramático, eu sei, mas um lance e tanto para mim. Eu não fazia baliza desde que passara na prova prática para tirar a carteira de habilitação, quando tinha 17 anos; prefiro estacionar a três quilômetros do lugar aonde vou a sofrer o estresse e a vergonha de tentar estacionar numa vaga enquanto todos os carros atrás de mim vão se juntando para contemplar minha humilhação. Parecia tão idiota permitir que algo tão pequeno, algo que as pessoas fazem todos os dias, se tornasse uma coisa que eu evitaria fazer a vida inteira.

Susan diz que há três "níveis" de medo. O primeiro é a "história na superfície", neste caso, o fato de que eu odeio estacionar o carro. Abaixo dele está o "medo nível 2", que é o mais profundo, ligado ao ego. O medo de parecer idiota. Susan diz: "O 'medo nível 2' tem a ver com questões internas mais profundas, não com situações externas. Ele reflete a ideia de individualidade e sua capacidade de lidar com o mundo exterior." Mas sob esse medo está o maior de todos eles, aquele que Susan diz que está por trás de todos os demais: o medo de não ser capaz de lidar com o sentimento de ser um idiota que não sabe estacionar o carro. Susan tem apenas uma resposta para esse problema: "VOCÊ CONSEGUE LIDAR COM ISSO."

Tenha medo... e siga em frente　　33

Eu estava na casa da minha mãe na época do Ano Novo e, portanto, estava no subúrbio, e não em Londres. Pedi o Peugeot 205 dela emprestado e fui até o centro mais próximo, Ascot.

A cidadezinha é famosa pelas corridas de cavalo, basicamente. Eu cresci lá e trabalhava no café local. Ficava sempre comovida com os pobres turistas que chegavam perguntando "Onde fica Royal Ascot?".

E eu tinha de dizer que eles já estavam em Ascot. É só isso mesmo. O posto de gasolina, o café e a banca de jornal. Não vão conseguir mais glamour que isto.

De modo que não é exatamente uma metrópole, mas estava surpreendentemente movimentada para 2 de janeiro. Dei uma volta pela área três vezes até reunir coragem para arriscar. Vi uma vaga. Estava um pouco apertado e fiquei nervosa quando uma van branca parou atrás de mim. Virei o carro muito na perpendicular e fui dar no meio-fio.

Meu coração acelerou e minhas mãos suadas estavam escorregando no volante.

Saí e entrei de novo, mas não adiantou nada. Pensei que talvez a van branca fosse começar a buzinar. Imaginei os dois homens na van rindo da minha cara. Senti uma tensão completamente desproporcional à situação. Em pânico, subi no meio-fio. A van branca seguiu em frente.

A rua agora estava vazia. Tentei sair e entrar na vaga mais algumas vezes, sem sucesso. Continuava subindo na calçada.

Mas, estranhamente, isso não me incomodou.

Um pensamento tomou conta de mim, lembrando as palavras de Susan: "Você não é um fracasso por não ter conseguido, é um sucesso por ter tentado."

E eu realmente me sentia um sucesso, com ou sem calçada.

Segundo Susan, evitar as pequenas coisas pode ter um grande impacto. Adiar dirigir em autoestradas, olhar extratos bancários ou atender ao telefone aumenta a sensação de que o mundo é assustador e de que não podemos fazer nada a respeito. A cada vez que evitamos fazer alguma coisa de que temos medo nos sentimos mais fracos, ao passo que enfrentar medos, mesmo que pequenos, nos faz sentir mais fortes, capazes e no controle da situação. E era assim que eu queria me sentir. Não apenas com a direção, mas em todos os aspectos.

Em casa, meu ato de coragem não foi recebido com muita empolgação.

— Acabei de fazer uma baliza! — contei à minha mãe, balançando a chave do carro como um homem da estrada, um aventureiro. Ela me encarou enquanto lavava a louça.

— Foi o livro que disse a você para estacionar?

— Não, o livro fala sobre fazer coisas difíceis. Enfrentar seus medos. E estacionar é assustador.

Minha mãe reagiu com assombro. Ela não achava estacionar algo assustador. Ela poderia encaixar uma caminhonete num selo se fosse necessário. E não acharia nada de mais.

Quando estava com a minha idade ela tinha três filhos e uma casa para cuidar. Não precisava se desafiar a fazer baliza ou pular em lagos congelantes.

Minha mãe não tinha tempo para autodescoberta ou, como ela dizia: "Não fui criada para analisar minhas unhas do pé" Curiosamente, a autoajuda não era muito famosa na fazenda em que ela morava com os seis irmãos no interior da Irlanda.

Quando contei a ela sobre minha ideia, no Natal, ela abriu a boca para dizer algo, depois fechou. Então abriu novamente. E fechou.

— A maioria das pessoas diria que você já tem uma vida muito boa, Marianne.

— Eu sei, mas o que há de errado em querer ser um pouco mais feliz?

— Ninguém pode ser feliz o tempo todo. A vida não é assim.

— Bem, isso é péssimo.

— Não, não é. É realista. Talvez você se sentisse melhor se, em vez de procurar sempre mais, fosse grata pelo que já tem.

A familiar onda de culpa católica tomou conta de mim.

Então, em 5 de janeiro, quando dirigi para ver um antigo colega de escola pelas autoestradas M25, M3 e M4, guardei minha atitude altamente corajosa para mim mesma.

★ ★ ★

Tenha medo... e siga em frente 35

Na tarde seguinte, eu estava no metrô indo para casa e ouvindo Rihanna no celular, quando lembrei que deveria estar flertando com homens.

Quem mora em Londres sabe que não é socialmente aceitável olhar as pessoas nos olhos no transporte público, que dirá falar com elas. É por isso que por todo o metrô há propagandas anunciando sites de namoro, que basicamente dizem: "Gostou daquele cara/garota na sua frente? Se for o caso, faça login no nosso site para vasculhar dezenas de milhares de pessoas e esperar que possa vê-lo novamente."

Simplesmente sorrir e falar com alguém não era uma opção. Até agora.

Fiz um inventário mental da minha aparência. Jeans ok, meu casaco bom (da Whistles, de £300 por £150), Converse desalinhado e cabelos sujos.

Não.

Eu não poderia conversar com um estranho estando com o cabelo oleoso.

Definitivamente, não.

Eu faria isso da próxima vez. Quando estivesse com o cabelo bonito.

Mas eu sabia que isso era uma desculpa. Susan diz que estamos nos enganando quando adiamos as coisas. Ela chama isso de jogo do "quando/então": dizemos a nós mesmos que vamos falar com o cara de quem gostamos quando estivermos mais magros ou vamos pedir um aumento quando tivermos mais experiência. Nós pensamos que o medo irá embora se esperarmos o momento certo, mas quando chega a hora certa apenas encontramos mais desculpas. Fazer algo novo sempre vai ser assustador. A única maneira de deixar de ser assustador é fazendo.

Procurei um alvo.

Bem na minha frente estava um cara de cabelo raspado e jaqueta de baseball. Um som de baixo pesado saía de seus headphones gigantes e ele balançava a cabeça no ritmo da batida. Não, ele não.

À minha esquerda estava um homem de terno azul-marinho. Ele segurava uma pasta de couro marrom surrada. Parecia um advogado ou outra coisa inteligente. Eu me perguntei se eu seria muito burra para ele. Olhei para suas mãos. Tinha uma aliança. Comecei a divagar sobre como todos os homens bons já são casados e como, aos 36 anos, perdi o bonde...

Concentre-se, Marianne. Foco.

Parado perto da porta estava um cara alto, magro e pálido, também de terno. Ele era bonito, mas não muito. Tinha uma expressão "exausto e cansado da vida" no rosto. Não tenho certeza do que isso diz sobre mim, mas eu gostei de Exausto e Cansado.

Normalmente eu não conseguia nem sorrir para um cara de que gostava, muito menos falar com ele. Em vez disso, imaginei todos os motivos pelos quais ele não se interessaria por mim: muito gorda, muito ruiva, muito malvestida. Era um jogo divertido que eu jogava às vezes.

Mas essa não era a eu normal. Agora eu era a minha versão que luta contra o medo. Então fui mais para perto dele. Olhei para as mãos. Sem aliança.

Certo. Ok. Você consegue.

Abri a boca para dizer "Oi", mas a voz não saiu.

Talvez eu não conseguisse.

Devo dizer neste ponto que, apesar do fato de o vagão estar lotado, o ambiente era estranhamente silencioso. Todos os passageiros estavam em seu próprio sofrimento pós-trabalho, lendo ou ouvindo música. Se eu começasse uma conversa todos ouviriam.

Controle-se, Marianne. Diga alguma coisa.

— Este trem está sempre tão cheio assim? — perguntei. Foi o melhor que consegui.

O homem cansado tirou os olhos do celular e me encarou com seus olhos azuis sem entender nada. Como se eu tivesse acabado de acordá-lo.

— Hum... Sim — respondeu ele e voltou a olhar para o celular.

— Não costumo pegar esta linha — continuei, o coração fazendo *tum-tum-tum* no meu peito.

Ele voltou a olhar na minha direção com uma expressão que parecia dizer: "Por que está dizendo isto? Por que está falando comigo? Não conhece as regras?", mas eu me mantive firme.

— Onde você mora? — perguntei. Assim que perguntei percebi o quanto soava como uma stalker.

Também percebi que agora tínhamos uma plateia. A mulher ao nosso lado tinha tirado um dos fones de ouvido para escutar, e o sujeito sentado bem em frente deu um risinho debochado.

O Sr. Bonitão Exausto agora parecia meio assustado. Dava para perceber sua hesitação entre não se mostrar rude e a preocupação de estar lidando com uma potencial agressora. Mas a polidez levou a melhor. Ele me respondeu que morava em Bermondsey.

— É legal? — perguntei.

— Hum, sim.

Continuei:

— E já mora lá há muito tempo?

Ele fez uma pausa de um segundo:

— Sim, NÓS moramos lá há uns dois anos. — Ênfase no "nós". Mensagem recebida. Mais explícito, impossível. Ele tinha uma namorada, mas para reforçar a mensagem acrescentou: — ACABAMOS de comprar uma casa.

O cara do sorrisinho bufou. Ele bufou!

Continuei sorrindo e conversando, só para deixar bem evidente que meu mundo não tinha caído só porque ele tinha uma namorada (e não tinha mesmo), e então deu para vê-lo relaxar. Começamos a falar de preços do mercado imobiliário, e ele saltou em Waterloo.

E foi isso!

Eu tinha conseguido! Não estava acreditando, mas eu tinha conseguido. Tinha visto um homem bonito no metrô e puxado assunto com ele.

Não tinha sido exatamente uma tentativa bem-sucedida de puxar conversa, mas eu consegui! Meio embaraçosa, mas e daí?

Senti como se eletricidade tomasse conta do meu corpo. Ou adrenalina. Eletricidade, adrenalina, não sei! Eu estava eufórica.

Até que meu olhar cruzou com o do Sr. Sorrisinho Debochado, que ainda estava sorrindo. Senti uma onda de constrangimento seguido por fúria. Babaca, com aquela barba hipster e jeans hipster. Ele não fazia ideia de que eu estava enfrentando meus medos e aproveitando o dia, sendo a melhor versão de mim mesma possível! Podia apostar que ele não teria coragem de fazer o mesmo.

Então, tomei uma decisão peculiar: mostraria a ele que eu não estava nem um pouco constrangida pelo que tinha acabado de acontecer.

— O que está lendo? — perguntei, sentando ao lado dele.

Ele levantou o olhar na minha direção e deu outro sorrisinho, parecendo achar divertido ser o meu novo alvo.

— É *A história do mundo em 100 objetos*. Virou uma série na Radio 4.

— É bem grande — disse eu.

— É — concordou ele.

Houve uma pausa. Eu não sabia como continuar. Minha energia nervosa estava diminuindo agora, e eu estava começando a desejar nunca ter entrado naquele trem.

— Comprei para o meu irmão no Natal, mas acabei ficando com ele — adicionou.

Oba! Ele preencheu o silêncio. E lê livros inteligentes!

— Parece um bom livro pra ler no banheiro.

— Hum... É, acho que sim.

Por que trazer o banheiro para a conversa, Marianne?

— Então deu outra coisa ao seu irmão?

— É, dei uma camiseta.

— Legal.

Detesto essa minha mania de ficar dizendo "legal". Já estou com 36 anos, podia ter encontrado outra palavra a esta altura.

Continuamos conversando. Nenhuma invocação do plural majestático "nós". Comecei a considerar simpático o sorrisinho dele.

— E para onde está indo? — perguntei.

— Preciso buscar uma coisa na casa de um amigo e depois vou para casa.

— Legal. O que você faz?

— Sou assistente de um artista.

— Que tipo de arte?

— Conceitual.

Não sei o que vem a ser "conceitual", mas imaginei todas as lindas obras de arte que nossa casa teria.

Imaginei como seria beijar alguém com uma barba tão grande e se o fato de ser meio ruiva importava...

Uma vez saí com um cara ruivo, como eu e, quando ele foi me beijar, entrei em pânico. *As pessoas vão achar que somos irmãos!*, pensei. O e-mail que mandei no dia seguinte, oferecendo para tingir meu cabelo de castanho, não teve resposta.

— Onde você trabalha? — perguntou ele.

Expliquei que trabalho em casa:

— Quase sempre nem chego a me vestir. Em geral, ainda estou de pijamas com manchas de ovos a esta hora do dia.

O rosto dele não sabia o que fazer em reação a este comentário.

Por que digo esse tipo de coisa?

Ambos saltamos na mesma estação. Passamos pela porta giratória e ficamos parados um segundo.

— Ok, tchau então — disse ele.

— Tchau... foi um prazer.

— Igualmente.

— Tenha uma boa-noite.

— É, você também.

Ele me lançou um último sorrisinho/sorriso e seguiu seu caminho.

Por meio segundo eu me deixo convencer de que é evidente que ele não gostou de mim, pois nem pediu meu telefone, mas logo outra parte de mim pensa que ele era tímido demais.

Mas, curiosamente, mesmo que fosse uma rejeição, não me importo — estou simplesmente maravilhada com meu total e absoluto HEROÍSMO.

Na manhã seguinte, ainda sob efeito da vitória, faço planos para o resto do mês.

A vida já parecia diferente. Susan diz que toda vez que você age, entra em contato com o seu "eu poderoso", e ela estava certa. Eu me senti poderosa. Como se fosse capaz de fazer qualquer coisa. Então vi as palavras "stand-up" na minha lista e imediatamente me senti menos poderosa. Tomei a decisão de esperar até o fim do mês antes de chegar àquele item. Em vez disso, gostaria de começar com um pouquinho de nudez em público. Pesquisei "modelos vivos" e mandei um e-mail para um lugar perguntando se poderia participar. Depois, pesquisei sobre falar em público.

A maioria das pessoas teme mais falar em público do que ser enterrada viva, de acordo com uma dessas pesquisas que saem todo ano. (Outros medos comuns são homens de barba e palitos de madeira para picolé, aparentemente.)

Minha única experiência falando em público foi em dois casamentos de amigos. Ambos me causaram um pânico tão grande que decidi que preferia pagar uma lua de mel de presente do que me colocar atrás de um púlpito e ler outro poema falando que "Amor é...". Até mesmo falar em reuniões com duas ou três pessoas me causava desespero.

Rachel sugeriu que eu tentasse falar no Speakers' Corner, um lugar no Hyde Park onde qualquer um pode fazer um discurso, mas fingi que não ouvi essa sugestão. Em vez disso, encontrei um grupo chamado Toastmasters — uma organização que tem reuniões semanais para ajudar as pessoas a praticar a oratória — e falei com Nigel, o vice-presidente. Ele me disse que deixar um estranho entrar e falar imediatamente iria contra todas as regras.

— Existe um protocolo — disse ele ao telefone.

— É óbvio que existe — respondi.

Insisti e ele me disse que falaria com o presidente para checar se uma exceção poderia ser feita. Muitas ligações importantes foram feitas e, quatro minutos depois, Nigel me ligou de volta.

— Você está dentro — disse ele. — Nos encontramos nas noites de quinta, no salão da igreja, em frente à casa de curry.

Recebi um e-mail dizendo que meu discurso precisaria ter de cinco a sete minutos de duração. Haveria um semáforo me cronometrando (verde quando tivesse alcançado meu tempo mínimo, amarelo para me dizer que alcancei seis minutos e vermelho para avisar que tinha trinta segundos para encerrar ou seria desclassificada).

Teria um "avaliador", bem como um "gramático" que contaria o número de "hums" que eu usasse. Eu poderia falar sobre qualquer assunto, mas não tinha permissão para ler qualquer anotação.

Decidi que falaria sobre minha jornada com a autoajuda.

Já era terça-feira de manhã, o que significava que eu tinha dois dias para me preparar. Ou seja, fingir que nada estava acontecendo. Na quinta de manhã, não consegui mais fingir.

Enquanto praticava o discurso no meu quarto, fiquei preocupada em subir no palco e esquecer tudo. Nada sairia da minha boca e todo mundo estaria olhando para mim enquanto eu sentia vontade de morrer. Continuei dizendo a mim mesma que não importava — que nada sério dependia disso. Não importava se eu fosse um desastre completo: eu não teria que ver essas pessoas novamente. Mesmo assim, estava apavorada. Por quê?

Li alguns artigos on-line. Um explicava que na época das mulheres das cavernas, contávamos com o fato de fazer parte do grupo para sobreviver e assim fazer qualquer coisa que tenha o potencial de criar uma rejeição parece terrível porque como você vai lutar com um tigre dente-de-sabre se estiver sozinho? Era algo que eu nunca tinha pensado. Outro artigo sugeria que eu imaginasse que tinha que fazer um discurso rápido ou enfrentar um tigre dente-de-sabre. O artigo afirmava que quando comparamos falar em público com um ataque feroz, o discurso parece inofensivo.

Então, basicamente, tudo se resumia aos tigres.

Ensaiei meu discurso para Rachel enquanto ela me cronometrava no celular.

O que pensei serem sete minutos acabaram sendo pouco mais de três.

— Mas pareceu mais tempo — admitiu Rachel, que estava preocupada que eu estivesse com um resfriado.

— Não, estou bem — disse eu.

— É só que sua voz soa rouca e meio monótona. Pensei que talvez você estivesse ficando doente.

— Acho que essa é a minha voz quando estou com medo.

— Marianne, você vai falar em um salão de igreja para provavelmente vinte pessoas, não é a Arena O2.

Ok. Bom. A perspectiva é boa.

Enquanto caminhava pelo cemitério, pensei na apresentação de Jerry Seinfeld sobre como a maioria das pessoas tem tanto medo de falar em público que em um funeral elas prefeririam estar dentro do caixão a estar fazendo um discurso sobre o morto. Na mosca.

O salão bem iluminado estava cheio de pessoas conversando sentadas em cadeiras de plástico. Na frente, havia um frágil suporte de partitura com uma placa azul de cetim pendurada onde estava escrito "Toastmasters".

Três pessoas falaram antes de mim. Primeiro, houve um discurso fabulosamente surreal sobre uma fábrica de creme de leite em guerra com os fabricantes do biscoito Jammy Dodger.

Depois, outro sobre por que a região precisava de uma nova sex shop.

— Pensem em como as pessoas seriam mais felizes se tivessem acesso a chicotes e adesivos com tassel para mamilos! — disse um homem de cabelos brancos que se parecia com o Capitão Iglo.

Finalmente, um discurso sobre os benefícios do fumo:

— O fumo mantém o trabalho das pessoas que fazem esses cilindros de oxigênio — disse um jovem usando uma camiseta do Bob Marley. — O que mais eles iriam fazer? Realmente queremos que suas famílias morram de fome?

Aquelas pessoas eram tão engraçadas quanto qualquer outra que vemos na televisão.

Então chegou a minha vez. Andei até a frente, batendo nos joelhos das pessoas e me desculpando. Meu coração borbulhava de medo.

— Meu coração está batendo tão acelerado que acho que todos vocês podem ouvir — disse eu.

O público sorriu de forma encorajadora.

Minha língua parecia ter triplicado de tamanho.

— Eu nunca fiz isso antes, então, por favor, sejam gentis...

Eles continuaram sorrindo, mas desta vez havia um toque de "Ok, moça, vá em frente".

As luzes eram brilhantes. Pisquei algumas vezes.

Vamos, Marianne. Você consegue. São sete minutos da sua vida. Vai! Vai! Vai!

— Quantos aqui leem livros de autoajuda? — perguntei.

Parecia um começo ousado, partindo para a participação do público imediatamente. Fiquei surpresa ao ver que quase todos levantaram a mão.

— E quantos aqui acham que autoajuda é para perdedores?

Um velho no canto e o jovem Bob Marley.

— Bem, eu sou essa perdedora — expliquei. — Eu sou aquela alma triste cuja única companhia na cama é um exemplar de *Os homens são de Marte e as mulheres são de Vênus*, aquela que tem um exemplar de *The Little Book of Calm* em sua mesinha bagunçada...

Recebo algumas risadas com a menção dos nomes e relaxo um pouco. Compartilho estatísticas que descobri sobre como as vendas de livros de autoajuda estão crescendo: até 25% na Grã-Bretanha desde a crise financeira de 2008.

— Todos nós precisamos de orientação em tempos de incerteza — expliquei, sentindo-me muito sábia ao dizer isso.

Então argumento que a autoajuda era a filosofia moderna, citando nomes como Aristóteles e Sócrates, apesar de não ter lido nenhum dos dois.

— E longe de ser norte-americano, vocês sabiam que o primeiro livro de autoajuda foi escrito por um homem escocês chamado Samuel Smiles, em 1859? — perguntei.

Depois do que pareceu um minuto, uma luz verde acendeu no fundo da sala, sinalizando que eu estava falando havia cinco minutos. Logo depois, uma luz vermelha estava me avisando que meu tempo havia acabado. Houve aplausos e corri de volta para o meu lugar, bochechas em chamas, joelhos tremendo, coração batendo acelerado.

Eu consegui!

Depois, enquanto tomávamos chá com biscoitos de gengibre, todos foram muito gentis.

44 Autoajude-me!

Eu falava com naturalidade! Era envolvente e divertida! Era realmente minha primeira vez? Minha cabeça começou a ficar confusa.

— Você fez contato visual durante todo o discurso, o que a maioria dos iniciantes não faz — disse o Capitão Iglo. — Essa técnica é chamada de "técnica do farol" e geralmente é usada por palestrantes experientes. Na minha primeira vez estava tão nervoso que sequer cheguei ao final da minha palestra — disse ele. — Aquele homem ali — ele apontou para o homem do discurso sobre os biscoitos Jammy Dodger —, não consegui entender uma palavra do que ele dizia porque ele tinha a língua presa.

— Não reparei que ele tinha língua presa — disse eu.

— Ele melhorou bastante. Veio aqui há quatro anos quando tinha que se preparar para o discurso que faria no casamento da filha e acabou ficando. Nós nos divertimos. É um bom grupo.

E era mesmo. Havia um brilho na sala, um brilho de apoio e incentivo, um brilho de pessoas ajudando umas às outras a enfrentar seus medos. Aquele grupo era o oposto da minha vida noturna normal em algum pub muito descolado em Londres, onde a única vez em que as pessoas se olham é para avaliar a concorrência.

No fim da noite, recebi um prêmio de melhor iniciante. Jane, a presidente, me chamou para a frente da sala.

— Normalmente damos chocolates, mas, por conta do Natal, sei que todos nós estamos cuidando do peso, então temos isso para você.

Ela me entregou uma caixa de barrinhas de cereal.

— Apenas 73 calorias! — falou.

— Incrível! — Sorri.

Em seguida, recebi um certificado e tiraram uma foto minha. Eu me senti no Oscar.

No ônibus para casa, pensei em como tudo tinha corrido tão bem. E também me fez pensar em todas as coisas que recusei ou evitei por medo de fracassar... Em quantas delas eu não poderia ter me revelado boa?

Talvez se eu enfrentasse meus medos em vez de fugir deles, eu fosse uma pessoa totalmente diferente. Talvez se eu superasse meu medo de parecer idiota na frente dos outros, realmente vivesse a vida em vez de assistir da plateia. E, talvez, se eu não estivesse sempre alerta, esperando que as pessoas me julgassem, perceberia que eles estão lá para me apoiar e ajudar... Porque no fundo todos estamos com medo.

Além de enfrentar o medo diariamente, Susan diz que devemos construir uma biblioteca de livros e CDs inspiradores para ouvir no lugar dos noticiários. Noticiários são ruins, aparentemente; só nos colocam para baixo. Esse ponto era um pouco problemático, visto que eu era jornalista e começava todos os dias da minha vida profissional lendo os jornais. Bom, tudo bem.

Além de ler livros positivos, Susan recomenda que você repita afirmações ao longo do dia, como "Eu estou vivo e cheio de confiança!" ou "Eu posso fazer qualquer coisa que eu quiser!". A ideia é que, ao repetir essas declarações, sejamos capazes de abafar pensamentos negativos que costumamos ter.

Essas afirmações devem estar no tempo presente e ser positivas; então, em vez de "Eu não vou mais me colocar para baixo", eu diria: "Estou me tornando mais confiante todos os dias."

Você pode ouvir gravações dessas afirmações, repeti-las para si mesmo, ou usar a mais eficaz das ferramentas de autoajuda: o post-it.

Susan recomenda que a gente escreva afirmações em post-its e os espalhe por toda parte — no espelho do banheiro, ao lado da cama, na escrivaninha, no painel do carro.

"Ultrapasse os limites e seja ousado, até seus amigos perguntarem o que está acontecendo", propõe Susan.

Então, em vez de trabalhar, canalizei toda a minha nova autoconfiança e positividade para escrever mensagens motivacionais como: "Eu me amo e me aceito", "Eu amo a minha vida" e "O dinheiro vem até mim de forma abundante!". Deixei essas mensagens em post-its na parede atrás da minha mesa de trabalho.

Coloquei o post-it com "Está tudo na mais perfeita ordem" — uma das máximas favoritas de Susan — no espelho do meu quarto. Ela considera que, o que quer que esteja acontecendo — por mais horrível que possa parecer no momento —, as coisas são como têm de ser e no fim vai dar tudo certo.

— A ideia é trocar nossos habituais pensamentos negativos por pensamentos positivos — explico a ela por telefone.

— Para se iludir? — retruca mamãe.

— Não, é só uma questão de se concentrar no que é bom e não no que é ruim — respondo.

— Você vai virar norte-americana agora?

— Como assim?

— Você sabe... *feliz*. As pessoas não gostam disso, Marianne. Não é real.

Domingo, 12 de janeiro. Meu dia de nudez havia chegado. Logo no Dia do Senhor.

Eu me sentei em um ponto de ônibus fora do prédio tentando me preparar para mais uma experiência desagradável. A adrenalina que tinha me motivado até agora tinha se esgotado. Eu estava cansada. Não queria mais lutar contra meus medos. Estava chovendo. De novo. E estava escuro. Liguei para Sarah.

— O que você está fazendo? — perguntei.

— Assistindo *Sherlock*, comendo curry. E você?

— Tirando a roupa para estranhos.

— Ah, meu Deus, sim! Como está se sentindo?

— Apavorada e de ressaca.

— Você se depilou?

— Não, droga... Não pensei nisso. Não considerei isso como se fosse um encontro...

— Não se preocupe, eles provavelmente preferem tudo natural.

— Eu pagaria um milhão de libras para estar no sofá assistindo televisão com você agora.

— Foi você que quis sair da zona de conforto.

Tenha medo... e siga em frente 47

— Eu sei. Mas agora eu só queria ficar na cama — disse eu.

Ela riu.

— Você sempre quer ficar na cama.

E era verdade.

Dormir era uma das minhas coisas favoritas no planeta. Uma vez eu tinha escrito uma matéria sobre um movimento que encorajava mulheres a "dormir até chegar ao topo", só que em vez de sexo a ideia era apenas dormir. Foi uma das melhores coisas que já ouvi.

— Vamos lá, é empolgante. Pense em todas as histórias legais que você vai ter para contar no pub — disse Sarah.

— Isso é verdade.

Pubs também estavam na lista das minhas coisas favoritas.

E então, respirei fundo e tirei a roupa. Voltei para casa e comi um queijo quente. Como todas as grandes modelos fazem.

Terça-feira, dia 14, e agora eu tinha a lista de coisas para fazer mais aleatória do mundo:

- Stand-up!!! Onde????
- Assistir a *O Exorcista*.
- Agendar *sky dive* e aula de spinning.

E ainda poderia acrescentar: lavar o cabelo.

E "Entregar algum trabalho remunerado". Lutar contra meus medos parecia estar ocupando todas as horas do meu dia. De manhã, saí para uma caminhada mais vigorosa, sussurrando: "Faço tudo com facilidade e sem esforço..." Não sabia se essa era uma forma de reprogramar meu subconsciente ou apenas uma nova maneira de procrastinar.

Quinta-feira, dia 16, e minha cabeça estava girando. A vida se tornara muito estranha.

Fui a uma aula de spinning com Rachel, pensando que seria um item fácil de riscar da lista. Não foi. Depois de vinte minutos, minhas pernas cederam. Fiquei sentada imóvel pelo resto da aula enquanto pessoas com panturrilhas duras como pedra iam à loucura em roupas caras de lycra. Foi humilhante, pior do que a tarde como modelo vivo.

Rachel me prometeu que ficaria mais fácil e eu prometi a ela que eu tinha "sentido o medo" e feito uma aula de spinning, mas que nunca mais faria aquilo de novo.

Depois me joguei no sofá e assisti a *O Exorcista*. Apesar de ter medo de *Assassinato por escrito*, não liguei para o vômito verde e os móveis voando, nem tive qualquer satisfação em riscar esse medo da lista. Talvez porque, enquanto assistia ao filme mais assustador conhecido pelo homem, eu estava pesquisando sobre noites de microfone aberto, dessas de stand--up. Um pouco de possessão demoníaca parecia brincadeira de criança em comparação a ser vaiada em um pub de Londres com piso pegajoso. Minha vida estava começando a parecer um *game show* japonês e eu não estava gostando nada daquilo.

Não lutei contra o medo nos quatro dias seguintes. Em vez disso, assisti a episódios antigos de *Keeping Up with the Kardashians* (Kim foi aplicar mais botox) e escrevi uma matéria sobre meias-calças térmicas.

Os post-its motivacionais colados na parede do meu quarto estavam caindo.

Segunda-feira, dia 20, fui forçada a voltar à luta contra o medo com uma consulta no hospital e no dentista no mesmo dia. Quem disse que o Universo não tem senso de humor?

Quando eu tinha 18 anos, encontrei um caroço suspeito na minha panturrilha esquerda, que se revelou um melanoma maligno — um dos tipos mais graves de câncer de pele. Nessa época eu devia estar começando na universidade, mas, em vez disso, estava no hospital tendo um pedaço de carne do tamanho de uma bola de tênis removido da minha

Tenha medo... e siga em frente

perna enquanto as palavras "câncer" e "quimioterapia" pairavam no ar. O tipo de câncer que eu tive é fatal em 30% dos casos.

Os médicos acreditavam que a cirurgia fora bem-sucedida, mas por cinco anos eu tive que realizar check-ups regulares para ter certeza de que o câncer não tinha voltado. Foi uma época assustadora.

Cada vez que eu tinha que me despir e deitar em uma maca coberta por papel, enquanto um médico procurava caroços e inchaços, eu sentia um aperto no peito e pensava: *E se agora eles encontrarem alguma coisa? O que acontece? Eu não quero morrer!*

Felizmente recebi alta aos 23 anos e segui — mais ou menos — com a vida. Mas um dia, pouco antes do Natal, notei uma mancha escura nas costas e, então, no meio do meu mês de luta contra o medo, eu me vi andando pela mesma recepção de hospital daquela época. Enquanto eu estava deitada na mesma maca coberta de papel, olhei para o mesmo teto e lembrei como era ter 18 anos e não querer morrer.

Aqui estava eu, 36 anos e ainda não querendo morrer.

Eu não estava pronta para partir ainda. Tinha perdido muito da minha vida me preocupando! Eu não tinha feito as coisas certas ainda!

Por que eu me preocupei com coisas pequenas que simplesmente não tinham importância? Sério, por quê? E por que eu não aprendi a lição da primeira vez, aos 18 anos? Certamente aquele encontro com a morte não deveria ter me deixado com uma mentalidade de "a vida é curta, aproveite o dia!"? Mas não tinha. Em vez disso me ensinou que as coisas podem — e vão — dar errado.

Eu estava sendo atendida por um médico diferente desta vez. Este parecia ter 10 anos.

— Não posso dizer com certeza até que façamos os exames, mas eu não estou preocupado — disse ele.

Fiquei tão grata que quis abraçá-lo. Imagine ter aquele trabalho. Todos os dias dizer às pessoas se elas vão viver ou morrer. Especialmente quando você tem 10 anos.

Saí do hospital me sentindo da mesma maneira que me sentia após cada consulta há tantos anos — aliviada, mas inquieta. Sentei-me em

50 Autoajude-me!

um banco do lado de fora e chorei um pouco. Andei pelo parque e jurei que dali em diante iria valorizar tudo e não me preocuparia mais com coisas estúpidas. Prometi ser mais legal com minha mãe e ser uma amiga melhor. Comprei um pão de canela.

Depois de toda aquela coisa de vida e morte, as obturações foram moleza. Fiz três sem anestesia. A assistente do dentista me disse que eu era corajosa. Chorei outra vez.

Gostaria de dizer que após a consulta médica fazer comédia stand-up parecia fácil, mas não. O lado bom do câncer é que você não precisa ser engraçado ao tratar do assunto. E as pessoas não vaiam você.

Mas eu não tinha câncer, graças a Deus ou a quem quer que esteja lá em cima. O que eu tinha era uma vaga numa oficina de comédia em um pub em Paddington. Eu também tinha marcado de ir a um karaokê e comer miúdos naquele fim de semana, numa tentativa de riscar a maior quantidade possível de medos antes do fim do mês.

Sábado de manhã. Encontro outros quatro candidatos a comediantes no porão do pub Mitre, torcendo para nos tornarmos gênios da comédia naquele ambiente que cheirava a cerveja velha.

Nosso professor, Ian, começou pedindo que falássemos de nós e dos motivos de estarmos ali. O primeiro a se apresentar foi um finlandês que ganhou o curso da esposa de presente de Natal ("Ela diz que eu não sou mais divertido", disse ele). Depois veio um Woody Allen grego que se matriculou quando estava bêbado, seguido por um "viado de 1,94 m de Liverpool" (palavras dele) e Jenny, uma gerente de publicidade de Manchester que no Ano Novo escolheu como resolução fazer coisas mais divertidas. E então eu.

Ian perguntou quais eram nossos comediantes favoritos.

Fiz um esforço danado para me lembrar de algum nome. A verdade era que eu detestava comédia stand-up. Até as boas me deixam constrangida. Acho que é o excesso de carência. "Me achem engraçado! Gostem de mim! Me amem!" Acho tudo extremamente constrangedor.

Obviamente não disse nada disso. Acabei respondendo "Joan Rivers". Desfiei toda a conversa do combate ao medo, e eles acharam interessante e divertido. Contei sobre o cara do metrô e sobre a experiência como modelo vivo. Eles riram de novo. Comecei a repensar a comédia. Evidentemente eu tinha talento para aquilo.

Fomos então convidados a fazer um exercício chamado "Alucinando", que consiste em encontrar cinco coisas que te deixam descontrolado e soltar a língua a respeito durante três minutos. Comecei a tagarelar sobre despedidas de solteira e o fato de ser uma pessoa solteira numa festa de casamento, como uma espécie de Bridget Jones trágica, e então me lamuriei meio sem convicção em torno da frase "Vamos marcar uma data na agenda".

— Eu trabalho de casa — disse eu. — É um excelente sinal quando consigo sair de casa... mas as outras pessoas se comportam como se tivessem a agenda do presidente.

Não foi engraçado. Meus colegas ficaram confusos. E eu constrangida. Fui embora às cinco da tarde sentindo como se tivesse recebido uma sentença de morte e fui comer miúdos com Rachel em St. John — um restaurante que poderia ser descrito como o pesadelo de todo vegetariano. Reguei os miúdos com bastante vinho, então, quando chegamos ao pub Bird Cage, em East London, eu já estava no estado perfeito de inebriação — ainda capaz de ler a letra das músicas, mas bêbada demais para me importar.

Cheguei em casa às duas da manhã com a letra de "Baby Don't Hurt Me" na cabeça. Acordei três horas depois, meio bêbada, meio de ressaca, em pânico.

Tinha de escrever um roteiro de comédia. Teria de me postar na frente das pessoas e dizer o texto naquela mesma noite. Só de pensar, tive vontade de vomitar. E foi o que fiz.

Ao retornar ao porão do pub, o grupo concordou que eu tinha algumas boas falas, mas precisava trabalhar na interpretação. Ian me pedia para dizer o texto com "atitude", mas eu só conseguia seguir um estilo: aterrorizada.

Ele acabou desistindo:

— Ok, mesmo sem graça você ainda vai conseguir algumas risadas. O seu desespero transparece. Você tem aquela vibe de mulher à beira de um ataque de nervos.

Ótimo. Eu estava tentando transmitir autodepreciação.

Ensaiei minha apresentação com Rachel e ela não riu uma única vez.

— Só consigo sentir pena — disse ela. — É muito ruim ser solteira numa festa de casamento...

Pedi uma taça grande de vinho e fiquei andando em círculos perto do bar.

Sentia uma dormência estranha e um zumbido estridente no ouvido.

Pedi uma segunda taça de vinho. O líquido ácido desceu pelo meu estômago igualmente ácido e me deixou ainda mais enjoada.

Dizia a mim mesma que em duas horas estaria em casa novamente, no meu sofá. Poderia assistir TV e comer um queijo quente. Ninguém ia morrer, nada dependia disso e, por pior que fosse, eu conseguiria lidar com aquilo.

O porão estava cheio de apostadores.

Meus olhos estremeciam, tamanho o nervosismo e o cansaço. Minhas axilas estavam suadas.

O Woody Allen grego foi primeiro. Falou sobre seu terapeuta, que fazia as mesmas perguntas toda semana. Ele pensou que fosse uma estratégia terapêutica, mas, no fim das contas, o cara tinha Alzheimer. Jenny falou sobre um cara que levou planilhas para o primeiro encontro. E o altão de Liverpool simplesmente arrasou — ele contou que o pai era um padre católico que largou a batina depois de conhecer sua mãe!

— Vejam só como Deus retribuiu: com um viado gigante!

Gargalhadas garantidas!

E chegou a minha vez.

O zumbido no ouvido tinha voltado.

Coloquei-me sob os refletores e peguei o microfone.

Meu Deus! Eu vou mesmo fazer isso! Está acontecendo. Estou num palco prestes a fazer um número de stand-up.

Tenha medo... e siga em frente

Respirei fundo e olhei para as pessoas na plateia.

Esperei uma onda de pânico tomar conta de mim, mas isso não aconteceu. Estava tão cansada que já não me importava.

Começo a falar. Contei do meu mês lutando contra o medo.

Recriei os passos de balé que fiz quando posei como modelo vivo. Ouvi risadas. Contei sobre o cara que fez minha bunda parecer maior que a Austrália e sobre o medo da minha mãe de que a autoajuda me tornaria "americana". Mais risadas. Não risadas incontroláveis tipo "Dê um prêmio para essa garota", mas risadas reais e sinceras.

Contei sobre ser colocada na mesa dos adolescentes em casamentos.

— Não há nada melhor que sentar numa mesa com um bando de adolescentes jogando *Angry Birds* para fazer a gente se perguntar o que deu errado na vida — falei. Isso arrancou mais algumas risadas. Risadas de pura empatia, mas não me importo.

E quando me dei conta, tinha acabado. Minha estreia na comédia, *finita*. Voltei para o meu lugar. Rachel estava com cara de espanto.

— Foi engraçado — disse ela — Mesmo!

Sentei em silêncio enquanto as pessoas se arrumavam para ir embora.

Fui ao banheiro e me olhei no espelho. Minha pele estava oleosa, mas meus olhos brilhavam. Eu tinha conseguido! A coisa mais assustadora na qual eu poderia pensar, algo que a maioria das pessoas nunca teria coragem de fazer... Eu tinha feito.

Peguei um táxi de volta para casa e disse ao motorista o que acabara de fazer.

— Não acredito — comentou.

— É verdade, juro.

— Conte uma piada, então.

— Não é assim... Eu simplesmente falei da minha vida — explico.

— O quê? A sua vida é assim tão engraçada?

— No momento meio que é — respondo, contando o que venho fazendo ao longo do mês. Acabamos enveredando por uma conversa sobre as coisas que nos amedrontam, e ele diz que detesta ir a festas desde que se separou da mulher.

— Mas está tudo na cabeça, não é mesmo? — pergunta. — Pois se eu me obrigo a ir, dá tudo certo, e fico me perguntando por que estava tão preocupado.

No fim da viagem ele se recusou a receber dinheiro.

— Acho que você está mandando muito bem, querida — justificou.

E eu também acho, por sinal.

Nunca me senti tão orgulhosa de mim mesma.

Comparado a stand-up, nudez e falar com estranhos, imaginei que pular de um avião — meu último desafio — seria bem fácil. Não havia nada que eu pudesse fazer de errado ou do que sentir vergonha — meus dois principais medos. E eu não tinha como ser rejeitada — meu outro grande medo. Tudo o que eu tinha que fazer era aparecer, me prender a um estranho e me jogar do céu. Era fácil, não?

O salto seria às 7 horas em Suffolk, a quatro horas de distância, então resolvi dirigir até lá (mais autoestradas, *check, check, check*) e me hospedar num albergue próximo na véspera.

Enquanto estava deitada na banheira, a loucura do mês anterior percorreu minha mente como uma montagem em vídeo com os melhores trechos de uma novela. O mergulho no lago gelado, o karaokê, a nudez... Só em janeiro eu tinha feito mais coisas malucas do que em toda a minha vida.

Mas alguma daquelas coisas tinha me ajudado? Me transformado?

Bem, sim. Li uma vez que nosso medo não é que a vida seja curta, é que não nos sintamos vivos enquanto a vivemos. Mas durante minha luta contra o medo, eu me senti viva. Exaustivamente viva. Todo o dia parecia um dia em que algo poderia acontecer e, de fato, acontecia.

Eu também tinha aprendido muito. Ao pular na lagoa, vi que a vida começa no momento em que você decide desligar a televisão e levantar a bunda do sofá. Ao discursar em público e fazer o stand-up, aprendi que era capaz de muito mais do que imaginava. Aprendi no karaokê que a vida é muito mais divertida se você apenas levar tudo com mais leveza. E com

Tenha medo... e siga em frente 55

as coisas do dia a dia, como fazer baliza, dirigir em uma autoestrada e atender ao telefone, fiquei surpresa ao perceber a onda de confiança que podemos obter fazendo pequenas coisas que normalmente evitamos. Era a sensação oposta ao estado de preocupação e estagnação no qual eu normalmente vivia.

Mas eu sabia que algumas coisas não tinham sido riscadas da lista. Eu não tinha feito nada a respeito do meu medo de confronto, não tinha perdido a paciência ou descoberto o que as pessoas pensavam a meu respeito — mas talvez a realidade fosse que elas não estavam pensando em mim.

Na manhã seguinte, acordei às 6 horas e dirigi para o aeródromo. O céu estava cinza e o rádio informava um aviso de tempestade, mas eu estava estranhamente calma quando assinei o termo de responsabilidade dizendo que se eu morresse não seria culpa deles. Estava até calma ao entrar na pequena aeronave que parecia ter sido feita de latas de atum. Não pestanejei quando nosso instrutor começou a nos dizer para gritar enquanto pulávamos, porque nos ajudaria a respirar.

Foi só quando eu estava pendurada na lateral do avião, o vento soprando em meu rosto, minhas pernas balançando nas nuvens, que eu parei de me sentir calma. O terror, então, me atingiu como um soco nas entranhas, mas, antes que eu pudesse dizer a eles que tinha ocorrido um terrível engano, era tarde demais, eu estava caindo do céu agarrada a um homem cujo nome eu não conseguia lembrar.

O ar frio e o vento foram um choque que nunca antes experimentei. Eles fizeram o lago em Hampstead parecer uma jacuzzi. Disseram-nos que a temperatura real era -15 °C, mas com o vento parecia infinitamente mais frio.

Foi só então que me dei conta: eu estava caindo do céu a 13 mil pés. Isso é quatro mil metros acima do chão.

O corpo humano não foi projetado para fazer isso.

Ficamos em queda livre por quarenta segundos. A 240 km/h.

Foi um inferno.

Fiquei verdadeiramente preocupada em ter um ataque cardíaco. Certamente as pessoas têm ataques cardíacos fazendo isso! Mas continuamos caindo, e eu continuei viva. Então, fomos puxados para cima quando nosso paraquedas se abriu. Nossa descida diminuiu. Essa é a parte que a maioria das pessoas gosta, a parte tranquila durante a qual você admira a vista ao redor e se sente em total harmonia com a beleza do mundo. Olhei para a colcha de retalhos lamacenta dos campos e me senti furiosa. Não preciso pular de um avião para ver grama! Eu sou da Irlanda, pelo amor de Deus. Praticamente nasci no mato! Bem, na verdade não. Eu nasci em Surrey perto de uma estrada principal, mas passava os verões afundada em esterco de vaca quando criança.

Os psicólogos dizem que nossos medos têm duas origens. A primeira tem a ver com segurança física: por exemplo, as pessoas têm medo de altura, cobras e de fogo porque são perigosos e podem nos matar. A segunda origem é o medo de isolamento social, motivo pelo qual tememos tanto parecer burros e ser rejeitados.

Percebi, enquanto despencava do céu, que eu não obtinha nenhuma recompensa ao enfrentar meus medos físicos. Meu medo de altura era algo natural — nada extremo que me atrapalhasse no dia a dia. Eu não precisava enfrentá-lo.

Minhas primeiras palavras ao retornar ao solo? "Nunca mais farei isso de novo."

Eu não tinha me dado conta, enquanto dirigia para casa, que cair do céu pareceria algo agradável em comparação ao que estava por vir.

Capítulo 2

Money: A Love Story,
de Kate Northrup

"Nossa relação com o dinheiro é um reflexo direto do valor
que damos a nós mesmos."

Cédulas de libras esterlinas flutuam no ar, e eu preciso agarrá-las antes
que caiam no chão. E se eu não conseguir agarrá-las antes de atingirem
o carpete cor de pêssego? E se agarrá-las, mas depois deixá-las cair? E se
eu estragar esta oportunidade única na vida?

Sheila também está presente. Pula o tempo todo, tentando agarrar
as cédulas. O que me deixa ainda mais estressada. Mesmo sendo mais
nova que eu, ela é mais alta, por isso tem vantagem. Isso é muito injusto
— assim como o fato de que ela sempre ganha quando jogamos alguma
coisa, tem cabelos castanhos sedosos (e não cabelos ruivos cheios de frizz)
e, de alguma forma, conseguiu desviar das sardas.

Pulo para cima do sofá cor de creme para equilibrar as coisas. Tento
não me preocupar com o que mamãe fará se eu deixar marcas de pés
sujos. Minha mente de 9, quase 10 anos, sabe que isso é mais importante
do que arrumar problemas com a mamãe.

Parece que estou num filme ou em um episódio de um programa de variedades. Lembra aquelas competições em que os concorrentes ficam dentro de uma redoma de vidro com uma máquina de vento e têm de apanhar o maior número de notas enquanto o cronômetro está ligado?

Bem, é exatamente a mesma coisa, exceto que isso está acontecendo na nossa sala de estar às cinco da tarde. Alguma série como *Byker Grove* ou *Grange Hill* devia estar passando na TV, e provavelmente tínhamos comido espaguete a bolonhesa, mas não me lembro disso. Também não lembro se Helen, minha irmã mais nova, estava na sala. O que eu lembro é do meu pai chegando em casa todo animado, abrindo a carteira e jogando todo o dinheiro para o alto.

— Vocês podem ficar com o que conseguirem pegar no ar, mas quando o dinheiro tocar o chão, já era — avisou.

Meu Deus! A pressão daquela situação. Era como se houvesse milhões de libras esvoaçando na nossa sala de estar, um trilhão ou umas cinquenta e poucas.

Entramos em ação imediatamente, esticando as mãos e tentando agarrar as cédulas verdes.

Não tenho a menor ideia de quanto isso durou — imagino que não podem ter sido mais que alguns segundos — mas nos pareceu uma eternidade.

Tampouco me lembro de quantas libras tinha nas mãos no fim da história. Lembro apenas, quase três décadas depois, do fim. Quando todas as cédulas estavam em nossas mãos ou no chão e a brincadeira chegou oficialmente ao fim, papai anunciou que estava apenas brincando, e que não podíamos ficar com o dinheiro. Tínhamos que devolver.

Lembro-me da decepção e depois da raiva. Raiva daquela injustiça. Raiva de mim mesma por cair naquela farsa. Era óbvio que não íamos ficar com o dinheiro nunca! Como éramos burras de pensar que isso fosse possível!

De acordo com minha bíblia de autoajuda para o mês de fevereiro — *Money: A Love Story* —, essa lembrança explica por que hoje em dia eu me comporto dessa maneira quando se trata de dinheiro. A saber: um desastre completo.

Cheque especial, cartões de crédito — eu tinha todos eles. Não só eu não assumia responsabilidade financeira, eu ativamente jogava dinheiro fora. Você poderia me dar £100 e eu encontraria uma maneira de gastá-lo, perdê-lo, bebê-lo dentro de uma hora.

Sabe aqueles casais que dizem manter o romance vivo por não se verem no banheiro — bem, essa era minha relação com meu saldo bancário. Eu nunca olhava meu extrato. O único momento em que eu sabia quanto tinha em minha conta era quando meu cartão era recusado. Isso significava que eu tinha atingido o limite do meu cheque especial de £3.000.

Então, o que isso tem a ver com a minha lembrança do dinheiro voando?

Kate Northrup, minha guru financeira do mês, faz três perguntas no primeiro capítulo do livro:

1) Qual sua primeira lembrança em relação ao dinheiro?
2) Qual sua maior frustração financeira atualmente?
3) É possível estabelecer uma ligação entre sua primeira lembrança e a situação financeira em que se encontra hoje?

Apesar de nunca ter pensando naquele momento desde que acontecera, dei-me conta, sentada na minha escrivaninha, 26 anos depois, de que teve um profundo efeito na maneira como me relacionei com o dinheiro a vida inteira.

Eu achava que dinheiro a) fosse para ser jogado para o alto e que b) a gente nunca consegue mantê-lo. Além disso, dinheiro — para além de ter ou não — era algo que me causava a mesma sensação de estresse no peito que senti naquele dia na sala de estar — e era por isso que estava chegando aos quarenta sem casa própria, sem poupança, sem aposentadoria.

Kate Northrup sabia do que estava falando. Continuei lendo.

★ ★ ★

60   Autoajude-me!

Eu tinha procrastinado por duas semanas antes de finalmente abrir *Money: A Love Story*, em 14 de fevereiro. No mundo da autoajuda, acredito que eles chamem isso de "resistência".

Eu sabia que queria testar um livro sobre dinheiro e finanças — bem, "queria" era a palavra errada, estava mais para "precisava" —, mas era difícil decidir qual.

Quando digitei "dinheiro" na seção de autoajuda da Amazon, 3.125 resultados apareceram. Há livros que prometem nos deixar ricos, como o elegante título *Get Rich, Lucky Bitch!* [Enriqueça, sua vadia sortuda!], de Denise Duffield Thomas. Há também aqueles livros para controlar o orçamento, como *The Money Diet: The Ultimate Guide to Shedding Pounds Off your Bills* [A dieta do dinheiro: guia definitivo para diminuir o peso das suas contas] (obrigada, Martin Lewis, por associar dois motivos da autodepreciação para a maioria das mulheres: dívidas e o tamanho do traseiro). Existem até livros religiosos para enriquecer depressa, como *Pennies from Heaven* [Centavos do Paraíso]. Amém.

Nesse oceano de bom senso fiscal e grandes promessas, alguns clássicos passaram no teste do tempo. *Pense & enriqueça*, de Napoleon Hill, foi publicado em 1937 e ainda hoje é um dos grandes best-sellers sobre riqueza e sucesso.

Comecei a ler no Kindle, mas não terminei.

Era inspirador, mas não muito prático.

Também comecei um livro chamado *Pai rico, pai pobre*, de Robert Kiyosaki, que diz que a ideia de trabalhar duro, economizar e se aposentar é uma bobagem. Em vez disso, deveríamos investir o dinheiro que ganhamos e viver dos lucros. Como eu estava no negativo, esse era um caso de colocar a carroça na frente dos bois.

Então optei por *Money: A Love Story*, de Kate Northrup, que naquele mês era o best-seller na categoria "finanças pessoais". Mais ou menos da minha idade, ela conta como contraiu — e pagou — uma dívida de US$20 mil aos vinte e poucos anos.

Kate diz que todos achamos que se tivéssemos mais dinheiro estaríamos bem, mas basta ver todos os ganhadores da loteria que ficam duros em dois anos para constatar que não é bem assim.

Ela argumenta que, assim como as dietas mais radicais não funcionam se a gente não entender por que come demais, nenhuma tentativa de economizar e organizar o orçamento vai funcionar se não entendermos por que agimos como agimos com o dinheiro, e que esse conhecimento geralmente vem quando nos voltamos para nossa infância.

Se você cresceu numa família que dizia "o dinheiro é a origem de todo mal", isto vai se manifestar pelo resto da sua vida. Se cresceu num ambiente em que o dinheiro era jogado fora — no meu caso, literalmente —, isso terá efeito na sua vida.

Mais importante, segundo Kate, é o fato de nossa relação com o dinheiro ser "um microcosmo da relação que temos com nós mesmos".

Ela argumenta que, quando a gente se ama, cuida do próprio dinheiro. As pessoas que não cuidam do próprio dinheiro — seja gastando demais, endividando-se, escondendo de si mesmas quanto têm — não são "espíritos livres"; na verdade, estão se autossabotando.

Ui.

— Tem certeza de que não quer ir? — perguntou Rachel enquanto aplicava brilho labial no banheiro do andar de baixo.

Era Dia dos Namorados e ela estava indo para uma festa do tipo "Lixo e Tesouro", na qual você leva um amigo solteiro do sexo oposto pelo qual não se sinta atraído, mas que pode se tornar o tesouro de alguém.

— Sim, tenho certeza.

— Pode ser que conheça o homem dos seus sonhos.

— Duvido muito.

Fui até a cozinha, enchi uma taça de vinho e peguei meu livro.

Kate começa com um questionário para "descobrir o que o impede de alcançar a abundância que deseja e o que seu atual relacionamento com o dinheiro diz a seu respeito". Gurus de autoajuda adoram um quiz. Também amam a palavra "abundância". A autoajuda clássica prometia enriquecer você rapidamente; os novos livros de autoajuda falam sobre "abundância" e "mindset de prosperidade". Dessa forma, ninguém é ganancioso por querer mais dinheiro, mas sim espiritualizado.

Há 39 perguntas no livro, então comecei pela primeira e segui o fluxo:

1) *Você sabe quanto gastou no mês passado e com o quê, numa faixa de aproximadamente US$100?*
   Não, não sei. E também não saberia dizer em libras.

2) *Sabe quanto ganhou no mês passado numa faixa de aproximadamente US$100?*
   Sim, nada. Estou muito ocupada com autoajuda em tempo integral.

3) *Dispõe de mais de US$1.000 em economias?*
   Muito engraçado.

4) *Tem pelo menos um investimento de aposentadoria?*
   Ai, Kate, assim você acaba comigo!

E assim vai, perguntando sobre imóveis, títulos, ações... até chegar finalmente a algumas perguntas que sou capaz de responder afirmativamente:

Sente ansiedade quando pensa ou fala a respeito de dinheiro?
Sim.
Fica acordado na cama ou acorda mais cedo preocupado com dinheiro?
Sim.
Usa a frase "Não tenho dinheiro para isso" pelo menos uma vez por semana?
Sim.
Evita ver extratos bancários, faturas de cartão de crédito e outros documentos financeiros?
Sim, sim, sim.

No fim, somei os vários sins e nãos, e o meu resultado foi seis, de um total de 39.

Avaliação de Kate: "Sua relação com o dinheiro tem sido turbulenta. Não tem sido um caso de amor e você tem cicatrizes, mas pode ser que melhore a partir de hoje." Fico bem lisonjeada com a palavra "turbulenta". Faz eu me sentir alguém interessante. Talvez o problema esteja em parte aí.

O passo seguinte para mim e meu resultado de 6 num total de 39 é escrever minha "História de amor com o dinheiro", o que significava escrever absolutamente tudo que eu já tinha feito, dito ou sentido a respeito de dinheiro.

Esse é o tipo de coisa que eu normalmente pularia, mas Kate diz que escrever é essencial. Então peguei meu caderno e comecei o diário financeiro secreto de Marianne Power, de trinta e seis anos e meio.

Começo pelas lembranças do dinheiro flutuante e tento me aprofundar.

Cresci numa casa de extremos. Meu pai saiu da Irlanda para Londres sem nada aos 16 anos. Mas já era muito bem-sucedido no ramo imobiliário quando nascemos. Na infância, fazíamos incursões à Harrods e à Hamleys. Férias na Disney e na Europa.

No meu aniversário de 9 anos fomos ao Ritz tomar chá. Minha primeira bebida alcoólica foi tomada num decanter de cristal no banco traseiro do Bentley preto do meu pai. Sempre mais corajosa do que eu, Sheila preferia dirigir os carros do meu pai, o que começou a fazer aos 14 anos.

De repente, um estrondo poderoso e nosso reluzente Jaguar verde estava estacionado bem no corredor de casa. Sheila confundiu o acelerador com o freio e deu ré para dentro de casa.

A resposta de papai ao ver o Jaguar relativamente ileso?

— É um bom carro, não?

Resumindo: éramos ricos.

O tipo de rico que pode se recuperar de ter um Jaguar bem no meio do corredor.

64   Autoajude-me!

Mas, como qualquer pobre menina rica poderia confirmar, nem tudo era perfeito. Ainda pequena, eu já me dava conta de algumas coisinhas sobre dinheiro (e carros de luxo).

As pessoas não gostam muito de gente com dinheiro (e carros de luxo). Lembro-me de ver homens gritando *yuppie* para nós quando passávamos pelas ruas de Londres no carro de luxo do papai. Batiam no capô. Eu não sabia o que era um *yuppie*, mas dava para ver o ódio nos olhos deles. Perguntei ao papai o que significava, e ele disse "pessoa jovem", mas eu sabia que não era isso. Papai era velho.

O dinheiro (e carros de luxo) deixam você diferente. E tudo o que eu queria era ser normal. Meu sonho era que meu nome fosse Sarah, que eu tivesse cabelos castanhos e que meu pai dirigisse um Ford.

E, por fim, ter dinheiro (e carros de luxo) faz de você uma chata mimada. O mundo em que éramos criadas era um mundo distante das origens dos meus pais. Papai cresceu na pobreza e estava determinado a nos dar tudo o que desejássemos. Mamãe, por outro lado, odiava o fato de crescermos com tantos excessos e se certificava de que soubéssemos disso.

Aprendi a me sentir culpada em relação ao dinheiro que tínhamos e a me sentir mal pelo tipo de pessoa que éramos. Pessoas ricas.

Quando eu estava no fim da adolescência, o declínio da saúde de papai e a recessão da década de 1990 confluíram no sentido de um espetacular encolhimento do nosso dinheiro. Quando eu tinha 17 anos, mamãe suspendeu as comemorações de Natal. Quando eu tinha 20 anos, não havia mais nada: a casa, os carros, o dinheiro.

Eis o que aprendi sobre o fato de NÃO se ter dinheiro:

Primeiro de tudo, qualquer pessoa que tenha passado por isso sabe que não ter dinheiro para pagar as contas e correr o risco de perder a casa é assustador. Dinheiro pode não comprar felicidade, mas compra segurança e coloca um teto sobre a sua cabeça. Quando ele vai embora, bem, tudo vai junto. Mas de alguma forma você se recupera. A vida continua. E há pontos positivos. Mamãe considera que minhas duas irmãs e eu não teríamos trabalhado com tanto afinco nem teríamos nos saído tão bem na nossa carreira se ainda tivéssemos dinheiro. Também afirma que, por causa disso, nos tornamos pessoas melhores.

Olhei o relógio e eram 21h30. Eu tinha escrito por duas horas. Meu pulso doía.

Escrever sobre tudo — os carros, as viagens, o dinheiro sobrando — me fez perceber, pela primeira vez, a intensidade de toda experiência.

É óbvio que teria um efeito na minha vida. Como não teria?

Fui para a cama assistir a *Graham Norton* no laptop.

Ele estava conversando com Bill Murray e Matt Damon. Quando vi, estava apostando comigo mesma que Matt Damon devia ser bom e todo certinho em matéria de dinheiro, ao passo que Bill Murray devia ser uma catástrofe. Na minha cabeça, pessoas engraçadas sempre se dão mal com dinheiro. É parte do nosso charme.

Bom, feliz Dia dos Namorados para mim.

Quando acordei no dia seguinte, Rachel ainda estava dormindo. As botas dela de cano alto pareciam lesmas perto do sofá. Decidi ir a um dos meus cafés preferidos. Pedi um café e ovos mexidos e dei uma olhada nos jornais — avisos de enchente, um escândalo no sistema de saúde, algo sobre Simon Cowell — antes de lembrar que a imprensa "negativa" não era permitida na minha vida com a autoajuda. Em vez disso, fiquei deprimida com outra história — a minha. Comecei a escrever sobre como tenho me comportado com o dinheiro na vida adulta. E aqui emprego a palavra "adulta" em seu sentido mais amplo.

Depois de me formar, morei em Londres no auge da era Brit Pop. Era a cidade mais *cool* do mundo, mas eu não era nada *cool*. Então gastei bastante dinheiro tentando mudar isso, comprando tênis Nike, mesmo que ficassem ridículos em mim, e me apertando para entrar em uma calça jeans de cintura baixa. Eu ganhava pouco e vivia acima da minha renda, gastando sem medo na primeira quinzena do mês e vivendo de barrinhas de cereal na segunda.

Aos 29 anos, consegui meu primeiro grande emprego, como editora num jornal. Meu salário aumentou. E foi só festa a partir disso. Eu andava de táxi como se fosse ônibus e comia fora com frequência. Comprava roupas de grife porque achava que era importante me vestir adequadamente, agora que era uma editora importante. E sempre parecia ter acabado de sair do salão de beleza. Porque eu tinha mesmo.

Mas por trás das bolsas, do cabelo e dos vestidos, eu me sentia uma fraude. Estava com dificuldade para segurar a barra no meu trabalho, então larguei a grande oportunidade e o grande salário para me tornar freelancer. Meus gastos ficaram ainda mais erráticos. Assim que recebia um cheque, eu saía para celebrar, aproveitar o momento, mas então, uma semana depois, estava falida e estressada. Todo ano jurava que seria mais cuidadosa com dinheiro, que ia crescer — mas eu nunca fazia isso...

Olhei ao redor. O café estava lotado de casais e amigos conversando. Eu me senti abalada. Como não tinha visto para onde grande parte do dinheiro que ganhei na minha vida tinha ido?

Sempre pensei que meu principal problema era não ter dinheiro suficiente, mas agora eu percebia que, na verdade, quantia alguma jamais seria suficiente para mim. Eu poderia ser uma daquelas pessoas que faliu quatro anos depois de ganhar na loteria. "Não sei para onde foi o dinheiro", eu diria aos tabloides que me fotografariam na minha casa de dez quartos, com piscina coberta, salão de cabeleireiro e torneiras douradas.

Paguei minha conta de £14,75 pelos ovos e dois cafés.

Rachel estava na cozinha, abrindo a correspondência. Ela não tinha medo de receber contas ou notificações como eu.

— Então, como foi? — perguntei.

— Alguém fez martínis Turkish Delight — respondeu ela.

Money: A Love Story 67

— Que diabos é isso?

— Não sei, mas eles eram fortes. Eu não conseguia mover os lábios durante metade da noite. E você, como foi o encontro com os extratos bancários?

— Foi bom — menti. Eu tinha vergonha de falar com ela sobre dinheiro. Ela era tão boa com o dela. Sempre sabia o que ganhava e quanto gastava. Ela era generosa sem esbanjar.

Fui para o meu quarto e liguei para Sheila.

Perguntei a ela qual era sua primeira memória com dinheiro.

— Eu me lembro da mamãe enlouquecer se deixássemos as luzes acesas ou o aquecedor ligado.

— E como isso se conecta com sua situação atual?

— Eu sou cuidadosa com as contas. Qual é a sua?

— Aquela vez que o papai entrou na sala e jogou dinheiro para o alto.

— Ah, é verdade. Eu tinha me esquecido disso. Mas isso aconteceu mesmo? Às vezes acho que inventamos isso.

— Como nós duas teríamos inventado uma memória?

— Não sei. Então, o que essa memória significa para você?

— Significa que eu jogo dinheiro por aí.

— Como alguém pode querer filhos? Você faz uma coisa e corre o risco de seu filho culpar você por arruinar a vida dele.

Mas não culpei ninguém além de mim mesma pelo jeito que eu era. Eu era adulta. E tinha escolhas. Apenas continuei fazendo as erradas.

Kate recomenda identificar padrões e crenças em relação ao dinheiro. Então peguei meu caderno de novo e, enquanto anotava, descobri diversas crenças e padrões que eu não tinha ideia de que estavam presentes.

O primeiro era a culpa. Sinto-me culpada ou envergonhada por ter mais que outras pessoas. Então sempre que tinha dinheiro eu desperdiçava — o que queria dizer que drinques e jantares eram sempre por minha conta. Mas havia algo a mais acontecendo: eu pude ver que comprava coisas para as pessoas como uma forma de fazê-las gostar de mim. Se eu estivesse pagando, era mais provável que elas ficassem por perto. Eu não era a mais engraçada ou bonita, mas podia ser generosa.

De um ponto de vista filosófico, considero a avareza uma das piores características em qualquer pessoa. Achava chato, egoísta e mesquinho preocupar-se com dinheiro. Eu era melhor do que isso! Sentada na minha cama, escrevendo, cheguei a uma inquietante constatação: eu tratava o dinheiro como se fosse algo inferior a mim.

Eu também não tinha crescido quando se tratava de dinheiro. Tenho medo dele. Kate afirma que muitas mulheres estão à espera de um homem (na forma de um marido) para resolver sua situação, ela chama isso de "Efeito Príncipe Encantado". Era isso que eu que estava fazendo? Eu ficava tensa só de pensar, mas definitivamente tinha passado a vida toda me fazendo de vítima quando o assunto era dinheiro. Eu não cuidava das minhas finanças, depois me fazia de vítima quando estava "falida" e de repente não podia pagar nem a passagem de ônibus. Eu tinha perdido a conta de quantas vezes Sheila teve que me emprestar dinheiro.

Por fim, voltando àquela primeira memória relacionada a dinheiro, acredito que o dinheiro vem e vai, de modo que não me apego a ele, não cuido dele e nem faço planos com ele.

Kate recomenda encontrar maneiras de encarar nossa história para nos darmos conta (como dizia Susan Jeffers em *Tenha medo... e siga em frente*) de que tudo transcorreu na maior perfeição. É a parte do "amor", na qual a gente aprende que precisa se amar e também amar as lições que aprendeu.

Escrevi sobre o fato de que posso ter desperdiçado muito dinheiro, mas me diverti. Eu me senti feliz pelas experiências de fazer viagens chiques para Nova York, comprar bolsas de grife e comer em bons restaurantes. Foi uma fase e eu a aproveitei ao máximo. Também tinha passado por essa experiência e percebido, por mais clichê que isso parecesse, que ter coisas não faz ninguém mais feliz — elas só fazem você parecer melhor enquanto tenta remendar as falhas da sua vida.

★ ★ ★

Kate diz que não há nada pior do que o medo traiçoeiro que vem de nos mantermos no escuro a respeito das próprias finanças. Por isso, minha próxima tarefa é examinar meus extratos dos últimos seis meses para obter o que Kate chama de "lucidez financeira". Mas ela adverte que não é nada fácil. E tem razão.

O dia seguinte era o tipo de domingo triste feito para ficar em casa no sofá, mas, em vez de me entregar à preguiça, peguei o trem para a casa da minha mãe a fim de mexer na minha papelada bancária.

Olhar para aqueles números foi terrível.

Quatro horas depois de começar, a realidade do tamanho da minha dívida começou a aparecer.

Somei tudo pela primeira vez, me dando conta de que devia nada menos que £15.109,60. Devia £6.000 à minha irmã, £7.000 ao banco, um cheque especial de £2.109,60. Fiquei enjoada só de ver esses números. Como pude ser tão irresponsável? Como não sabia que estava tão endividada?

Quinze mil libras em dívidas. E isso sem hipoteca, sem filhos. Imperdoável. Quinze mil. Esse número se repetia na minha cabeça.

Kate diz que não podemos nos lamentar por aquilo que já fizemos — isso não é produtivo. Mas eu *estava* me martirizando. Eu estava com tanta raiva de mim mesma. E envergonhada.

Não conseguia ver um lado bom ou alguma lição filosófica nos gastos. Analisar minhas finanças era como ver através de uma enorme lente de aumento. Conseguia ver tudo de ruim a meu respeito: sou imprudente, burra, fútil, negligente, iludida. Uma fedelha mimada.

Eu me tranquei no banheiro e chorei sentada na privada. Depois tomei um banho. Usei um óleo de banho que tinha comprado para minha mãe de presente de Natal por £40 e chorei mais um pouco. Aquele banho provavelmente me custou £5.

Segunda-feira, dia 17. Ainda está chovendo bastante lá fora e eu estou chorando bastante aqui dentro. Mais do que nunca queria enfiar a cabeça na areia. Mas não podia. Precisava arrancar o band-aid de uma vez.

Kate sugere examinar os extratos para descobrir as origens do que ela chama de "vazamentos de energia financeira" — aqueles gastos que nos fazem sentir mal, e não bem. O objetivo é reduzir esses vazamentos.

Examinando meus extratos bancários, fica parecendo que eu nem tenho uma cozinha. Sequer uma chaleira. Cerca de 50% dos gastos vão para Starbucks, outros cafés, restaurantes italianos, restaurantes japoneses, um pub, mais outro pub e ainda outro...

E havia também os gastos com cuidados de beleza. Escovas a £25, mais outros £25 pelas unhas, £42 na farmácia, £22 por umas vitaminas estúpidas, £70 de limpeza de pele, £60 em depilação. Era um clássico exemplo de despesas da geração "Eu valho muito mesmo que não possa pagar por isso". Enquanto gastava, dizia a mim mesma que esses gastos eram investimentos. Eu pensava que se tivesse uma boa aparência, me sentiria bem e então... então o quê? Conheceria o homem dos meus sonhos? Seria promovida?

E ainda nem tinha chegado na parte das roupas. Eu não comprava muito, mas, quando comprava, não era barato. Num suéter, gastava em média £150. E acabava sendo preguiçosa demais para lavar à mão, de modo que ele passava a vida jogado no fundo do cesto de roupa suja.

Olhando minhas contas, descobri que minha conta telefônica era de em média £143 por mês. Cento e quarenta e três libra! Eu nem gosto de falar ao telefone!

E havia uma assinatura de £14 por mês de uma revista que eu nem recebia mais, algumas cobranças em débito automático que eu sequer conseguia identificar e que provavelmente batem mensalmente na minha conta há anos, e, por fim, os saques misteriosos em dinheiro: £100 aqui, mais £100 ali — eu não tinha a menor ideia de onde eram gastos. Poderiam perfeitamente ter desaparecido no ar.

Após anos recebendo um bom salário, eu tinha gastado todo o meu dinheiro em sapatos de salto, bebedeiras e uma quantidade absurda de café. Fiquei enjoada, constrangida e envergonhada. Que idiota.

O tempo todo enquanto conferia meus extratos eu pensava na minha mãe. Ela não gastava £150 em suéteres de caxemira que tinha preguiça de lavar a mão. Ela conseguia ser bem-vestida comprando em lojas baratas. E sabia o preço de tudo o que comprava! "Gostou da minha blusa?", perguntava. "É cem por cento seda — de £60 por £20! E as calças? Linho puro — de £45 por £15!"

Ela não saía e gastava £2,50 em um café que poderia preparar por alguns centavos em casa. Só comprava comida no fim do dia quando já estava com o preço remarcado. Ela provavelmente comeria por uma semana com o dinheiro que eu gastava em uma única *avocado toast* em algum café hipster...

Naquela noite, ela bateu na porta do quarto de hóspedes em que eu estava, cercada por papéis.

— Como você está? Quer uma xícara de chá? — perguntou.

— Não, obrigada.

— Como está indo?

— Nada bem. — Minha voz falhou. Comecei a chorar. — Eu sou uma idiota.

— Quão grave é a situação?

— Não vou contar para você. Mas é ruim.

— Você tem vivido acima do que pode pagar, Marianne — disse ela.

— Eu sei.

— Você sempre diz que sabe, mas continua fazendo as mesmas coisas.

— Eu sei.

— Você se sentiria muito melhor se diminuísse os gastos. Eu me sinto melhor economizando do que gastando. É bom se sentir seguro. Você precisa assumir o controle das coisas.

— Eu sei — disse eu. Mas, na verdade, eu não sabia. Eu nunca me sentia segura quando o assunto era dinheiro e nunca aprendi a assumir o controle das coisas.

Gemma ligou.

— O que aconteceu? — perguntou ela.

— Nada — respondi.

— Não me venha com "nada". Dá para perceber pela sua voz que aconteceu alguma coisa.

Contei a versão resumida, sem os números.

— Sinto que sou uma pessoa horrível.

— Você não é uma pessoa horrível. Você é uma pessoa generosa. E isso é bom, mas talvez seja melhor diminuir um pouco — disse ela.

Dava para ouvir o bebê James chorando ao fundo, e eu sentia vergonha por estar tomando o tempo de Gemma quando ela tinha um filho recém-nascido para cuidar.

Pela segunda noite seguida, chorei até dormir.

No dia seguinte, me senti mais calma — o tipo de calma que só vem quando você não tem mais energia para sentir pena de si mesma. E tive que me dar algum crédito por enfrentar esse monstro. O importante agora era seguir em frente.

Kate diz que é importante organizar as finanças em "arquivos resistentes".

Ela recomenda pastas vermelhas — no Feng Shui, o vermelho é a cor da abundância — e rotular tudo lindamente com uma "etiquetadora". Sugere também personalizar as pastas com decoração de lantejoulas.

Pulei a parte das lantejoulas, mas fui à papelaria e comprei quatro fichários brancos a £4,50 cada.

— Você não pode usar alguma pasta que já tenha em casa? — perguntou minha mãe.

— Elas precisam combinar e precisam ser bonitas pra que eu me sinta bem ao usá-las todos os dias — respondi.

Ela não disse mais nada.

Cheguei em casa e arquivei todos os meus extratos do Barclays num fichário etiquetado "Barclays Lindo". Preparei outra pasta para os extratos do HSBC e lhe dei o nome de "HSBC Feliz", e na pasta com os documentos fiscais escrevi "Receita Nacional de Sua Majestade", com um monte de coraçõezinhos em volta. Parecia uma oficina de arte, mas foi terapêutico, de uma maneira meio estranha.

Kate também diz que você deve cuidar de seu dinheiro físico — nada de enfiar nos bolsos ou jogar moedas de troco no fundo da bolsa, como eu sempre fazia. Ela arruma as notas em ordem de valor, voltadas para a frente na carteira. Pensei que já era um pouco demais, mas olhei nos bolsos, gavetas e no fundo de bolsas e consegui £22,53. Arrumei esse dinheiro cuidadosamente em minha carteira. Dinheiro fácil.

Voltei para Londres me sentindo abalada, porém motivada. Ao longo da leitura de *Tenha medo... e siga em frente*, nunca tinha me ocorrido que o dinheiro era um dos meus medos, menos ainda que era um dos maiores, mas como Susan disse, encarar o medo é empoderador. Agora eu precisava continuar a encará-lo.

Kate diz que há duas coisas que devo fazer todos os dias para manter minhas finanças nos eixos. Primeiro, eu deveria olhar meu extrato bancário todo dia pela manhã e deveria pensar em três coisas pelas quais sou grata. Kate considera que aquilo para onde nos voltamos se expande. Assim, se voltarmos nossa atenção para as dívidas, teremos mais dívidas, e se voltarmos a atenção para as coisas boas que de fato temos — um depósito entrando na conta, bons amigos, uma boa xícara de café etc. —, conquistaremos mais coisas boas. Não entendi bem como isso poderia funcionar, mas estava pronta para tentar.

Ela também diz que cultivar bons pensamentos toda vez que examinamos o saldo bancário gera uma espécie de reação pavloviana — a gente associa o banco à felicidade. Mesmo quando seu saldo bancário é de £2.211,03 negativas. Só a título de exemplo.

Quando cheguei na casa de Rachel, fui olhar os meus saldos — todos negativos —, mas agradeci pelo fato de estar comendo biscoitos com chá e de o aquecedor estar funcionando. E só isso já pareceu um grande passo. Eu nunca olhava meus extratos. Nunca. Ver aquele número foi bom. Pelo menos eu sabia qual era minha situação.

No dia seguinte, recebi um e-mail do meu editor pedindo que eu escrevesse uma matéria sobre um novo suplemento vitamínico de £100 que a modelo Elle McPherson tinha acabado de lançar. Com 45 ingredientes, o suplemento deveria "complementar a nutrição no nível celular e otimizar o funcionamento de todos os 11 sistemas do corpo". Compre isso e você pode parecer uma supermodelo ou coisa assim. O tipo de coisa que nos velhos tempos eu teria comprado dois pacotes. A nova eu estava apenas grata por ganhar dinheiro para escrever sobre aquilo.

No dia 22 de fevereiro, tive um pequeno deslize. Era aniversário de Sarah e, após todo o meu período de bom comportamento, pensei que merecia sair. O único problema é que não foi apenas uma saída. Foi uma maratona de compras de 18 horas.

Encontrei alguns amigos para o brunch no distrito de King's Cross. Café, ovos e champanhe? £22,50. Depois Sarah quis ir à Oxford Street comprar uma roupa para usar à noite. Ela gostou de uma blusa na Top-Shop que custava £29 e ficou incrível nela. Comprei um pulôver idiota com estampa de oncinha por quase o triplo do preço: £85. Nem tinha gostado tanto assim, mas estava me sentindo desarrumada com meu suéter cinza sem graça. Percebi todas as justificativas engenhosas criadas por mim mesma para aquelas compras. *É importante estar bem-arrumada. Nunca se sabe quem podemos encontrar. É aniversário de Sarah, é importante que o dia dela seja divertido. Não seja uma estraga-prazeres.*

Instantaneamente me senti culpada, mas afoguei esse sentimento em um almoço regado a vinho.

— Vamos, deixa que eu pago — disse Sarah quando a conta chegou. Eu recusei.

— É seu aniversário — insisti. — Deixa que eu pago.

— Sim, mas você não tem dinheiro, está tudo bem.

— Não, estou ganhando dinheiro — menti. — Por favor, eu quero fazer isso, é por minha conta. — E, enquanto eu entregava meu cartão para pagar a conta de £50, estava preocupada com a possibilidade de ser recusado.

Por que eu fiz isso? Insistir em pagar? Kate diz que se você quer dinheiro na sua vida, precisa aprender a receber tanto quanto a dar. Ela diz que se você recusa coisas como elogios, ou deixar seu amigo pagar o jantar, você está "bloqueando o fluxo de abundância". Essa expressão me fez estremecer, mas talvez houvesse algo ali. Eu sempre recusava elogios e queria pagar pelas coisas.

Em seguida, fomos fazer as unhas: £25. Fui para casa, me troquei e encontrei o pessoal em Shoreditch House.

Eu detesto Shoreditch House. É um bar só para membros pretensioso e arrogante, projetado para fazer qualquer um que entre ali se sentir inferior. Um sentimento que só pode ser aliviado: a) agindo como um idiota arrogante, ou b) gastando muito dinheiro. Optei por b). Os comprovantes amassados no meu bolso me mostraram que eu tinha gastado £79,85 em quatro martínis de café e uma garrafa de prosecco — bebidas que não me lembro de ter pedido. Eu me lembro é de me sentir gorda e feia no suéter idiota com estampa de oncinha e de ter odiado todos no bar. Lembro-me de pensar: "Vá para casa agora, encerre a noite e vá embora", mas não foi o que eu fiz. Desperdicei dinheiro na esperança de tornar aquela noite um sucesso. Então, gastei £25 em um táxi para casa. Total gasto em um dia: £246,35.

No dia seguinte, senti nojo de mim mesma.

Na minha antiga vida, eu nunca teria somado os valores e não teria ideia do estrago feito em um sábado. Pensei em quantas vezes gastei dinheiro em roupas que não gostei, apenas para tentar me sentir bem. Pensei em todas as noites tentando forçar uma diversão em bares pretensiosos que me faziam sentir um lixo.

Passei o dia na cama vendo o pior do ser humano em *House of Cards*. Um pouco como a Shoreditch House, mas com menos martínis de café.

— O que aconteceu? — Rachel parecia assustada. — Você está bem?

— Sim, por quê? Estou bem — retruquei.

— Certo. — Ela ficou parada na porta do meu quarto olhando para o caos instalado ali dentro. Pilhas de roupas. Sapatos caindo de sacolas de mercado.

— Que horas você acordou?

— Não sei. Cedo.

Eu tinha acordado às 6 horas naquela manhã de segunda, como penitência pelos meus pecados financeiros. Comecei por lavar à mão todos os itens esquecidos no meu cesto de roupa suja, seguido pela limpeza do meu armário. Kate diz que devemos vender tudo o que não usamos porque é uma fonte de dinheiro e também porque, segundo o Feng Shui, entulho é algo ruim, pois impede que coisas novas venham na sua direção.

Então, empilhei minhas roupas velhas e sem uso na cama.

Quando digo "velhas", isso não é exatamente verdade. Havia vestidos ainda com a etiqueta comprados para alguma ocasião específica e nunca usados. Havia algumas calças jeans compradas em números muito menores, na esperança de que eu fosse emagrecer e entrar nelas, e ainda um par de sapatos de grife, comprados em uma liquidação, que eram muito grandes e saíam dos meus pés sempre que os usava.

Eu sabia que poderia conseguir mais vendendo no eBay, mas sou muito preguiçosa, de modo que preferi levar tudo a um brechó no meu bairro. Eu estava confiante, imaginando que no brechó as pessoas ficariam felizes da vida com o que eu estava levando. Já os visualizava elogiando meu bom gosto e dizendo que não acreditavam que estivesse me desfazendo de coisas tão boas.

Mas não foi bem assim.

— Não vendemos TopShop — avisou a mulher platinada atrás do balcão, pondo de lado os jeans. — Esta costura aqui está desfiando — prosseguiu, puxando um vestido de bolinhas da LK Bennett. — Esse está manchado — disse ela, apontando para uma manchinha de base que mal dava para ver no pescoço de outro vestido.

Depois, pegou um vestido verde de seda que eu tinha usado para ir ao IFTA, o equivalente ao Oscar na Irlanda. Era a roupa mais cara do meu guarda-roupa, tinha custado £700.

— Não é a época certa para black-tie — disse ela, descartando o vestido. — Traga em novembro, se quiser.

— Podemos ficar com esses — disse ela se referindo a um vestido cor de pêssego que eu tinha comprado para usar em um casamento e o sapato grande demais.

Money: A Love Story 77

"Isso mostra seu péssimo gosto", tive vontade de gritar. Aquele vestido era horrível! Eu tinha comprado em um momento de desespero!

— Vamos tentar os sapatos por £50 e o vestido também. Vamos mantê--los à venda por cinco semanas, se não tiverem vendido depois de quatro, nós os colocamos com desconto e, se eles não venderem, eles vão para a caridade. Ficamos com 50% do valor.

Então, meus itens de marca valiam £50. No máximo.

Peguei minhas roupas rejeitadas e saí com as bochechas queimando. Quando cheguei em casa, estava furiosa.

— Vacas estúpidas e arrogantes!

— Quem? — perguntou Rachel.

— Naquele brechó. Elas não quiseram nenhuma das minhas roupas.

— Então, coloque-as a venda no eBay ou venha fazer um bazar comigo. Você vai ganhar mais dinheiro assim.

— Essa não é a questão!

— Qual é a questão? Por que você está deixando uma mulher que você nem conhece te deixar tão brava?

Pensei um pouco e percebi que a mulher do brechó não era o problema. Era eu.

A verdade era que vender coisas velhas parecia abaixo de mim e o fato de eles nem mesmo terem aceitado a maioria delas só piorava tudo.

Eu me senti humilhada e envergonhada, despojada do status que geralmente tinha ao entrar em uma loja como cliente. E eu não tinha percebido o quanto valorizava isso: o status de entrar em uma loja e comprar um suéter de caxemira enquanto a vendedora arruma tudo numa sacola. O status de ser capaz de chamar um táxi quando está chovendo, em vez de ficar em pé no ponto de ônibus.

O status de comer fora em vez de levar marmita.

Eu não gostava do que isso dizia a meu respeito.

— Estraguei tudo — disse eu.

— O que você quer dizer com isso?

E pela primeira vez compartilhei meu segredo financeiro. Contei a ela o valor da minha dívida e o quanto eu tinha sido burra. Contei sobre

78 Autoajude-me!

como tínhamos dinheiro quando eu era criança e sobre como perdemos tudo. Ela fez uma xícara de chá para mim e segurou minha mão.

— Agora que você sabe a gravidade da situação pode resolver tudo, não?

Eu assenti.

E Rachel estava certa. Eu podia resolver a situação. As coisas iam mudar. A partir de agora.

Comemorei o fim do mês do dinheiro com o que Kate chama de Dia de Liberdade Financeira.

Kate diz que é importante sentar uma vez por semana para organizar os ganhos e as despesas, acrescentando que botar uma música para tocar, uma roupa especial e acender uma vela pode tornar a coisa toda bem agradável. Torna-se um ritual. Uma meditação sobre o dinheiro. Ela tem até uma playlist no Spotify para essas ocasiões — com muita música country, o que não combinava muito comigo. Música country me deixa tão triste que me faz ter vontade de comprar. Por outro lado, eu podia dizer isso a respeito de várias coisas.

Eu opto por "Gold Digger", de Kanye West.

Não acendi uma vela, como sugere Kate, porque, depois de anos literalmente queimando dinheiro com velas a preços absurdos, estou tentando me segurar. Além disso, estava frio e eu não queria ligar o aquecedor (olhem só para mim!), por isso não coloquei um pretinho básico — estava usando dois casacos.

Para começar, olhei primeiro as contas, às quais Kate se refere como "faturas de bênçãos já recebidas". Kate diz que, em vez de focar no dinheiro que está saindo, você agradece pelo serviço recebido em troca desse dinheiro. Olhei para minha última e absurda conta de telefone e agradeci pelas adoráveis conversas que tive com amigos maravilhosos.

Minha gratidão mais sincera e meu amor mais profundo foram para a Netflix. Por apenas £5,99 por mês tenho acesso a horas de entretenimento (mais até do que gostaria de admitir), além de um fiel companheiro na hora de deitar. Acho até que esse relacionamento pode durar.

Em seguida, revi meus ganhos. Essa seria uma tarefa rápida. Eu tinha escrito uma matéria naquele mês. Em geral, escrevia dois por semana. A autoajuda estava tomando muito do meu tempo.

Finalmente, fui fazer uma faxina financeira. Liguei para a revista à qual enviava dinheiro mensalmente. Era uma assinatura da *Vogue* de três anos atrás, enviada para um apartamento onde eu não morava mais havia dois anos. Em vez de me culpar, deixei para lá. Liguei para o *Times*, ao qual eu estava pagando £17,99 por mês por, ao que parece, o pacote de luxo que inclui acesso pelo iPad. Mas eu não tenho um iPad.

Liguei para a minha operadora telefônica e perguntei por que as minhas contas estavam tão altas. Ao que parece, toda vez que eu ligava para Gemma em Dublin para falar sobre coisas fundamentais sobre o *X Factor*, eles me cobravam £20. Fui informada de que havia um pacote de £5 por mês com o qual eu teria minutos ilimitados para falar com números da Irlanda.

— Por que você não percebeu isso antes? — perguntou o atendente.

— Porque eu sou uma idiota — disse eu.

— Eu sou igual. Entra por um bolso e sai pelo outro — disse ele.

No momento em que "Mo Money, Mo Problems", de Notorious B.I.G., começa a tocar, caiu para mim a ficha de que todos nós enfrentamos certas questões em matéria de dinheiro sobre as quais nunca falamos a respeito.

Naquela noite, quando Rachel recebeu amigos para jantar, uma amiga dela me contou que tinha uma dívida de £40.000 no cartão de crédito.

Ela tinha terminado com o homem com quem achava que ia se casar e tinha entrado numa espiral de gastos.

— Eu ficava em casa, pedia comida no delivery, bebia vinho e comprava roupas pela internet. Na maioria das vezes, eu nem abria os pacotes. As roupas chegavam e eu as jogava no fundo do armário.

Pois é assim mesmo. Kate diz que toda vez que perdemos o controle das finanças, não estamos realmente nos divertindo, embora possa parecer que sim; estamos na verdade num processo de autodestruição. Essa autodestruição pode decorrer de diferentes demônios, mas no mundo dela todas essas coisas se resumem a uma só: não se amar o suficiente.

Achei difícil comprar essa história toda de "se amar", pois é muito abstrato, mas acho que, no fundo, tem fundamento. Fui criada com hábitos absolutamente insanos em matéria de dinheiro, os quais eu replicava. Mas as minhas irmãs não tinham os mesmos problemas financeiros que eu, o que queria dizer que havia mais fatores envolvidos. Por mais clichê que pudesse parecer, acredito que a questão se resumia a: nunca me achei boa o suficiente.

Nunca me achei realmente bonita, de modo que gastava meu dinheiro com roupas. Apesar de todas as promoções, nunca me achei realmente boa no trabalho, e assim desperdiçava o que ganhava, em vez de aproveitar. Também não entendia por que as pessoas gostavam de mim, por isso tentava comprá-las com presentes. E quando não sabia mais o que fazer, saía para comprar na tentativa de encontrar felicidade. Mas só encontrava mais dívidas. O passo seguinte era usar a dívida como mais um motivo para me culpar e me detestar mais — e assim vai a espiral.

Kate diz que, quando nos preocupamos com nosso dinheiro, não estamos "plenamente presentes" em outras áreas da vida. Se você acorda às 2 horas preocupado com dinheiro (como era o meu caso), não vai conseguir pensar de maneira criativa, nem trabalhar com a desejada eficiência. Essa preocupaçãozinha lá dentro da cabeça faz você não conseguir desfrutar de nada direito. É a mais pura verdade. Eu pensava que me preocupar com dinheiro era a regra. Não sabia que havia uma alternativa.

Mas havia. O livro de Kate me ajudou a enxergar isso. Também me fez entender que levaria muito mais do que algumas semanas para resolver meu problema financeiro. Na verdade, eu suspeitava que levaria anos.

Parte de mim se perguntava se eu deveria continuar com o livro por mais um mês, para dar prosseguimento ao que eu tinha aprendido. Eu podia passar o mês de março resolvendo as coisas. Vender alguns itens no eBay, talvez montar meu orçamento...

Capítulo 3

O Segredo,
de Rhonda Byrne

"Tudo aquilo que você sonhar pode ser seu."

Mas não fiz nada disso. Quer dizer, não vendi as roupas no eBay. Nem criei um orçamento. Em vez disso, peguei um livro que me dizia que eu não precisava vender meus vestidos, mas comprar novos. Um livro que sugeria que apenas fracassados choram ao ver o extrato bancário, vencedores fazem cheques fictícios para si mesmos e imaginam dinheiro voando para dentro de sua caixa de correio. Um livro que me dizia que eu poderia ter tudo que quisesse na vida, e mais, sem precisar fazer nada...

O livro sustenta que existe um "Grande Segredo" que tem sido transmitido entre as grandes mentes da nossa história — pessoas como Platão, Da Vinci, Einstein... e, humm, a produtora de TV australiana Rhonda Byrne. E qual é esse segredo?

Você pode ter tudo o que quiser na vida se simplesmente acreditar.

O homem dos seus sonhos, a casa dos seus sonhos, milhões de libras... tudo ao seu alcance, se você de fato for capaz de pensar positivamente. Não precisa trabalhar, nem se esforçar, nem fazer muita coisa... basta desejar.

82   Autoajude-me!

Incrível, não? Por que temos complicado tanto a vida?

Se você for cético (seu cínico!), de acordo com *O Segredo*, tudo se resume à Lei da Atração, que afirma que pensamentos se tornam reais. Então, se você pensa em dinheiro, vai ganhar muito dinheiro. Se pensar em dívidas, é isso que vai ter.

"Os pensamentos são magnéticos e têm uma frequência", afirma Byrne. "Quando temos pensamentos, eles são enviados para o Universo, atraindo magneticamente tudo o que estiver na mesma frequência."

Hum...

Tive uma colega de apartamento que era obcecada por *O Segredo*. Para dormir, ela costumava ver o DVD (que no início era um filme), e distribuía exemplares do livro a todos os amigos, entre eles, eu. Mas eu nunca conseguira passar das primeiras páginas; minha resistência era de natureza estética. Eu detestava aquelas páginas marrons horrorosas, sobre as quais parecia ter sido derramado café, e detestava a pavorosa fonte rebuscada querendo fazer tudo parecer antigo e erudito, mas, na verdade, fazendo tudo parecer cafona e tosco.

E mesmo não o tendo comprado, ficava muito incomodada por cobrarem £14,99 por aquele livrinho pequeno e feio. Era evidente que a autora, Rhonda Byrne, tinha descoberto o Segredo do enriquecimento. E pelo que se sabe, seu best-seller de autoajuda teria rendido US$300 milhões em todo o mundo. Desde a publicação, em 2006, foram vendidos 19 milhões de exemplares, e o primeiro livro deu origem a uma série: *O Poder* e *A Magia*. O que levanta a questão: se *O Segredo* responde aos mistérios da nossa época, por que as pessoas precisam ler outros livros?

E não fui só eu que tive uma reação alérgica. Preocupações foram levantadas sobre a mensagem materialista contida nos livros — nos quais a felicidade sempre vem na forma de dinheiro e carros. Uma crítica ainda maior foi dirigida à ideia de que, de acordo com a Lei da Atração, qualquer coisa ruim que acontece é culpa sua.

Então Byrne se desentendeu com dois dos colaboradores do livro, Esther e Jerry Hicks, e em 2011 um dos chamados especialistas no livro, James Arthur Ray, foi acusado de homicídio culposo por negligência depois que três pessoas morreram em uma tenda do suor durante um de seus retiros.

Era tudo um absurdo perigoso e cheio de ilusões — reunia o pior da autoajuda.

Então, por que eu estava fazendo isso?

Porque, desde que comecei o projeto, as pessoas tinham uma de duas reações: ou olhavam para mim sem expressão ou arregalavam os olhos e me perguntavam se eu tinha lido *O Segredo*, antes de me dizerem como a vida deles mudara desde a leitura do livro.

Uma amiga disse que *O Segredo* a ajudou a engravidar. Ela vinha tentando fazia cinco anos sem sucesso. Estava prestes a passar por sua terceira e última rodada de tratamento de fertilização *in vitro* quando a mãe lhe deu o livro. Ela teve gêmeos nove meses depois.

— Algo simplesmente se encaixou — disse ela. — Eu tinha fé total de que estava para acontecer, e aconteceu.

Outra amiga jura de pés juntos que o apartamento onde mora atualmente foi visualizado por ela, centímetro por centímetro, cinco anos atrás.

— Eu costumava fazer planos a respeito da minha casa dos sonhos: o tamanho da sala de estar, o tipo de quarto que eu queria com vista para o jardim. Foi *O Segredo*, não resta dúvida — disse ela.

Uma antiga colega de trabalho acredita que foi pedida em casamento por causa de *O Segredo*. Ela estava solteira há alguns anos quando em uma véspera de Ano-Novo, sozinha em casa e após ganhar o livro no Natal, escreveu uma lista do que queria na vida. E no topo da lista vinha "Estar noiva até o fim do ano". Aconteceu antes disso. Ela conheceu um sujeito no fim de semana depois de escrever a lista, e em dois meses ele a pediu em casamento. Infelizmente, não deu certo.

— Da próxima vez, vou especificar o tipo de homem com quem quero me casar e que não seja um lunático alcoólatra — disse ela.

Eu zombei quando ouvi essas histórias. Sempre haveria uma explicação mais realista. Acho que Jo engravidou porque ela estava mais relaxada e, portanto, tudo deu certo. Ou talvez fosse apenas a hora dela. Lucy não conseguiu o apartamento por causa dos poderes do Universo, mas porque a avó dela morreu e ela herdou o suficiente para pagar a entrada do apartamento. Quanto a Sam, ela conheceu alguém porque estava procurando.

Mas, acredite ou não, a ideia da Lei da Atração já existe há mais de um século — apresentada em *A ciência de ficar rico*, de Wallace Wattles, em 1911, bem como *Pense & Enriqueça*, de Napoleon Hill, e *O poder do pensamento positivo*, de Norman Vincent Peale, publicados na década de 1950.

É até apoiada pela ciência, de acordo com Byrne, que argumenta que a Lei da Atração é "uma lei da natureza" embasada na física quântica.

"As descobertas da física quântica e das novas ciências estão em total harmonia com os ensinamentos de *O Segredo*", explica ela. "Eu nunca estudei ciências ou física na escola e, mesmo assim, quando leio livros complexos sobre física quântica, entendo tudo perfeitamente..." Eu também não tive aula de física na escola, Rhonda, então terei que acreditar na sua palavra.

Mas, por mais ousado que parecesse, uma pequena parte de mim não podia deixar de questionar... E se nós realmente pudéssemos ter algo que queríamos apenas mudando nossos pensamentos? E se houver forças em ação que eu não entendo?

Apesar de todo o meu cinismo, no fundo, eu queria que fosse verdade. Eu queria acreditar que todos os meus problemas poderiam desaparecer em um piscar de olhos. Que eu poderia ter tudo o que quisesse, e mais. Eu queria acreditar em mágica.

Eu também precisava de um pouco de descanso.

Tinha sido um início de ano agitado, seguido por lágrimas e a vergonha do mês do dinheiro. A frase "Você não consegue lidar com a verdade!" ficava ecoando na minha cabeça. Eu realmente não conseguia. Eu não recorri à autoajuda pela verdade.

Portanto, no início de março, dada a escolha entre continuar a enfrentar a realidade financeira ou enfiar a cabeça de volta na areia... Escolhi a areia. Muita areia.

Peguei meu antigo exemplar de *O Segredo*.

★ ★ ★

O Segredo

Certa vez, li um artigo afirmando que todos os livros de autoajuda prometem uma dessas três coisas: como transar com alguém, como ficar rico ou como perder 10kg. Um livro que juntasse as três coisas não poderia deixar de ser um best-seller. Corta para *O Segredo*.

A fórmula do livro é a seguinte: peça, acredite e receba.

Primeiro você deve "Pedir" aquilo que deseja. Depois, deve "Acreditar" piamente que o que pediu chegará até você. E, então, *voilà!* Antes que se dê conta você vai "Receber" homens, dinheiro e um corpo de modelo.

Depois de ter passado o último mês chorando pelas minhas finanças, minha ambição para o mês de março era simples: era hora de ficar rica. Aparentemente isso seria muito fácil.

O livro conta a história de um cara que costumava receber muitas contas pelo correio, até que um dia resolveu imaginar cheques vindos da caixa de correio. Então, quem diria, dentro de um mês os cheques chegaram voando.

Na segunda-feira, 10 de março, em vez de escrever um artigo sobre o poder mágico das goji berries, fechei os olhos e tentei imaginar cheques voando para dentro da minha caixa de correio no lugar de contas e panfletos de pizzarias. Eu imaginava os cheques chegando em cima do meu capacho, como moedas saindo de uma máquina de cassino. Havia tantos que até formavam uma pequena pilha de papel.

Isso parecia ridículo, obviamente. Mas também era legal. Quer dizer, quem não gosta de um devaneio de riqueza?

Em seguida, baixei um cheque em branco do site de *O Segredo*. O cheque é emitido pelo "Universo". Basta preencher o valor que deseja e essa quantia magicamente chegará à sua vida.

Enquanto o papel saía da impressora, eu pensava em qual quantia pedir. O livro diz que "É tão fácil manifestar US$1 quanto US$1 milhão", mas eu não queria que o Universo pensasse que sou gananciosa, mas também não queria perder a oportunidade, então pedi £100.000. O número me assustou. Pensamentos como "Quem você pensa que é?" vieram à minha cabeça, mas mesmo assim preenchi o cheque e o coloquei em meu nome. Olhei para o papel por um instante. Senti uma onda de empolgação. Imagine se fosse verdade...

Rhonda diz que preciso acreditar que vai acontecer e "experimentar a sensação de ter aquele dinheiro agora". Ela também diz que pelos próximos trinta dias devo olhar para tudo o que quero comprar e dizer "Eu posso comprar isso!". Entrei no site Net-a-Porter e dei uma olhada. Você sabia que uma calça jeans pode custar £300? Eu também não, mas pode. E, de acordo com *O Segredo*, eu podia pagar por ela. Então me imaginei em uma calça jeans de cintura alta da marca da Victoria Beckham e uma blusa com estampa floral. Então, só de brincadeira, me imaginei magra naqueles jeans caríssimos.

A visualização é importante porque "ao gerar mentalmente imagens em que se vê com aquilo que deseja, você está emitindo uma poderosa frequência. A Lei da Atração receberá esse poderoso sinal e enviará essas imagens de volta a você, exatamente como as viu em sua mente".

E para ter certeza de que o Universo receberia a mensagem, *O Segredo* sugeria que eu alterasse manualmente meu extrato bancário para mostrar a quantia que eu queria ter, não a que eu tinha. Peguei um extrato que mostrava meu saldo de £1.238 negativas e mudei para £12.380.

No fim do dia, ainda não havia concluído o trabalho que de fato poderia ter me rendido algum dinheiro, mas tinha escolhido todo um guarda-roupa de fantasia para minha vida de fantasia. Tampouco tinha olhado meu saldo bancário durante toda a semana. Achei que podia diminuir minha frequência.

Apenas uma semana tinha se passado desde minha epifania financeira e eu já estava voltando para o mundo da fantasia.

Como se pudesse sentir o cabo-de-guerra emocional em que eu me encontrava, minha mãe me ligou.

— Acabei de preencher um cheque para mim mesma no valor de £100.000 — disse a ela.

— O quê?

— O livro que estou testando este mês diz que você deve preencher um cheque fictício para si mesmo e imaginar o dinheiro vindo até você. E que se você acreditar que o dinheiro vai vir, ele vai chegar.

— Ah, pelo amor de Deus.

— Sei que é bobo.

— Então quer dizer que todos nós temos um gênio da lâmpada?

— Sim! Na verdade, *O Segredo* diz que na história original Aladdin não tinha apenas três desejos, mas sim desejos ilimitados.

— Entendi. Então quando esse dinheiro vai chegar?

— Rhonda diz que nossos sonhos só se realizam se realmente acreditarmos, e se isso não acontecer é porque não acreditamos de verdade.

— Isso é conveniente — respondeu ela.

— E ela diz que "o tempo é uma ilusão".

— Posso apostar que sim.

Silêncio na linha.

— Você não acredita realmente nisso, não é? — perguntou ela após uma pausa.

— Não, na verdade, não. Mas muita gente acredita. E talvez seja bom pensar positivo em vez de sempre imaginar o pior. Quem sabe, talvez eu escreva um livro best-seller, ganhe milhões e me mude para uma casa na praia em Los Angeles? Você ia querer me visitar lá, não é?

— Eles têm terremotos em Los Angeles?

— Não sei.

— Bem, pelo menos se o seu ego ficar grande demais você poderá comprar uma casa maior... Você poderia comemorar retocando a raiz do cabelo. Ou arrumando os dentes.

Eu não sabia o que era melhor — o cinismo de mamãe ou o pensamento mágico de *O Segredo*. Mas eu sabia qual era mais divertido.

Naquela noite, adormeci assistindo a um vídeo no YouTube de Jim Carrey quando jovem sendo entrevistado pela Oprah. Ele estava falando sobre assinar um cheque de US$10 milhões quando era um ator sem dinheiro. Ele colocou o cheque na carteira e, alguns anos depois, recebeu US$10 milhões pelo filme *Debi & Loide*... E eu sei que parece loucura, mas enquanto assistia pensei: *Por que não? Por que algo assim não poderia acontecer comigo? Com todos nós?* Quer dizer, o que torna as pessoas que alcançam metas diferentes do resto de nós, exceto pelo fato de que elas acreditaram que poderiam fazer mais? Como é mesmo aquela citação de

Henry Ford? Algo como "Se você acredita que é ou não capaz de fazer alguma coisa, você provavelmente está certo".

Pensei em como seria bom não ter dívidas, ter £100.000 no banco, ter uma casa e a sensação de segurança. Eu poderia pegar um avião para qualquer lugar, visitar minha irmã em Nova York, ou meus amigos na Espanha... Eu seria uma pessoa rica muito legal. Doaria dinheiro para a caridade e seria uma pessoa pé no chão apesar de ser tão fabulosamente abastada.

Quando eu estava na escola, nossa professora de educação física tinha um velho Mercedes esporte azul. Eu o achava o máximo e sempre quis ter um. *O Segredo* diz que, se você tem um carro dos sonhos, deve fazer um test-drive para lhe ajudar a acreditar que o carro é seu. Após minha noite assistindo ao vídeo de Jim Carrey, eu estava motivada a acreditar que poderia ser verdade.

Encontrei uma oficina em East Finchley, onde havia uma Mercedes a venda, e chamei Sharon para ir comigo. Nós nos encontramos na estação.

— Parece que não vejo você tem um tempão.

— Eu sei, me desculpe. Tem sido uma correria.

— Como está indo? Está se sentindo melhor e renovada?

— Não sei. Eu morri de medo em janeiro e chorei vendo extratos bancários em fevereiro, mas tem sido bom. Mais trabalhoso do que eu imaginava, mas definitivamente não está sendo entediante.

— Então o que diz *O Segredo*?

— Diz que podemos ter qualquer coisa que quisermos se apenas acreditarmos.

— Eu acredito nisso.

— Acredita? — Eu estava extasiada e sedenta por provas.

— Sim. Acho que se você se concentrar no que deseja, fizer um plano e trabalhar muito, pode fazer qualquer coisa.

— O livro não é sobre trabalhar ou fazer planos, ele diz que você precisa decidir o que deseja, acreditar que vai acontecer e o Universo magicamente vai entregar para você.

O Segredo 89

— Então você não precisa fazer nada?

— Há uma referência ao fato de que você pode ter que tomar uma "ação inspirada", mas eles não consideram isso trabalho, é algo "alegre"; então, não, a ideia é que as coisas apenas acontecem para você.

— Então, se eu quiser uma casa em Hampstead, eu simplesmente fico lá imaginando?

— Você não apenas imagina, você tem que acreditar que já é sua. Se você não acredita, não acontece.

— Como posso acreditar que uma casa que não é minha é minha?

— Eu não sei, você apenas faz. Você tem que ter fé.

— E eu posso simplesmente ficar em casa esperando ganhar na loteria?

— Pode.

— Eu nem preciso comprar um bilhete.

— Bem, você pode se inspirar para comprar um ingresso com alegria...

— E o que acontece se eu não ganhar na loteria?

— Isso é porque você não acreditou de verdade que iria acontecer; portanto, não funcionou.

— Isso é bobagem.

Mesmo sabendo que Sarah estava certa, me senti na defensiva.

— Eu posso pedir peitos maiores? — continuou ela. — E o que acontece quando coisas ruins acontecem? Todos na Síria pediram para estar em uma zona de guerra? Aquelas pessoas em campos de concentração simplesmente não estavam pensando positivamente o suficiente?

— Isso é mais ou menos o que o livro sugere — admiti. Na realidade, o livro diz: "Pensamentos imperfeitos são a causa de todos os males da humanidade, incluindo doenças, pobreza e infelicidade."

— Isso é nojento.

— Eu sei.

Caminhamos em silêncio até que ela repetiu a mesma pergunta que mamãe havia feito:

— Você não acredita de verdade nessas coisas, não é?

— Não. — E eu não acreditava. Na verdade. Só um pouco. Talvez. Ai, eu não sei.

Chegamos à oficina, um templo dos anos 1980 de cromo e vidro e sofás de couro preto.

Gary, o vendedor, nos acompanhou até o showroom, onde a Mercedes azul-celeste estava estacionada. Perguntei a ele sobre os quilômetros rodados, apenas para ser convincente. Ele me deu um número e eu não tinha ideia se era alto ou baixo, mas me garantiu que era "muito raro para um carro desta idade".

Balancei a cabeça como se soubesse do que ele estava falando. Eu me senti mal. Estava desperdiçando o tempo de Gary. Imaginei que ele recebesse por comissão.

— Não podemos deixar que o leve hoje mesmo, mas, se estiver interessada, podemos programar um test-drive para outro dia — disse ele.

Sarah e eu entramos no carro, tentando nos manter sérias. Era como ir ao pub beber aos 15 anos.

A porta era extremamente pesada, e o interior de couro creme, extremamente confortável.

— Uau, isso é muito legal — disse Sarah, passando as mãos no painel de mogno.

Botei as mãos no volante. *Muito* agradável. Muito mesmo.

Girei o volante como fazia quando era criança, então parei com medo de que Gary me visse fazendo aquilo.

— Acha então que o carro é seu? — perguntou Sarah.

— Estranhamente, sim. Por que não?

Sentada ali, de fato me sentia bem à vontade com as mãos firmes no volante. Como se aquele fosse meu lugar, dirigindo aquele carro.

— Bem, diga então que vai ficar com ele — insistiu ela. — Assine um desses cheques do Universo.

— Muito engraçado — disse eu enquanto saíamos do carro e dávamos desculpas para Gary.

— Vou pensar mais um pouco. Ele é muito lindo, mas ainda vou olhar outro carro no fim de semana.

Podia sentir meu rosto ficando vermelho.

Sarah e eu fomos a um restaurante italiano na esquina. Pedimos o prato mais barato do cardápio: espaguete ao molho sugo.

— Estou falida — disse ela.

— Eu também, mas não temos permissão para dizer isso. Se você disser que está falida, então você estará atraindo mais falência para si — respondi.

Ela revirou os olhos, mas eu continuei:

— Quanto mais positiva você é, mais coisas boas acontecem, então devemos repetir afirmações como: "Eu sou um ímã de dinheiro."

— Eu sou um ímã de comida — disse Sarah, dando uma grande mordida no pãozinho de alho. — Estou comendo tudo que vejo. Gostaria de ser uma daquelas pessoas que não conseguem comer quando ficam estressadas...

Ela começou a falar sobre como o trabalho estava intenso e como a chefe havia estragado suas férias.

— Ela disse que não recebeu meu e-mail marcando a data em junho e agora já marcou as próprias férias, o que significa que eu não posso ir.

— Talvez ela não tenha visto o e-mail.

— Eu recebo uma notificação quando as mensagens são abertas.

— Talvez ela tenha aberto e depois ficado ocupada e se esquecido de colocar no calendário.

— Não. Ela faz essas coisas o tempo todo...

O Segredo diz que não podemos falar negativamente sobre nada. Diz que não devemos reclamar, porque, se você reclamar, a Lei da Atração lhe dará mais coisas das quais reclamar. Você deve, em vez disso, substituir os pensamentos negativos por positivos. Você deve ter pensamentos de amor sobre todos e ser grato por tudo, porque isso cria uma vibração que atrai mais coisas boas. Se você continuar reclamando do que tem agora, estará emitindo um sinal de insuficiência e isso é o que vai continuar sentindo.

E se seus amigos começarem a reclamar, você deve mudar de assunto ou se retirar. Mas essa parte era um problema. Ao longo de anos, todas as minhas amizades foram baseadas em reclamações e bebida. Mas eu não tinha mais permissão para reclamar. E, pela primeira vez, eu nem queria. Pensei em quanto tempo eu tinha perdido reclamando das coisas, ficando com raiva e amarga.

— Estou indo para Camden encontrar Steve e os amigos dele. Quer vir? — perguntou ela.

— Não, obrigada, acho que vou pra casa.

Ela pareceu magoada. Normalmente eu sairia e voltaria para casa às 4 horas.

— Você está bem?

— Sim, tudo bem.

Voltei para casa de ônibus.

Nos dias seguintes, relembrei minha conversa com Sarah. Sim, ela estava certa. Isso tudo era loucura. Mas talvez não fosse... Quer dizer, foi bom ser positiva, não foi? E milagres aconteciam o tempo todo, não é? E por que tantas pessoas amavam o livro se não havia algo de bom nele?

Decidi investigar melhor, tentando obter o corpo de uma supermodelo sem deixar de comer carboidratos. Otários vão para a academia e se alimentam de forma saudável, mas as pessoas que conhecem *O Segredo* não se importam com isso. De acordo com Rhonda: "A comida não pode fazer você engordar, a menos que você *ache* que pode." Então, se você quer perder peso, é simples! Coma o chocolate, mas tenha pensamentos de magreza.

Este é o plano em três etapas de Rhonda para perda de peso:

Pedir: Visualize-se com o peso que deseja ter. Se for um peso que você já teve, pegue uma foto antiga e fique olhando para ela. Ou então pegue uma imagem de alguém que tenha o peso que você gostaria de ter e olhe para essa foto.

Acreditar: Acredite que já tem esse peso. Anote o seu peso perfeito e o coloque na balança, por cima do número verdadeiro.

Receber: Sinta-se bem a respeito do seu peso atual. Rhonda diz: "Tenha pensamentos perfeitos e o resultado será um peso perfeito."

O Segredo 93

★ ★ ★

Tirei a balança empoeirada de debaixo da pia do banheiro. Tirei minha calça jeans e os sapatos (cada grama ajuda) e fiquei de pé no quadrado de plástico cinza. O indicador pairou e, em seguida, marcou um número: 75,5kg. Eu estava 6kg mais pesada do que na última vez em que tinha me pesado. Por isso nunca me pesava; foi deprimente. Pensamentos terríveis começaram a inundar minha mente, mas me controlei.

Pense nas pernas de Elle Macpherson. Imagine que você tem o bumbum da Kate Moss. A barriga chapada da Heidi Klum...

Fui para o meu quarto e encontrei as etiquetas brancas adesivas que tinha usado em meus fichários financeiros e coloquei um no visor de plástico da balança. Quanto eu quero pesar? Talvez perder 12kg? Escrevi 63kg em caneta azul.

Olhei para o rabisco e fiquei preocupada comigo mesma. A porta da frente se abriu e Rachel gritou um oi. Empurrei a balança de volta para debaixo do armário para que ela não pudesse ver o que eu estava fazendo.

— Se comermos isso e tivermos pensamentos magros, isso não nos fará engordar — disse eu naquela noite, enquanto comia risoto.

— Como isso funciona? — perguntou ela.

— *O Segredo* diz que você só engorda se tiver pensamentos gordos, não tem nada a ver com calorias, creme de leite ou parmesão.

Eu me servi de um pouco mais de risoto de queijo, mas Rachel disse que já estava satisfeita. Ela tinha uma abordagem antiquada para manter o peso: simplesmente não comia muito. Ninguém poderia vender um livro sobre isso.

Olhei para uma mulher com dentes brancos perfeitos e cabelos castanhos tão sedosos que me faziam ter certeza de que nunca seríamos amigas.

— Esse livro mudou a minha vida — disse ela, apontando para *O Segredo*.

Eu estava em um café trabalhando (vendo minhas redes sociais), e o livro estava em cima da mesa.

— Ano passado eu tinha acabado de terminar com um cara babaca e uma amiga me deu o livro de presente. Fiz uma lista com tudo o que queria em um homem. Tinha esquecido completamente dela até que mudei de casa e encontrei a lista em uma gaveta. Meu namorado atual tem tudo da lista, exceto uma coisa: ele não mergulha! Mas pode aprender.

Por que todo mundo tinha uma história assim?

— Você está solteira? — continuou ela, deixando de lado todas as regras inglesas de não falar com estranhos.

— Sim.

— Já escreveu uma lista com as características específicas que você quer em um namorado?

— Não, mas eu passei os últimos dois dias abrindo espaço no meu armário e dormindo em um lado da cama.

O Segredo cita uma mulher que, como eu, sempre esteve solteira. Essa mulher tinha feito muitas visualizações de como queria que fosse seu "parceiro perfeito", mas ele não aparecia. Então um dia ela voltou para casa e percebeu — *duh!* — que o motivo de estar solteira era porque seu carro estava estacionado no meio da garagem. "Ela percebeu que suas ações contradiziam o que ela queria. Se o carro dela estivesse no meio da garagem, lá não haveria espaço para o carro de seu parceiro perfeito!", disse Rhonda.

Então, ela não apenas mudou o carro de lugar, mas também abriu espaço em seu guarda-roupa para as roupas do "parceiro perfeito" e parou de dormir no meio da cama, tudo para deixar espaço para o "parceiro perfeito". Então ela conheceu o homem dos seus sonhos e eles viveram felizes para sempre...

A mulher de cabelos sedosos sorriu.

— Ah, eu não fiz nada disso. Apenas escrevi tudo: o homem que eu queria, o tipo de casa, o trabalho, ou viagens... Então fiz um quadro de visualização com fotos de coisas que queria atrair. Você já fez um quadro de visualização?

— Não.

— Pois devia.

— Você realmente acredita que essas coisas funcionam? — perguntei.

— Eu *sei* que funcionam, mas você tem que acreditar — disse ela.

— Mas como você se obriga a acreditar em algo que não acredita?

— Finja até conseguir.

Então tirei o fim de semana para criar um quadro de visualização, que é basicamente um cartaz ou quadro de avisos no qual você coloca imagens relativas a palavras que se refiram ao futuro dos seus sonhos. Eu estava determinada a levar aquilo a sério. Iria suspender minha descrença e depositar minha fé naquilo. Nada de cinismo — também conhecido como bom senso.

Sentada com uma pilha de revistas e um par de tesouras, o primeiro problema rapidamente se tornou aparente. Eu não sabia o que queria da vida, além de uma vaga ideia sobre ser mais magra, mais rica e mais bem-sucedida. Eu nunca tinha pensado no que queria, porque: a) como essas coisas aconteceriam? e b) quem você pensa que é?

"A maioria de nós nunca se permite querer o que realmente quer, porque não consegue ver como isso vai se manifestar", escreve Jack Canfield, autor de *Canja de galinha para a alma*, livro citado em *O Segredo*. Ao que Rhonda responde: "Como isso vai acontecer, como o Universo vai trazer isso para você, não é sua preocupação ou seu trabalho. Permita que o Universo faça isso por você."

Então, se não houvesse obstáculos — também conhecidos como realidade —, o que eu queria?

Decidi começar com uma casa de luxo.

John Assaraf, "metafísico, especialista em marketing e autor", diz que cortou a foto de uma mansão gigante de uma revista para seu quadro de visualização e, cinco anos depois, se viu morando nela — a mesma casa da foto.

Desde que visitei Los Angeles para fazer um relatório sobre uma convenção de zumba, um ano antes, sonhava em morar lá. Com isso em mente, visitei alguns sites para comprar uma casa imaginária. Não conseguia me decidir entre uma propriedade em Hollywood Hills ou algo à beira-mar. Estilo bangalô espanhol ou ultramoderno e todo envidraçado?

Fiquei vinte minutos contemplando os azulejos de um banheiro numa casa que não era minha num país no qual não vivia. Azul-piscina ou verde? Vermelho ou azul? Fiz o mesmo com almofadas para meu sofá bege inexistente. Não estou brincando: esse tipo de coisa me deixa estressada. E se eu fizer uma escolha errada? Quanto dinheiro não vou gastar com tudo isso? Já estou falida na minha vida dos sonhos?

Passando os olhos em centenas de imagens de pessoas perfeitas em suas casas perfeitas, veio uma sensação bem conhecida de não estar à altura. Não sou suficientemente bonita para viver em Los Angeles! Com quem vou fazer amizade? Vou viver solitária dentro da minha casa enorme.

Encontrei uma imagem do Mercedes antigo no qual entrei semana passada, mas nem isso me inspirou. Um carro não mudaria a minha vida.

Preparei um chá com torradas e queijo, e, ao me sentar para saborear, dei-me conta de que as garotas perfeitas, magras, flexíveis e esguias de Los Angeles não comem carboidratos. Eu já estava fracassando na minha vida dos sonhos! Não queria escolher um futuro que significasse abrir mão de torradas com queijo.

Quando Rachel chegou em casa, me encontrou na mesa da cozinha com meia garrafa de vinho, rodeada por montanhas de papel.

— O que é isso?

— Minha futura casa.

— Sério? Não é muito a sua cara.

— Por que não?

— Não sei. Só não acho a sua cara. Por que você quer morar nos Estados Unidos? Não conhece ninguém lá. Por que não pode ser feliz aqui?

Era uma boa pergunta. Por que eu sempre achava que a felicidade estaria em outro lugar, sendo outra pessoa?

Eu sempre pensei que a felicidade tinha que vir em forma de pilhas de dinheiro, roupas bonitas e uma casa dos sonhos, mas talvez não. Talvez houvesse outras maneiras de ser feliz? Eu não queria que minha vida fosse uma lista de compras gigante.

Minha nossa, eu realmente estava mudando.

Decidi mudar de rumo. É hora de uma nova visão! A nova eu não seria obcecada por dinheiro e magra — ela seria feliz, livre e divertida! Fixei no quadro fotos de templos indianos e azulejos marroquinos (não para meu banheiro chique, mas para simbolizar uma viagem ao Marrocos). Adicionei uma foto de uma velha escrivaninha perto de uma janela alta, onde minha futura eu escreveria palavras maravilhosas e fabulosas. Coloquei uma foto de uma mulher meditando, outra fazendo yoga, um copo de suco verde (eu do futuro bebe suco verde) e uma salada de abobrinha. Havia uma mulher plantando bananeira. Eu não plantava bananeira desde os 8 anos, mas gostei dela. Ela parecia alegre de cabeça para baixo.

Ao meu lado, Rachel estava fixando fotos de piqueniques ao sol, casas de campo e pessoas ao redor de uma mesa rindo. Seu quadro de visualização parecia sua vida agora, cheia de prazeres simples, boa comida e boa companhia. Nenhuma bolsa de grife à vista.

— Agora temos que encontrar um homem — disse ela.

Examinei uma pilha de suplementos de domingo para procurar um homem. Deveria ter sido um trabalho divertido, mas eu olhava aqueles adoráveis homens sorridentes e os imaginava dizendo: "Vai sonhando. Até parece que vou sair com alguém como você."

Comecei a recortar uma foto do homem que projetou o novo ônibus de Londres. Houve uma entrevista com ele e ele parecia inteligente, modesto e engraçado. E ele tinha um cabelo cacheado muito bonito. Dei um Google nele e descobri que era casado. Eu não ia incluir o marido de outra mulher no meu quadro de visualização.

— Você está pensando demais — disse Rachel.

— Eu sei, mas não parece certo — disse eu.

— Então, o que você quer em um homem? — perguntou.

— Não sei. Alguém legal.

98   Autoajude-me!

— Certo. O que mais?

— Alguém gentil, inteligente, engraçado... e solar.

— O que é alguém solar?

— Ah, alguém que tem um brilho. E ele tem que ter o pé no chão e ser bem-sucedido, mas não muito. Ele não pode ser um idiota.

— Por que você parece tão assustada?

Era ridículo, mas eu estava com medo. Parecia assustador até *pensar* em que tipo de homem eu gostaria, pois ele não gostaria de mim de volta — por que gostaria? Ele poderia arrumar alguém melhor do que eu, e então eu seria rejeitada e acabaria magoada. E qual era o sentido de tudo isso? Era melhor nem querer nada.

Eu estava me boicotando até na minha vida de fantasia.

Mas esse era exatamente o problema: se você não acha que merece coisas boas, não vai permitir que elas surjam.

Gemma sempre falava sobre quando um cara flertou comigo em um bar. O homem provavelmente tinha todas as características da minha lista de homem dos sonhos, pelo menos no departamento aparência/ emprego: ele era alto, tinha os cabelos castanhos, olhos azuis, sorridente e arquiteto. Então o que eu fiz quando meu futuro marido começou a conversar conosco e perguntou se eu queria uma bebida? Eu disse: "Não, obrigada."

Eu tinha acabado de sair de um dia de trabalho de 12 horas e estava horrorosa — cabelo oleoso, sem maquiagem, roupa velha de trabalho — e não conseguia acreditar que um cara como aquele pudesse estar seriamente interessado em alguém como eu.

— Ele está bêbado e flertando com todo mundo — falei para Gemma.

— Não, ele não está. Você é uma idiota — respondeu ela.

Eu era. Eu sou.

Rhonda afirma: "Quando você não gosta de si mesmo, está bloqueando todo o amor e todo o bem que o Universo tem a lhe oferecer."

Eu vinha bloqueando muitas coisas há um bom tempo. Parecia mais seguro assim. Melhor não sonhar do que sonhar e me decepcionar. Eu precisava parar de agir assim.

Pesquisei no Google "Homens barbudos bonitos e sorridentes" e passei uns bons vinte minutos olhando para homens barbudos genéricos. Então me lembrei do e-mail que Sarah tinha enviado alguns meses atrás com o título ESTE É O HOMEM COM QUEM VOCÊ VAI SE CASAR. Era um link para uma entrevista com o vocalista de uma banda chamada Snow Patrol. Ele estava falando sobre como era um lixo com o sexo oposto e bebia muito. E ele morava em Los Angeles. Nós éramos praticamente almas gêmeas. Imprimi uma foto dele e coloquei no meu quadro. Não fazia sentido, mas parecia uma exposição tão grande fazer isso: pegar a foto de um homem e dizer que gostaria de ter um na minha vida.

Após o jantar, apoiei o quadro de visualização no chão ao lado da minha mesa. Enquanto estava deitada na cama, olhei para ele. Minha vida dos sonhos. E parecia boa. E quanto mais eu olhava para o quadro ao longo dos dias, mais acreditava que aquelas coisas eram possíveis.

Talvez seja esse o verdadeiro segredo do livro; ele nos dá permissão para sonhar acordados com o futuro de uma forma que a maior parte de nós não faz depois dos 5 anos, quando anunciávamos sem qualquer pudor que queríamos ser astronautas, bailarinas ou motoristas de ambulância. Ele nos impede de dar desculpas e de nos esconder atrás da chamada "realidade", algo que começamos a fazer assim que passamos por nossas primeiras decepções adolescentes.

Na verdade, era assustador sonhar alto porque significava abrir-se para decepções, caso seus sonhos não se tornassem realidade. Mas foi bom ter um maior entendimento do que eu realmente queria. Eu pensei que fosse um carro ou uma casa grande, mas na verdade o que eu queria era tranquilidade, amigos e viagens. Embora, sejamos honestos, eu queria a montanha de dinheiro também. Meu cheque de £100.000 também estava fixado no meu quadro. E quanto mais eu olhava para ele, menos ridícula aquela vida de sonho (até mesmo o cheque) parecia.

O Segredo diz que não é nosso trabalho nos preocupar com a maneira como as coisas vão acontecer, mas passar por cima da ideia de "trabalho" ainda era algo que me incomodava. Eu não achava que um gênio da lâmpada faria mágica. Acreditava que eu faria, com bastante pensamento positivo e trabalho duro.

Os atletas acreditam em seu sucesso e visualizam o momento em que cruzam a linha de chegada, mas depois treinam todos os dias para tornar essa visão realidade. Eu me lembro de assistir a um documentário sobre Usain Bolt. Suas corridas de velocidade recordistas pareciam divertidas caminhadas, mas o documentário mostrava ele treinando tão intensamente a ponto de vomitar.

Isso era "ação inspirada" e a Lei da Atração? Ou era o bom e velho trabalho duro?

Então algo estranho aconteceu: quatro dias depois de fazer meu quadro de visualização, recebi um e-mail do meu editor perguntando se eu gostaria de escrever um artigo sobre couve kale agora ser legal. Eu precisaria comer e beber apenas couve kale por uma semana e contar sobre a experiência — provavelmente direto do banheiro.

Dias depois de colocar uma foto de suco verde no meu quadro, eu estava sendo paga para beber suco verde! Eu escrevia sobre assuntos relacionados à saúde o tempo todo, então a história da couve não estava completamente fora do reino da normalidade, mas. ... dois dias depois, o mesmo editor me pediu para escrever sobre uma aula de yoga que envolvia ficar de cabeça para baixo... Universo, isso é um sinal? Talvez a magia realmente funcione. Agora, se alguém me enviasse um cheque de £100.000... aí, sim, eu estaria convencida.

Capítulo 4

Terapia da Rejeição,
com Jason Comely

"Você precisa ser rejeitado por alguém pelo menos uma vez,
todos os dias."

Eu tinha 8 anos e estava sozinha no playground. Não lembro onde estava minha melhor amiga, nem onde estavam minhas outras amigas, mas naquele dia eu não tinha ninguém com quem brincar.

A hora do recreio tinha se arrastado como uma tarde de domingo.

Tinha chovido a manhã toda e o concreto estava úmido. Havia nuvens carregadas no céu, o que anunciava mais um temporal. O mundo parecia ameaçador.

Havia grupos de garotas espalhados pelo pátio. Algumas estavam penduradas de cabeça para baixo, outras no trepa-trepa, a saia azul-marinho de pregas presa na calcinha. Outras estavam brincando de amarelinha, em quadradinhos de giz amarelo pintados no chão. Havia ainda outro grupinho pulando corda e cantando uma musiquinha: "Ovos, bacon, batata frita, qual a sua preferida..."

Olhei ao redor tentando encontrar alguém para brincar, outra pessoa sozinha, talvez. Um ponto seguro. Mas não tinha ninguém. Em vez disso, vi duas meninas da minha turma sentadas em um banquinho, conversando. As pernas cruzadas como provavelmente tinham visto as mães fazerem. Lembro que uma delas comia batatinhas fritas e a outra estava com uma daquelas caixinhas de uvas-passas. Invejei o lanche delas. Eu só podia comer frutas, e a banana daquele dia estava molenga. Fui me aproximando, até que uma delas olhou para mim.

— Pois não? — perguntou a menina com as batatinhas, cujo nome era Lucy T. Havia quatro meninas chamadas Lucy na nossa turma: Lucy S., Lucy W., Lucy J. e Lucy T., que era inteligente e tinha uma irmã mais velha que também estudava na nossa escola, o que dava a ela certo status. Seus cabelos cacheados e castanho claros eram tão cheios que ela não conseguia dar mais de uma volta no elástico para amarrá-los. Ela estava com Lucy J., que tinha cabelos lisos castanhos e falava devagar. Lucy J. também tinha irmãs mais velhas e seu material escolar tinha sido comprado na Itália e na França. Essas coisas davam a ela um status mais alto entre as outras crianças. Cadernos importados, com suas páginas quadriculadas, eram o auge do glamour na nossa sala.

— Posso brincar com vocês? — perguntei.

Assim que fiz a pergunta tive medo de soar infantil ou desesperada. Eu tinha 8 anos. Muito velha para "brincar". Por que eu não tinha dito "Posso sentar com vocês?" ou "Posso conversar com vocês?". Meu erro pairava no ar. As garotas se entreolharam.

— Vamos ter de pensar — respondeu Lucy das Passas.

— Você poderia se afastar alguns passos enquanto decidimos? — disse a Lucy das Batatinhas.

Eu me afastei alguns passos, fingindo contemplar uma árvore por alguns segundos. No trimestre anterior, tínhamos estudado as folhas daquela árvore, e desenhado-as em sala para depois colocá-las para secar dentro de um livro. Tínhamos desenhado seus frutos e sentido sua casca. Desejei poder apenas brincar com a árvore.

— Agora pode voltar — disse Lucy das Passas.

Eu voltei.

— Hoje você não pode brincar com a gente — disse Lucy das Batatinhas. Explicita e decisivamente.

— Mas amanhã talvez — completou Lucy das Passas, com um sorriso sem graça que sugeria que ela se sentia mal pela situação.

— Ah, obrigada — disse eu. Não sei ao certo por que agradeci. Acho que para ganhar tempo e pensar.

Ao me afastar delas, olhando para meus sapatos cinzentos, eu sentia as bochechas esquentarem e os olhos arderem. *Não chore, não chore, não chore.* Mas eu chorei. Fui para o banheiro chorar e lá fiquei até a hora que o sinal tocou.

Essa é minha primeira lembrança consciente de rejeição. Embora não tenha pensado nisso com frequência, passei a maior parte da vida fazendo de tudo para evitar esse momento em que a gente pede para brincar com alguém e a pessoa diz "não". Essa palavra que consegue me fazer sentir com 8 anos novamente.

— Você está louca? Isso soa como autoflagelação — disse Sarah quando liguei para ela no trabalho e contei sobre meu próximo desafio de autoajuda.

— Quem fez disse que isso mudou a vida deles, e eu também preciso colocar os pés no chão depois de toda aquela coisa de *O Segredo*.

— Mas isso não é colocar os pés no chão, é pregá-los no chão — argumentou Sarah.

Meu desafio para o mês de abril era uma forma radical de autoajuda chamada Terapia da Rejeição. Eu estava fugindo ligeiramente das regras com o livro deste mês, pelo fato de não ser um livro, e sim um jogo.

O objetivo é simples: eu precisava ser rejeitada diariamente por outro ser humano. Não *tentar* ser rejeitada, mas *de fato* ser rejeitada. Quando ouvi falar dessa forma masoquista de desenvolvimento pessoal, alguns anos atrás, pensei que parecia loucura. Afinal, quem faria isso consigo mesmo? A vida já é muito difícil! Mas aquilo ficou na minha cabeça, e, depois de um mês de cheques fictícios e fantasia, eu sentia que era o que

104 Autoajude-me!

eu precisava. Um banho frio de realidade. E se os últimos meses tinham me ensinado alguma coisa, era que, quanto menos eu queria fazer alguma coisa, mais eu precisava fazer aquilo.

— Mas eu não entendo como ser rejeitada todos os dias vai ajudar você — disse Sarah.

— A ideia por trás de tudo é que muitos de nós passamos a vida com medo da rejeição. Não fazemos metade das coisas que desejamos por medo de que os outros digam "não". Com isso entendemos que, embora seja horrível viver uma rejeição, não vamos morrer por causa dela. E pessoas que participaram do jogo dizem que ser rejeitado é bem mais difícil do que pensamos. Muitas vezes recebemos um "sim" quando imaginávamos que ouviríamos um "não".

Essa era a experiência do profissional de TI canadense Jason Comely, que deu início ao jogo após ser deixado pela esposa. Ele se viu passando dias e noites sozinho em seu apartamento de um quarto, ficando cada vez mais isolado. Ele percebeu que aquilo que o estava impedindo de agir — e que sempre o tinha impedido de agir — era o medo da rejeição. Por isso, criou o desafio de ser rejeitado todos os dias.

Jason tinha mudado as regras da vida. Ele fez da rejeição algo a ser desejado, em vez de temido.

Sem que se desse conta, Jason tinha usado uma ferramenta da psicoterapia chamada terapia de exposição ou inundação. Ou seja, quando alguém se força a enfrentar os medos com o objetivo de, em algum momento, se dessensibilizar. Essa técnica é usada para tratar fobias como medo de cobras e de altura.

Jason continuou buscando a rejeição. Ele começou a pedir para furar a fila do supermercado, adicionava pessoas desconhecidas no Facebook, pedia descontos em lojas. Ele até foi na versão canadense do programa *Dragons' Den* (que tem o formato parecido com o *Shark Tank*).

Na maioria das vezes, as pessoas respondiam "sim", levando a encontros e oportunidades que ele não teria de outra forma.

— Então, *você* vai participar do *Dragons' Den*? — perguntou Sarah.

— Não! Meu Deus, não! — rebati.

— Eu estava brincando. Não se estresse.

— Mas eu estou estressada. É estressante fazer todas essas coisas. Eu estou cansada.

— Então por que você não faz uma pausa? Venha para a minha casa no fim de semana e vamos sair, beber muito e passar o domingo nos odiando no sofá — disse Sarah.

— Eu não posso. Preciso me organizar e fazer uma lista de maneiras de ser rejeitada.

— Você não pode tirar um fim de semana de folga? Sinto que mal vejo você, e você já fez tanta coisa.

— Na verdade, não fiz.

— Você fez, e é incrível, mas isso não deve ser bom para você, todos esses ajustes e mudanças. Alguns dias atrás você estava pensando em fazer test-drive em um carro, e agora isso... É como se estivesse trocando de dieta o tempo todo. Fazendo Atkins em um mês, virando vegana no outro... Droga. Desculpa. Tenho que ir.

E com isso ela desligou. O chefe dela deve ter voltado para a sala. Eu imaginei Sarah em seu ambiente normal de trabalho, com e-mails e colegas...

Sentei-me à minha mesa e me senti muito sozinha enquanto olhava as nuvens lá fora. Havia uma obra no apartamento ao lado e o barulho de furadeira estava me dando nos nervos. Eu queria uma bebida. Olhei para meu telefone, e mal tinha dado meio-dia.

Eu não queria fazer Terapia da Rejeição. De jeito nenhum.

Eu não sabia por onde começar. Quer dizer, de maneira prática. Devia andar na rua e pedir às pessoas que me dessem £10? Ou ir ao pub e pedir uma bebida grátis? Queria pedir sugestões a Sarah, mas o que eu estava fazendo parecia ridículo em comparação à carga de estresse da vida real dela, então fiz um post no Facebook pedindo sugestões.

Aqui está o que eu recebi:

Vá a um hotel cinco estrelas e peça para tirar uma soneca rápida em um dos quartos — de graça!

Ligue para o Palácio de Buckingham e peça para ir a uma festa em seus jardins.

Faça um teste para o *X Factor* ou para uma peça no West End.
Entre em uma nova loja da Chanel e pergunte se as malas deles são falsas.
Vá a uma agência de modelos e diga a eles que você quer assinar um contrato.
Peça para entrevistar Kate Moss.

Decidi que não era muito cedo para começar a beber.

Três dias depois, tendo passado o fim de semana bêbada ou na cama, procurei motivação e escrevi uma lista com 16 cenários de rejeição a serem enfrentados até o fim do mês:

1) Pedir desconto numa loja.
2) Pedir um café de graça.
3) Pedir uma refeição de graça.
4) Sorrir para todas as pessoas que encontrasse durante um dia.
5) Cumprimentar cinco desconhecidos na rua.
6) Chamar um desconhecido para um encontro.
7) Pedir o telefone de um estranho.
8) Pedir para furar a fila.
9) Me oferecer para me sentar com um estranho num bar/restaurante/café.
10) Pedir redução nos juros do cartão/nas tarifas bancárias.
11) Entrar em contato com três novas revistas em busca de trabalho.
12) Solicitar empréstimo de £100 a um banco sem nenhum motivo.
13) Convidar alguém que eu admiro para um café.
14) Solicitar amizade de um estranho no Facebook.
15) Pedir um quarto de graça no hotel cinco estrelas Claridge's.
16) Pedir uma bolsa de graça na Chanel.

★ ★ ★

Terapia da Rejeição

Jason sugere começar aos poucos, com pequenas rejeições, como pedir um café grátis. O café que eu frequentava em Tufnell Park é um daqueles lugares tolerantes que permitem que freelancers como eu passem horas em seus laptops enquanto bebem apenas um ou dois cafés. Então, em 3 de abril, terminei um trabalho (um artigo sobre como você pode culpar o seu CEP pelo seu cabelo ressecado — da água da torneira à poluição, onde você mora afeta sua aparência...) antes de ir até o caixa pagar.

— Fez muita coisa hoje? — perguntou o proprietário.

— Sim — menti.

— E está pronta para pagar?

— Na verdade, não — disse eu, com um sorriso. — Pode ser por conta da casa?

Ele riu.

Eu ri de volta.

— Não, é sério, pode ser por conta da casa?

Ele continuou rindo, mas tive a sensação de que já não estava achando graça.

Eu me senti péssima, mas insisti:

— Então, NÃO PODE ser por conta da casa?

Ele me deu um sorriso triste e cansado e esfregou a cabeça careca. Ele não estava entendendo o que estava acontecendo, mas sua expressão sugeria que gostaria que a brincadeira acabasse.

— Ajuda bastante se você pagar. Estamos meio vazios hoje... — disse ele, encarando o salão do café.

Ambos olhamos com ar desconsolado para as instalações semidesertas: três pessoas debruçadas sobre seus laptops com copos vazios ao lado. Uma mulher com um longo cardigã violeta se aconchegava junto ao aquecedor. Não tinha um laptop, só um jornal velho e um copo de água sobre a mesa. Parecia estar ali o dia inteiro, sem gastar um tostão. Uma jovem com cabelo laranja e botas Doc Martens estava lendo *Reivindicação dos direitos da mulher*, de Mary Wollstonecraft, rabiscando furiosamente em um caderno A4. Por fim, havia um cara de vinte e poucos anos que eu já tinha visto ali: camiseta e calça jeans pretas e headphones gigantes. Ele estava atirando em pessoas em seu computador.

Decidi que o proprietário estava sendo bonzinho demais. Desse jeito não tem quem consiga fazer negócios.

— Por que está tão vazio hoje? Acha que pode ser a chuva? — perguntei.

— Não sei. Talvez. Muitos estabelecimentos estão abrindo, talvez estejam indo para a Starbucks.

— As pessoas são burras, aqui é muito melhor que a Starbucks.

— Obrigado. É difícil competir. Quando abre uma Starbucks ou outra grande cafeteria, o preço do aluguel vai para as alturas. Em breve tudo será Starbucks.

Ficamos parados em silêncio, contemplando o apocalipse daquele café.

— Quanto eu devo? — perguntei.

— £1,60, por favor.

Deixei £2,50 e fui embora, me sentindo péssima por ter tentado privá-lo de seu sustento. Eu tinha ofendido o dono do café. Fiz uma nota mental: não tentar a Terapia da Rejeição em pequenos estabelecimentos.

Em nome da justiça, atravessei a rua, fui a uma Starbucks e pedi um café de graça.

— Sempre venho tomar café aqui, e estava pensando se vocês não têm esses cartões com os quais a gente junta selos e ganha um café de graça...

— Não, não trabalhamos com isso — disse a adolescente por trás do balcão, perfeitamente agradável.

— Pode então me dar só um café de graça?

— Não. Nós não podemos dar cafés de graça. Gostaria de *comprar* um café? — disse ela calmamente. Como se recebesse pedidos como esse todo dia.

— Não, obrigada! — respondi com um sorriso.

Fui saindo de fininho. Tome essa, capitalistas! Estou lutando pelo homem! Ou contra o homem?! Nunca entendo direito essas frases... Mas tinha passado minha mensagem. Quer dizer, mais ou menos.

Depois disso, passei um tempão sem coragem para voltar à cafeteria independente. Passei o resto do mês escrevendo na Starbucks.

No dia seguinte, fui para uma loja de celulares.

Tinha perdido meu carregador e precisava de um novo. Escolhi um na prateleira e o levei até o caixa, onde estava parado um adolescente cheio de espinhas com cerca de 18 anos.

— Olá — disse eu. — Vou levar esse aqui. — Entreguei o carregador.

Ele pegou para escanear o produto.

— Não sei o que faço com esses carregadores — continuei. — Já perdi a conta de quantos comprei. Sempre esqueço em todo lugar...

Ele continuou olhando para o computador, com uma expressão que parecia dizer: "Minha senhora, eu não dou a mínima. Por que está me dirigindo a palavra?"

— Mas de qualquer maneira, sou uma excelente cliente, haveria alguma chance de um desconto?

Dessa vez ele tirou os olhos da tela. Parecia confuso e não estava esperando por isso. Parou por um segundo e procurou por seu colega, que estava ocupado.

— Hum, infelizmente não tenho permissão para fazer isso, senhora.

— Tem certeza? — perguntei sorrindo. — Eu sou uma cliente muito, muito boa. Todo mês meus gastos aqui são insanos...

Ele me lançou um olhar que sugeria que não eram só meus gastos que eram insanos, eu também era louca e ele talvez tivesse que ligar para o gerente em breve.

— Hum, desculpe, mas não.

— Nem £1?

— Não — respondeu parecendo assustado. Seus grandes olhos castanhos dispararam do caixa para o gerente. Então lembrei que eu não precisava continuar; o objetivo principal era que eu tivesse uma rejeição.

— Ok! Obrigada. Sem problema! — disse eu sorrindo.

Ele pareceu aliviado. Entreguei meu cartão e digitei a senha. Ele sorriu, nervoso. Eu sorri, empolgada.

Fim.

Eu me senti mal por ter colocado o cara em uma situação desconfortável. A rejeição é assim: dolorosa para ambos os lados.

Com uma rejeição em meu currículo, fui para um trabalho — felizmente alheia da rejeição que estava por vir. A Superdrug, varejista de produtos de beleza e saúde, tinha relançado vários produtos de maquiagem da década de 1960 e me pediram para comparar a base em stick e o pó compacto antigos aos séruns de alta tecnologia e iluminadores de hoje, com a ajuda de uma maquiadora.

Eu disse a ela o que estava fazendo até agora naquele ano.

— Você é tão corajosa! — disse ela.

— Ah, que isso — disse eu modestamente.

— Não, sério, acho você tão corajosa! Tash, você já ouviu falar no que ela está fazendo? Ela começou a conversar com o fotógrafo assistente sobre meu ano de autoajuda.

Então contei tudo a eles. As partes mais interessantes — comédia stand-up e falar em público. As piores partes — pular de um avião e olhar meus extratos bancários. Eles ouviram e eu adorei o fato de que estavam prestando atenção a tudo. Eu estava esperando que as pessoas reconhecessem o quão brilhante eu era, mas até agora meus amigos e familiares pareciam espetacularmente decepcionados. Talvez fosse necessário que estranhos vissem minha profunda e intensa coragem.

Fiz todo um discurso sobre como era importante sair da sua zona de conforto, como no minuto em que você faz alguma coisa — *qualquer coisa* — assustadora, você se sente mais forte e como eu já não ligava mais para pequenas coisas...

— Quer dizer, imagine o que seríamos capazes de fazer se não tivéssemos medo da rejeição! — disse eu, depois de contar sobre o desafio desse mês.

Então Tash começou a dizer coisas que me fizeram desejar nunca ter aberto minha boca.

— Eu e meu amigo vamos entrar na fila das audições do *X Factor* na semana depois da próxima. Você devia ir com a gente!

— Ah, bem, hum...

Terapia da Rejeição

— Você canta? — perguntou Tash.

— Não.

— Perfeito! Você seria rejeitada! Os portões abrem no sábado, mas já é possível entrar na fila na sexta à noite. Então vamos nos encontrar à meia-noite e vamos para lá. Onde você mora?

— Archway.

— Eu vou de Peckham, mas podemos nos encontrar em algum lugar que seja bom para todos nós — disse ela.

O quê? Não! Não faça planos de viagem pensando em mim! Eu não vou fazer isso!

Eu não podia fazer teste para o *X Factor*. Eu seria uma verdadeira chacota pública...

Mas tão forte quanto meus sentimentos de que eu não conseguiria fazer isso era o que me dava a certeza de que eu tinha que fazer. Quer dizer, quais eram as chances de receber uma oportunidade tão perfeita para rejeição brutal e pública no mesmo mês em que eu deveria estar fazendo Terapia da Rejeição?

— Isso é um sim, então? — perguntou Tash.

— Hum.

— Prossiga...

— Ok.

Fui ao banheiro e coloquei minha cabeça entre as mãos enquanto minha vida entrava em declínio.

Naquela noite, bebi uma garrafa e meia de vinho tinto enquanto Rachel me acalmava.

— Eu vou ser uma daquelas pessoas das quais os outros riem por estar completamente iludida.

— Não, você não vai. Haverá milhares de pessoas lá, você vai acabar cantando por dois minutos para algum produtor em uma sala nos fundos.

— Tem certeza?

— Sim. Você nunca vai cantar para as câmeras. Eles só fazem isso se você for muito ruim ou muito bom. Portanto, seja medianamente ruim e não vista nada idiota.

112 Autoajude-me!

★ ★ ★

Faltando dez dias para o *X Factor*, acordei com uma ressaca e dei um Google nas "Piores audições do *X Factor*". Tomei dois antigripais e dormi o dia todo.

Faltando nove dias: pânico completo. O que deveria cantar? "Manic Monday"? Isso era muito antigo? Ou "Fast Cars", de Tracey Chapman? Escrevi uma mensagem para Tash para cancelar, mas não enviei.

Oito dias para o *X Factor*: a única maneira de passar por isso era fingir que nada estava acontecendo. Eu iria me concentrar em outras rejeições, começando devagar: sorrindo para estranhos no metrô. Dei a um casal de meia-idade um sorriso pouco entusiasmado na Northern Line. A mulher me fuzilou com os olhos antes de olhar feio para o marido: "Você conhece aquela mulher?", perguntou ela.

Faltavam sete dias: saí para uma caminhada. Dei "oi" para três estranhos na rua a caminho dos Correios. Um homem mais velho sorriu e disse "oi" de volta, o que foi bom, mas duas mulheres olharam para mim como se eu fosse maluca. Eu me senti uma aberração. Sério, qual é a dificuldade de nós, seres humanos, dizermos "oi" para as pessoas? Por que suspeitamos tanto dos outros? E o quanto isso nos faz mal? Estudos mostraram que toda vez que alguém nos ignora em público — mesmo alguém que não conhecemos — nos faz sentir desconectados, e essa sensação de desconexão está ligada à depressão, pressão alta e demência. Estamos todos matando uns aos outros com nossa indiferença. Gandhi pode ter nos dito para ser a mudança que queremos ver no mundo, mas esse era um trabalho ingrato quando você estava tentando cumprimentar estranhos em Archway.

De volta para casa, voltei a pensar em possíveis músicas para cantar. E os Cranberries? A vocalista tinha uma voz que não era muito aguda.

Faltavam seis dias: visitei uma amiga e a filha dela de 1 ano e seis meses, que gritou "Não, não, não!!!!" quando entrei na sala. Talvez eu cantasse "Ironic", de Alanis Morissette.

Faltando cinco dias: fui à agência dos Correios com um plano para pedir para furar fila, mas olhei para todos os idosos esperando por suas pensões, e mães tentando manter os filhos em silêncio, e não consegui.

Quatro dias para o *X Factor*: passei o dia quase chorando enquanto aprendia a letra de "Someone Like You", de Adele. À noite — ok, às 16 horas — fui ao mercado comprar uma garrafa de vinho. O cara no balcão me pediu a identidade para provar que eu tinha mais de 18 anos. Eu estava prestes a dizer a ele que era a coisa mais legal que tinha acontecido comigo naquela semana, quando ele olhou para mim novamente e disse:

— Ah, não se preocupe, eu não tinha olhado para você direito.

Faltam três dias: não preguei o olho. Isso não parecia com autoaperfeiçoamento. Parecia uma piada de mau gosto. Eu ficava pensando que Rachel estava certa. Eles não iriam me filmar. Eu seria uma em um zilhão. Entraria e sairia rapidinho. Outra experiência boba para adicionar à lista. O telefone tocou. Era Sarah.

— Você parece estressada — disse ela, soando preocupada.

— Estou prestes a fazer um teste para o *X Factor*. É lógico que estou estressada!

Meu Deus! Por que ninguém entendia o que eu estava fazendo e o peso que aquilo tinha sobre mim?

Pude ouvi-la respirar fundo.

— Meu anjo, você não precisa fazer isso se não quiser.

Por um segundo, me acalmei ao ouvir aquele termo carinhoso — um termo que sempre me fez sorrir, sempre me fez sentir melhor —, mas então me recompus. Não era a hora de relaxar. Tinha que me concentrar.

— O objetivo é fazer coisas que me deixem desconfortável. Eu não posso fraquejar — disse eu, com a voz falhando.

— Pensei que o objetivo era ser mais feliz e não parece que isso esteja funcionando.

— Está, sim! — rebati antes de desligar e cantar Adele enquanto andava pelo quarto.

Dois dias para a audição e acordei com um diálogo agora familiar na minha cabeça.

114 Autoajude-me!

Eu não consigo fazer isso.

Você tem que fazer isso.

Eu não quero.

Paciência. Pare de ser uma covarde de merda.

Olhei meu telefone e vi três chamadas perdidas da minha mãe. Ela estava na Irlanda para um casamento e não era muito comum ela ligar. Assim que ela viajava, tratava o telefone como se fosse radioativo — ela não conseguia tocá-lo ou olhar para ele com medo de voltar para casa com uma conta de £3.000.

— Seu tio morreu — disse ela, aos prantos, quando eu atendi.

O irmão mais novo muito amado pela minha mãe havia deixado o casamento da família mais cedo porque não estava se sentindo bem. Poucas horas depois, ele teve um enfarto fulminante e morreu. Ele tinha apenas 59 anos.

Então, no dia seguinte, em vez de me preparar para viajar para Wembley e abalar a carreira de Adele, voei para a Irlanda para o funeral. Após aquele telefonema, todos os meus medos estúpidos sobre cantar em um programa de televisão idiota pareceram, bem, estúpidos.

A igreja estava tão cheia que havia pessoas não apenas na parte de trás do edifício, mas fora dele também. Levamos o caixão pelos seis quilômetros entre a igreja e o cemitério, ao longo de uma velha estrada costeira. O percurso foi feito em silêncio, exceto pelo som de sapatos pretos caminhando.

O velório foi na casa dele. Meus primos se sentaram na cozinha, servindo infindáveis xícaras de chá e copos de uísque enquanto falavam sobre o pai.

Meu tio Gerald tinha sido agricultor, mas sua principal ocupação era tabagista e bebedor de chá. Ele estava sempre à mesa da cozinha, xícara em uma das mãos, cigarro na outra, olhando pela janela e ouvindo rádio. Entre horas de devaneio e silêncio, ele fazia afirmações sobre a cena musical moderna. Afirmações como "Aquela Lady Gaga está cada dia mais parecida com a Madonna" eram engraçadas quando ditas com um forte sotaque irlandês, ainda mais engraçadas quando você via a roupa dele: botas Wellington enlameadas, jeans surrados e um suéter de quarenta anos.

Meus primos falaram sobre o dia em que ele dirigiu pelo campo em seu trator, gritando, "No, no, no". Eles ficaram imaginando para o que ele estava gritando. Acontece que ele estava cantando "Rehab", de Amy Winehouse: "They tried to make me go to rehab, I said 'No, no, no...'" E havia seu talento para comprar carros com algum tipo de defeito. Um era um carro que buzinava toda vez que ele girava o volante. Tivemos ataques de riso imaginando-o em rotatórias, xingando enquanto a buzina tocava: "Bi-biii."

Ele era tão amado que, mesmo muito depois de os filhos terem saído de casa, os amigos deles ainda apareciam para visitá-lo.

Ele ouvia a todos e recebia qualquer problema com um aceno da cabeça e um "tsc" que parecia dizer: "Bom, o que você pode fazer?" Era um aceno de cabeça que parecia colocar tudo em seu devido lugar. Em um mundo que estava em constante mudança, ele era decididamente o mesmo, uma constante.

No pub, naquela noite, conversei com um primo de segundo grau que fez fortuna nos Estados Unidos.

— Isso é que é real: família, amigos. Nada mais importa — disse ele, olhando para os enlutados.

Eu concordei.

— Você ainda trabalha com jornalismo? — perguntou ele.

— Sim, um pouco, mas não tanto.

Contei a ele sobre a autoajuda.

— Eu deveria estar fazendo um teste para o *X Factor* neste momento — disse eu. — Como parte da Terapia da Rejeição.

Ele olhou para mim preocupado.

— Sua vida era tão ruim que você teve que fazer tudo isso? — perguntou ele com delicadeza.

Assim que ele disse isso, senti vergonha. É óbvio que minha vida não era ruim — para qualquer um minha vida era boa, mais do que privilegiada. Ali no funeral do meu tio, todo o meu ano parecia absurdo.

Gerald quase nunca saía de sua cozinha e ainda, de alguma forma, ele tinha tocado centenas de vidas com sua bondade e paciência. Ele ouvia as pessoas. Ele estava presente. Aquilo não o tornava um guru maior do que qualquer autor dos livros que eu estava lendo? Eu deveria ser mais como ele, não como Rhonda Byrne. Apenas ser uma pessoa legal. Fazer o meu melhor. Ser grata pelo que eu tinha.

Quando voltei para Londres, não continuei com a Terapia da Rejeição. Eu não conseguia encarar. Estava cansada da autoajuda e de mim mesma.

Sarah ligou, mas eu não atendi. Não sabia mais o que dizer às pessoas.

Capítulo 5

Terapia da Rejeição: Parte II

"A partir de hoje, pense no conforto como
o inimigo do seu progresso."

No final de abril, retornei à minha rotina. Voltei a passar meus dias trabalhando, dormindo e assistindo TV. Eu não estava sendo rejeitada, não estava repetindo afirmações e não estava olhando para o meu quadro de visualizações. Eu também não acordava pensando se hoje seria o dia que eu deveria pedir um quarto grátis no hotel Claridge's, chamar George Clooney para um encontro ou tentar aparecer na capa da *Vogue*. Foi um alívio.

— Então você vai parar com a autoajuda? — perguntou Rachel. Havia esperança em sua voz.

— Não sei ainda. Estou apenas fazendo uma pausa. Ainda vou decidir — disse eu, e continuei a lentamente retornar para a velha rotina até a segunda semana de maio, quando encontrei um pedaço de papel dobrado no meu diário.

"O conforto é altamente superestimado para indivíduos que desejam progredir na vida...", estava escrito. "Sua zona de conforto pode parecer mais com uma gaiola da qual você não pode escapar do que um lugar seguro no qual pode se recolher. De agora em diante, pense no conforto como o inimigo de seu progresso pessoal..."

Foi algo que imprimi do site de Jason Comely no início de abril. Olhei para o meu quarto, onde eu tinha passado o fim de semana assistindo a programas merda na televisão — copos de água por toda a parte, jeans usados no chão, xícaras de café meio vazias... minha jaula bagunçada.

Continuei lendo: "O medo da rejeição nos impede de alcançar nosso verdadeiro potencial... se transforma em arrependimento e escassez."

Isso era verdade. A autoajuda por vezes pode ser autoindulgente e ridícula, mas como desistir e deixar as coisas de lado poderia ser melhor? Eu não queria uma vida cheia de arrependimento e escassez. Eu queria viver de acordo com meu potencial, seja ele qual fosse.

As palavras finais de Jason eram um grito de guerra: "Escolha o seu mestre. Obedeça ao medo e lide com os sentimentos de arrependimento pelo resto da vida, ou escolha a rejeição."

Eu escolhi a rejeição. De novo.

— Mas se você odiou, por que não muda para outro livro? — perguntou Rachel durante o café da manhã.

— O fato de eu odiar tanto é um sinal de que é algo grande para mim e eu quero lidar com isso.

— A rejeição é algo grande para todos — disse ela.

E é óbvio que era. Aprendi isso em com Susan Jeffers. Estamos programados para temer a rejeição porque na era do homem das cavernas precisávamos ser aceitos pelo grupo para sobreviver. Naquela época, rejeição significava morte e ainda parece ser o caso, mesmo que sejam apenas duas meninas se recusando a brincar com você ou um chefe não respondendo a um e-mail.

Mas agora esse medo não estava salvando minha vida, estava me impedindo de vivê-la. Era hora de mudar isso.

★ ★ ★

Terapia da Rejeição: Parte II

Na sexta-feira, 9 de maio, saí com minha irmã mais nova Helen e seu amigo Jim para drinques no Queen's Head, em Islington. Mandei uma mensagem para Sarah conferindo se ela queria nos acompanhar, mas ela respondeu que sua caldeira havia quebrado e estava esperando por um engenheiro mecânico vir dar uma olhada. Não houve beijos ao final de sua mensagem e eu tive a sensação esquisita de que ela havia ficado aborrecida comigo por não ter atendido suas três últimas ligações.

Até agora Helen tinha mantido alguma distância da minha epopeia com a autoajuda. Ela é uma pessoa mais do tipo "É só pegar e fazer". Vai entender.

Jim, por outro lado, estava entusiasmado.

— Você deveria perguntar a eles se pode tocar um instrumento — disse ele, apontando para a banda de jazz que estava tocando no canto.

— Não, eles nunca deixariam — disse eu.

— Esse é o objetivo — disse Jim.

— Ah, é verdade, eu sempre me esqueço disso.

Então, quando a música parou, fui até o baixista com o cabelo caindo no rosto.

— Olá — disse eu.

— Olá — respondeu ele, sem me olhar bem nos olhos.

— Eu só estava pensando... hum... Eu nunca toquei contrabaixo e sempre me perguntei como seria. Sei que é um pedido aleatório, mas posso tentar?

Eu estava prestes a começar a dizer: "Não se preocupe se você não quiser um estranho tocando seu instrumento muito bonito e exorbitantemente caro..." Mas antes que eu pudesse dizer isso, ele deu de ombros.

— Claro, se você quiser.

Ah! Que fácil! Ele me passou o instrumento de madeira sedosa e eu me envolvi atrás de suas curvas. Era mais alto do que eu, mas mais leve do que eu esperava. Eu dedilhei as cordas grossas e me emocionei ao sentir o som vibrar.

— O que você acha? — perguntou o Sr. Contrabaixo.

— Eu adorei! — disse eu. — É pesado para carregar por aí?

— Mais estranho do que pesado, mas você se acostuma. Andar de metrô pode ser complicado.

— Eu realmente amei! — disse eu, dedilhando novamente.

— Que bom! — disse ele. E sorriu desta vez. — Você toca algum instrumento?

— Não, eu cheguei a começar a tocar piano, mas minha mãe me fez desistir porque eu tocava muito mal.

— Ah.

— Não sou muito musical. Quer dizer, adoro ouvir música, mas não sei tocar. Eu só vim aqui por causa de um desafio que estou fazendo.

Contei a ele sobre a Terapia da Rejeição; os olhos dele se arregalaram.

— Tente ser musicista — disse ele. — Você se acostuma com a rejeição...

E então ele começou a me contar sobre como a indústria da música era difícil, e como ele estaria melhor seguindo seu outro sonho, que era abrir um food truck para vender café.

— Eu compraria café de você — prometi.

— Sério? — perguntou ele.

— Sim, com certeza.

O rosto dele se iluminou e eu voltei para a mesa.

— Então você não foi rejeitada? — perguntou Jim.

— Não, ele foi muito legal!

E enquanto eu queria tirar algum tempo para comemorar minha corajosa ruptura das normas sociais, Jim estava focado na tarefa.

— Seu próximo desafio é perguntar à garçonete se pode tirar seu próprio pint — disse ele.

Eu olhei para o bar. A mulher atrás do balcão era só delineador e decote cavado, e imaginei que ela definitivamente diria "não". Eu não queria colocá-la naquela posição de poder, mas fui mesmo assim...

A música havia recomeçado e o bar estava barulhento, então houve um pouco de confusão quando comecei meu monólogo.

— Eu nunca tirei um pint, e gostaria muito de saber como é... — disse eu.

Terapia da Rejeição: Parte II

— Você quer um pint? — perguntou ela, franzindo o cenho. Ela não era inglesa e a barreira linguística não estava ajudando.

— Sim, mas gostaria de tirá-lo.

— Quer um pint? Beck's? Foster's?

— Sim, mas...

Agora eu gesticulava como se estivesse tirando a bebida da torneira.

Ela franziu as sobrancelhas e seus olhos fortemente delineados pareceram ainda mais marcados e raivosos.

Continuei gesticulando como quem tira a bebida, apontando para as torneiras e depois para mim mesma.

Até que ela finalmente entendeu e antes que eu me desse conta, ela estava abrindo a pesada portinha de madeira embutida no bar e acenando para eu ir para o seu lado. Corri e fiquei animada ao descobrir que o pessoal do bar ficava em um nível elevado — eu tinha subido na vida! A moça do delineador segurou minha mão, colocou sob a dela em uma das bombas e de repente eu estava tirando um pint! Tirando meu próprio pint! Oba!

— Assim? — perguntou ela.

— Sim! Obrigada!

Nós duas sorrimos. Ela não era a moça raivosa com delineador, mas uma moça divertida e gentil.

— Vocês viram? Ela me deixou tirar o pint! — disse enquanto me sentava novamente, empolgada.

Jim me cumprimentou e apontou para um grupo de mulheres na quina do bar.

— Sua próxima missão é perguntar àquelas garotas ali se pode se sentar com elas — disse Jim.

E foi o que eu fiz. Fui até a mesa das três mulheres, que estavam imersas em uma conversa, e fiquei parada na ponta da mesa até elas olharem para mim. Dei a elas meu melhor sorriso e disse:

— Estou meio sem saco para os meus amigos. Será que poderia ficar aqui com vocês um tempinho?

— Sim, lógico! Estávamos conversando sobre como é transar pela primeira vez depois de ter um bebê — disse uma mulher com um colo magnífico ressaltado por um decote.

Duas delas tinham acabado de dar à luz e era a primeira vez que saíam à noite. Elas estavam comemorando com prosecco e tinham acabado de pedir pudim de caramelo.

Então comi a sobremesa com minhas novas amigas, aprendendo mais do que jamais poderia imaginar sobre o que acontece com uma vagina depois de dar à luz...

— Elas eram adoráveis! — disse a Jim quando voltei à nossa mesa.

— Não é tão idiota que a gente não fala uns com os outros o tempo todo? Por que não fazemos isso? Por que ficamos em nossos pequenos grupos falando a mesma porcaria de sempre com nossos amigos?

— Eu não sei — disse ele. — Nem todo mundo é tão confiante quanto você, eu acho.

— Não sou confiante.

— Você é mais confiante do que imagina.

— Por que você diz isso?

— Eu nunca faria as coisas que você está fazendo.

— Sim, mas isso é porque você está com a vida resolvida. Você tem esposa, casa, filhos. Não precisa fazer tudo isso. Você é feliz.

Ele olhou para mim e bebeu o resto da cerveja. Seus olhos azuis estavam injetados e vítreos, e seus ombros desabaram.

— Eu acordo todos os dias e sei exatamente o que vai acontecer. Você acorda todos os dias e *tudo* pode acontecer. Aproveite isso ao máximo.

Helen voltou do banheiro. Juntamos nossas coisas e saímos em direção à noite tranquila. Estava ficando mais quente. O verão estava chegando. As luzes das lojas de grife lançavam seu brilho na estrada. Casais caminhavam para casa, aninhando-se um no outro e conversando com delicadeza. Um grupo de amigos passou por nós, animados e zombeteiros.

Eu ainda não tinha sido rejeitada, então, quando passamos por um jovem que estava estacionando sua moto, vi minha oportunidade ali.

Terapia da Rejeição: Parte II

— Eu nunca subi numa moto... — arrisquei. — Se importa se eu sentar na sua por um minuto?

Ele sorriu e disse:

— Ok!

Passei minha perna sobre o assento de couro acolchoado e me sentei. Era surpreendentemente confortável.

— Gostei! — disse eu.

Ele sorriu novamente.

— Comprei ontem.

Ele falou sobre tamanhos e velocidades do motor, contente por estar falando sobre seu novo bebê. Ele me disse que tinha 17 anos.

— O que sua mãe achou disso? — perguntei.

— Eu paguei com o meu dinheiro, então ela não pode fazer muito a respeito — disse ele.

— Quer me levar para dar uma voltinha? — perguntei.

— Eu não tenho um capacete sobrando.

— Então você não pode me levar?

— Não, desculpe.

Viva, rejeição alcançada.

Lições aprendidas?

1) A Terapia da Rejeição é fácil quando você está bêbado.
2) As pessoas são adoráveis. São nossos medos que nos fazem pensar que elas não são. Disse a mim mesma que os caras da banda eram arrogantes e que a mulher no bar era assustadora. Nada disso era verdade.
3) É muito mais fácil ficar quieto no seu canto no pub (na vida), mas no instante em que se faz algo bem bobo, como pedir para tocar o instrumento dos outros ou tirar o próprio pint, a vida fica muito mais divertida. Parece mais um jogo divertido, e não um teste de resistência.
4) Sentir vergonha não mata. Na verdade, passa bem rápido.
5) Eu adoro a Terapia da Rejeição.

124 Autoajude-me!

★ ★ ★

Na manhã seguinte, de ressaca, acordei ouvindo uma conversa no jardim do vizinho. Era um diálogo entre um menininho, provavelmente de uns 4 anos, e o pai.

— Papai!

— O quê?

— Papai!

— O que foi, Nate?

— EU TE AMO — gritou ele.

Sorri embaixo do edredom.

— Eu também te amo... Quer um abraço?

O menininho pareceu furioso com a proposta:

— NÃO!

Rejeição... Ela está em toda parte.

Eu tinha voltado ao jogo.

Segunda-feira, 12 de maio, o sol estava brilhando e tudo estava bem no mundo. Minha noite no pub tinha mudado o modo como eu me sentia a respeito da Terapia da Rejeição — e a respeito de todo o meu projeto. Continuei pensando sobre Jim e o que ele tinha me falado. Pela primeira vez, eu não me sentia um fracasso porque eu não tinha o que ele — ou todos os meus amigos — tinha(m). Eu não tinha marido, casa própria ou economias, mas tinha liberdade e aventura. E eu iria aproveitar ao máximo. Pela primeira vez desde *Tenha medo...*, me senti orgulhosa do que estava fazendo. Não era algo autoindulgente e narcisista (bem, não totalmente) — era corajoso e brilhante!

Pulei da cama e fui dar uma volta em Hampstead Heath, usando a calça legging com que tinha dormido. No caminho, sorri para todos. Sorri para cachorros e crianças. Idosos e árvores. Eu até sorria para mulheres magras e arrogantes. As árvores e as mulheres magras não sorriram de volta, mas a maioria dos outros sorriu. Eu estava fazendo amigos e influenciando pessoas!

Terapia da Rejeição: Parte II

No caminho de volta, passei por uma quadra de basquete, onde dois adolescentes estavam jogando basquete usando moletom e tênis. Achei que eles deveriam estar na escola, mas decidi não perguntar. Em vez disso, perguntei se poderia participar do jogo.

— Sim, com certeza — disse um dos meninos.

Eles passaram os dez minutos seguintes me ensinando, posicionando minhas mãos na bola, me falando sobre ângulos e como dobrar os joelhos. Eles se chamavam Steve e Leon.

Contei a eles sobre a Terapia da Rejeição. Eles olharam para mim como se eu fosse uma velha louca que poderia muito bem ter dormido com a legging que estava usando, mas continuaram falando.

— Imagina ser um cara — disse Leon. — Você é rejeitado todos os dias. Você chega numa garota e é rejeitado, e então precisa andar os dez passos de volta até onde estão seus amigos...

— Isso te incomoda? — perguntei.

— Não — murmurou ele, olhando para o chão.

Eu disse a eles que um dos meus desafios era chamar um cara para sair.

— Não tem como um cara rejeitar você — disse Leon.

Eu sorri.

— Porque, você sabe, qualquer cara vai dizer "sim" mesmo que ele não goste da garota, porque, tipo, por que não? Você pode dar sorte...

Encantador.

Continuamos conversando. Eu e dois garotos de 16 anos trocando técnicas de paquera.

Ao sair da quadra de basquete, Leon gritou:

— O que você vai fazer agora? Nós não rejeitamos você.

— Pode me emprestar £10? — perguntei.

— Boa. — Ele sorriu.

— Isso é um não?

— Sim, é um não.

★ ★ ★

— Mas o que tudo isso tem a ver com sua vida real? Não é como se você tivesse se candidatado a vagas de emprego que queria e foi rejeitada.

— Tentei vender a ideia para outras revistas — menti. Eu não tinha proposto a ideia para outras revistas. Eu quase não estava trabalhando.

— E o que aconteceu?

— Eles não responderam.

— Você insistiu?

Eu estava no telefone com Sheila. Tinha ligado para ela com notícias de meus atos ousados, na esperança de que ela admitisse quão brilhante eu era. Mas não era o que estava acontecendo.

— Eu não vejo qual é o problema de perguntar a uma pessoa se você pode tocar o instrumento dela. Você estava em um bar. Esse é o tipo de coisa que você faria normalmente — disse ela.

— Não, não é. Quando eu fiz isso?

— Eu só acho que você precisa fazer coisas que realmente afetem sua vida. Se aqueles dois meninos tivessem dito "Não, você não pode jogar basquete com a gente" isso teria arruinado sua semana?

— Não, mas eu ficaria constrangida e o objetivo é se acostumar a se sentir desconfortável com pequenas rejeições, então você se sente mais forte quando se trata de alguma grande.

— Sim, é disso que estou falando. Quando você vai encarar as coisas grandes? A única coisa que você fez que envolveu rejeição real foi quando conversou com aquele homem no metrô e isso foi há meses.

Desliguei furiosa... *Ela que se dane! Eu gostaria de vê-la pular de aviões e pedir a adolescentes para jogar basquete com eles... Por que as pessoas não podem ser mais encorajadoras? Por que todos são tão críticos? Preciso de amigos novos, uma família nova...*

Tentei em vão ficar com raiva e ignorar o fato de que Sheila estava, como de costume, correta — me iluminando como a luz que você usa para identificar uma nota duvidosa de cinquenta.

Jason diz que você deve começar com pequenas rejeições antes de "graduar-se para rejeições mais emocional e socialmente significativas", mas eu não tinha enfrentado uma rejeição significativa nem por parte dos

Terapia da Rejeição: Parte II

meus amigos, nem por parte do sexo oposto, e eu definitivamente não tinha insistido o suficiente no campo da rejeição quando o assunto era trabalho.

Como escritora freelance, deveria estar constantemente enviando ideias para diferentes publicações, mas não o fazia. Eu tinha colegas que conseguiram grandes coisas não porque eram melhores que eu, mas porque tinham batido nas portas certas e insistido. Eu não fazia isso porque não queria ser rejeitada. E eu não queria ser rejeitada porque isso viria como a confirmação de todas as inseguranças que eu tinha na minha cabeça: que eu era uma escritora horrível, que tinha sorte por ter conseguido pagar as contas até agora, que nunca mais arrumaria um trabalho.

Esse é o problema da rejeição — pode doer mais do que a situação em si, porque confirma todos os nossos piores pensamentos a nosso próprio respeito. Mas a rejeição nem sempre é um sinal de que não temos valor. Existem dezenas de histórias famosas de rejeição: o manuscrito de *Harry Potter* foi esnobado por 12 editores. Quase todas as gravadoras rejeitaram os Beatles; Walt Disney foi demitido porque lhe faltava imaginação — e a lista continua...

Então eu apresentei ideias para os editores do *Telegraph*, da *Grazia* e do *Irish Independent*.

A primeira resposta foi direta: "Isso já foi feito." Não foi nada libertador viver aquela rejeição — foi terrível —, mas depois recebi mais duas respostas. Uma era outro "Não", mas veio acompanhada da mensagem: "Por favor, envie mais ideias. Sempre gostei de seus artigos e adoraria publicar algum." Ela sempre gostou dos meus artigos! Ela adoraria publicar um! Ela sabia quem eu era!

Então veio o terceiro e-mail, em resposta à minha sugestão mais ousada: escrever uma coluna sobre os pequenos hábitos que podem nos tornar mais felizes. "Envie-me alguns exemplos", disse o editor. Oba! Eu potencialmente teria uma coluna! Uma coluna de jornal de verdade!

Na minha última semana da Terapia da Rejeição, tive meu Grande Momento. Uma oportunidade de agora ou nunca, tudo ou nada.

Eu estava escrevendo em um café no Soho quando um homem lindo entrou. Quando digo bonito, digo que ele atendia aos meus critérios de beleza: desalinhado, barbudo e com aparência de intelectual.

E não era a primeira vez que eu o via.

Ele aparecera naquele mesmo café uns dois meses antes, da última vez em que eu lá estivera. Parecia inteligente e sério, e imaginei que estaria escrevendo um livro brilhante ou um roteiro de cinema. Tinha ficado tão encantada que comentei a seu respeito com Rachel quando cheguei em casa.

— Você devia ter falado com ele — disse ela.

— Ah, mas é lógico — respondi com sarcasmo. Jamais, em tempo algum, eu faria uma coisa dessas.

Pois agora ele estava ali de novo. E eu estava na Terapia da Rejeição. Era um sinal!

Um sinal de que eu devia entrar total e completamente em pânico, congelar e não fazer nada.

Embora eu soubesse perfeitamente que a rejeição fazia parte do jogo, e que quebrar a cara e sair destruída seria considerado um sucesso, fiquei imóvel onde estava.

Primeiro, havia o desafio prático do ato propriamente dito: puxar conversa com um estranho. Como eu faria isso? Simplesmente chegaria nele e diria "Oi"? E depois? Ele responderia "oi", o silêncio se instalaria e eu ficaria ali querendo morrer de vergonha e acabaria saindo de fininho?

Nas sitcons norte-americanas as pessoas sabem lidar com essas situações, mas eu, não.

E havia também o desafio emocional de ser rejeitada por um membro do sexo oposto, o que eu considerava devastador. Muito embora eu soubesse que sua falta de interesse em mim não mudaria minha vida, seria de qualquer maneira um golpe, o tipo de golpe que poderia me atirar durante semanas numa espiral de dúvidas.

Fiquei ali mexendo meu café e olhando para ele.

A certa altura, meu olhar deve ter ficado flagrante, pois ele levantou os olhos do laptop e sorriu. Entrei em pânico e olhei na outra direção.

Um cara de quem gostei sorriu para mim e eu o ignorei. Sou muito ruim nessas coisas!

Passada meia hora, ele voltou a olhar, sorriu de novo e desta vez eu devolvi o sorriso. Senti um calor nas bochechas. É uma coisa tão ínfima, essa coisa de trocar de sorrisos, mas para mim era como estar usando uma camiseta com a mensagem "Estou solteira e solitária. Por favor, goste de mim! Você gosta de mim? Aposto que não gosta. É óbvio que não gosta..."

Voltei a olhar meu Facebook.

E então veio o desastre. Um amigo chegou para encontrá-lo. Depois de alguns minutos, o amigo se virou para olhar para mim. Que constrangedor. Ele deve ter contado sobre a esquisitona que estava olhando fixo para ele a tarde inteira. Fixei o olhar no meu laptop.

Olhei para o relógio. Eram 18h10. Jason Comely diz que, quando se trata de Terapia da Rejeição, devemos viver pela regra dos três segundos, uma estratégia de abordagem concebida por um especialista em conquista, que diz que, quando você vê alguém de quem gosta, deve abordá-lo dentro de três segundos. Mais tempo que isso e o medo começa a se instalar. "Remova o tempo e você remove o medo", diz Jason. Eu não tinha removido o tempo. Eu estava sentada no café há quatro horas e meia — não, eu não estou exagerando — QUATRO horas e meia, tomando cafés frios e tentando criar coragem para falar com um homem.

Eu tinha um evento de trabalho às 18h30. Pensei em enviar mensagens de texto para Sarah, mas me senti culpada pela minha falta de contato e percebi que ela ainda estaria no escritório, então mandei uma mensagem para Rachel.

> Eu: *Estou num café no Soho e o bonitão está aqui com um amigo e fiquei paralisada. Ele está sorrindo, eu estou sorrindo. Mas não chegamos a lugar nenhum. Que raiva!*
>
> Rachel: *Terapia da Rejeição, lembra? Diga que ele tem um belo sorriso — meio brega dizer isso, mas se gostar de você, ele não vai achar!!!*
>
> Eu: *Ecaaaaaaaaaa. Sou uma bosta nessas coisas.*

Rachel: *Cala a boca e só vai.*

Eu: *Estou apavorada.*

Rachel: *Você nunca mais vai voltar a vê-los. E daí se bancar a boba? Você já falou em público, fez stand-up, posou nua... nada de mais fazer isso.*

Mas eu realmente não conseguia. Assim, às 18h20, saí do café para uma festa de lançamento de um colchão. Sério, esse era meu evento de trabalho.

No caminho, comecei a pensar: *Sua covarde. Por que não disse um oi pra ele? Só um oi. Você se reprimiu. Você reprime tudo.*

Na porta da loja de móveis chiques, um garçom me ofereceu uma taça de prosecco. Tomei uma taça e fiquei em frente a uma cama com dossel me odiando.

Por que você é tão idiota quando se trata de homens? Qual é o seu problema? Você morreria se ele tivesse respondido?

Havia cerca de vinte pessoas no evento, repórteres bem-vestidas e alguns homens de terno, os quais imaginei que fossem da empresa que vendia os colchões.

— Bem, se você já o tinha encontrado antes, provavelmente vai voltar a encontrar. Não se preocupe — disse Liz, que estava organizando o evento e, consequentemente, ouvindo apenas parte do que eu dizia.

Mas eu sei que a vida não funciona assim. As chances de encontrar a mesma pessoa duas vezes no centro de Londres são muito raras. Eu já tivera uma segunda chance, mais do que a maioria das pessoas consegue. Eu tinha uma escolha a fazer. Poderia ficar com o prosecco e os colchões — bebida e cama, uma ótima representação da minha zona de conforto — ou poderia encarar meu medo de rejeição e voltar ao café.

— Desculpe, mas preciso ir embora — disse eu a Liz, enfiando minha taça pela metade na mão dela e me dirigindo à porta antes que pudesse mudar de ideia. Atravessei a rua desviando de carros, me sentindo a heroína de uma comédia romântica.

Eu vou fazer isso? Eu realmente vou fazer isso? Ai, meu Deus, eu vou...

Terapia da Rejeição: Parte II

Cheguei à porta do café e congelei. Ele ainda estava lá, conversando com o amigo.

Continue, não pare. Vamos lá...

Abri a porta e caminhei na direção da sua mesa com o coração saltando pela boca e sem a menor ideia do que diria. Antes que me desse conta, estava de pé bem ao seu lado. Ele me olhou. O amigo me olhou. O mundo parou. Era surreal. Minha mente congelou.

— Oi — disse eu, ou melhor, gemi. Algo estranho tinha acontecido com a minha voz.

— Oi — disseram os dois.

Senti como se estivesse vendo a cena de cima.

Diga alguma coisa, Marianne. Diga alguma coisa!

Então o amigo, com a velocidade de um raio, anunciou:

— Eu estava saindo. Gostaria de ficar com o meu lugar?

Eu disse "sim" e me sentei. Meu pretendente pareceu meio surpreso, mas não perdeu o jogo de cintura.

— Quer um café? — perguntou.

Eu disse que sim, embora mais cafeína fosse provavelmente a última coisa de que meu organismo precisava.

Olhei para ele enquanto voltava do balcão. Não saberia dizer sua altura — será que era mais alto que eu? —, mas notei que tinha uma postura bem ereta. Como se tivesse de enfrentar o mundo, mas não de uma maneira arrogante. Apenas um jeitão "estou aqui". Nada a esconder. Aberto. Gostei.

Ele depositou o café na mesa, sorriu, estendeu a mão e se apresentou.

Seu nome parecia grego. Perguntei então se era grego, e ele disse que sim. Ele perguntou se eu falava grego e respondi que não.

— Mas fui a Atenas uma vez. Era muito quente. Suei o caminho inteiro pela Acrópole.

Por que está falando com ele sobre suor, sua idiota?

Minha mão estava tremendo e balançando a xícara de café.

— Fiz faculdade com uma menina grega e ela costumava dizer uma coisa quando estava chovendo. Acho que queria dizer algo como: "Não somos feitos de açúcar, não vamos derreter." — disse eu.

Eu não estava falando coisa com coisa, mas ele riu comigo, não de mim.

Então começamos a conversar de verdade.

No fim das contas, ele não era nenhum grande escritor, mas um estudante de ph.D. em alguma área que tinha a ver com psicologia, e dividia seu tempo entre Londres e Grécia.

— Tem planos para esta noite? — perguntou o Grego.

— Não, não tenho...

— Gostaria de tomar uma taça de vinho?

— Sim, lógico. Seria ótimo.

Esperava que a voz saindo da minha boca soasse mais tranquila do que na minha cabeça, que estava gritando *Meu Deus do céu, isso está acontecendo! Você abordou um cara em um café e agora está indo para um encontro!*

Saímos e eu me senti constrangida. Tínhamos praticamente a mesma altura, mas ele era magro e me senti corpulenta ao lado dele... *Controle-se, Marianne, pare de fazer isso consigo mesma.*

As ruas estavam movimentadas, cheias de gente bebendo depois do trabalho, então fomos desviando delas. Parecíamos um casal. Um casal saindo para tomar um drinque, como fazem os casais normais...

Ele nos guiou até um bar de vinhos que eu nunca tinha estado antes. Estava cheio, mas não muito, e era chique sem ser pretensioso. Ele pediu as bebidas enquanto eu me sentei em um sofá de couro macio perto da janela.

— Saúde — disse ele.

Nossas taças tilintaram.

Ele olhou nos meus olhos e fiquei tímida.

— Bom, foi uma surpresa inesperada — disse ele.

Nós dois rimos. Nervosamente.

— Eu sei — disse eu.

Houve um segundo de silêncio.

— Fiquei atordoado quando você veio à mesa — disse ele. — Quando fui ao balcão buscar o café, meu coração batia acelerado, e eu estava preocupado que pudesse escolher o café errado.

Terapia da Rejeição: Parte II

— Você me pareceu bem tranquilo — observei.

— Bom, mas não estava — respondeu ele. — Eu a tinha visto, e provavelmente teria voltado para casa e ficado me lamentando por não ter tido coragem de falar com você. Sou péssimo para me aproximar das mulheres.

— Eu também... bem, não com mulheres, mas homens...

— Então você não costuma flertar com homens em cafés?

— Não, nunca fiz nada parecido antes.

Contei a ele então sobre a Terapia da Rejeição.

— Mas eu não a rejeitei — disse ele.

— É verdade.

Perguntei então ao cara do bar se podia nos dar duas taças de vinho de graça. Ele disse que adoraria, mas teria problemas com o gerente. Sem problema. Rejeição obtida. Não poderia ter doído menos.

— Quando uma mulher sorri para mim três vezes, tomo como sinal de que está interessada, e tento dizer "oi".

O que me fez perceber que provavelmente nunca sorrira para um cara três vezes num bar — sou orgulhosa demais, e medrosa, e tímida. Ia passar o resto da vida achando que as garotas conseguem namorados porque são mais magras e mais bonitas, mas talvez estejam apenas sorrindo mais.

Conversamos então sobre nosso histórico de relacionamentos. Ele estava solteiro havia três anos, depois de terminar um longo relacionamento.

— E você? — perguntou ele.

Uma pergunta simples para um primeiro encontro que eu odiava!... Morri de vergonha enquanto contava que tinha estado solteira pela maior parte da minha vida e meus relacionamentos não duravam mais do que alguns meses.

— Por que acha que isso acontece? — perguntou ele.

Uma pergunta tão simples — *a* pergunta — e eu não sabia como respondê-la então tomei um gole do meu vinho e mudei de assunto.

Ele me falou da sua vida, tendo sido criado entre a Grécia e Nova York, pois seu pai era músico e viajava muito. Ele era filho único.

Quando o bar fechou, ele me acompanhou até o trem.

— Você ter se aproximado de mim desse jeito foi a melhor coisa que me aconteceu em muito tempo — disse ele.

Encarei meus pés.

Ele sorriu e se inclinou para me beijar. Foi um beijo doce. Um beijo amável.

Fiquei envergonhada. Por que fico assim? Por que fico tão apavorada nesses momentos?

Quando ele se afastou, nós dois sorrimos.

— Isso foi bom — disse ele.

— Sim, foi mesmo. — Eu ri.

— Vou para Atenas na sexta-feira, mas voltarei a Londres em algumas semanas.

— Certo.

— Meu pai não tem estado muito bem, então preciso ir para casa e ajudar minha mãe — disse ele.

— Sinto muito.

— Tudo bem. Ele está assim faz um tempo. Mas você gostaria de me encontrar de novo quando eu voltar?

— Sim, seria ótimo — disse eu. E peguei o trem para casa.

A Terapia da Rejeição por vezes foi terrivelmente difícil. Eu me senti desconfortável com o fato de que o jogo pede que você teste sua resistência à rejeição à custa de outras pessoas e eu estava chocada com o quão doloroso era sorrir para alguém e receber de volta uma expressão impassível — mas eu tinha ganhado tanto. Não só tive algumas pequenas, porém emocionantes interações com estranhos, que fizeram o mundo parecer um lugar mais amigável, mas também tive algumas grandes vitórias. Depois de enviar três propostas de trabalho, me ofereceram uma coluna de jornal. Bem, chamar de coluna pode ser um exagero. Já que era do tamanho de uma caixa de fósforos — mas era minha! Dominação da mídia, aí vou eu!

Eu também tive um encontro.

Acima de tudo, no entanto, eu tinha saído daquela experiência com uma profunda lição transformadora. Tinha aprendido que, com todo o meu medo de rejeição, eu quase nunca tinha sido rejeitada — porque eu tinha feito de tudo para evitá-la no trabalho, com amigos, no amor.

No início de maio, encontrei uma citação de J.K. Rowling: "É impossível viver sem falhar em alguma coisa, a menos que você viva de forma tão cuidadosa, que não terá vivido em absoluto. E, nesse caso, você terá falhado por falta de alternativa."

Eu estava falhando por falta de alternativa, rejeitando a mim mesma por falta de alternativa. E isso tinha que parar.

Enquanto eu sacolejava no metrô, olhando para casais e estudantes bêbados, pela primeira vez senti que fazia parte do grupo de pessoas felizes ao meu redor. Pensei sobre o fato de que nossa vida inteira pode mudar apenas por dizer "oi" para alguém.

Capítulo 6

Dane-se: Quando uma atitude resolve tudo, de John C. Parkin

"Se você estiver estressado com alguma coisa, diga 'Dane-se',
e imediatamente vai se sentir melhor."

A mensagem de Sarah chegou quando eu estava no Wetherspoon's, no aeroporto de Gatwick. "Você está bem? O que está acontecendo? Não vejo você há semanas e sempre que sugiro de nos encontrarmos você parece não estar a fim. Fiz alguma coisa que te chateou? Bjs, S."

Era verdade. Eu não tinha me afastado intencionalmente, mas meio que tinha acontecido...

Estávamos em mundos diferentes. Ela estava no mundo real do trabalho e de aquecedores quebrados e eu estava... Bom, estava flertando com homens em cafés e repetindo afirmações para mim mesma. Mesmo que ninguém tivesse dito nada nesse sentido, eu estava paranoica pensando que meus amigos estavam zombando de mim pelas costas. Antes de janeiro eu era capaz de rir das atividades do meu projeto de leitura extracurricular apoiado pela Oprah, mas agora, no início de junho, seis meses depois de ter dado início à minha missão de autoaperfeiçoamen-

138 Autoajude-me!

to, eu não queria mais ouvir nenhum comentário remotamente crítico a ela ou a mim. A autoajuda não parecia mais motivo de riso; parecia algo muito sério.

Não era mais um hobby. Era a minha vida.

Obrigar-me a sair da zona de conforto era o meu primeiro pensamento ao acordar pela manhã — e o último antes de dormir também. E isso estava me mudando. Eu não queria falar sobre problemas de trabalho como costumava fazer. Não queria falar mal das pessoas e conversar sobre coisas idiotas e sem importância. Eu estava tentando me manter positiva, ser uma pessoa melhor!

Olhei ao redor. Ao meu lado estava um sujeito de sessenta e poucos anos de cabelos longos e vestindo uma camiseta dos *Hell's Angels*. Estava usando óculos escuros embora estivéssemos em um ambiente fechado e bebendo canecas de chope como se fossem salvar sua vida. Do meu outro lado, um jovem casal tão perfeitamente malhado e artificialmente bronzeado que parecia feito de plástico, bebendo vinho rosé. Era a hora do almoço.

Dane-se. Pedi uma taça de Chardonnay. Grande.

Enquanto bebia o vinho minha culpa se transformou em algo novo: rebeldia.

Minha eu antiga teria dito qualquer coisa para que ficasse tudo bem com Sarah, me desculpando veementemente por tudo que pudesse ou não ter feito, mas dane-se. Eu estava cansada de me desculpar. Pedi uma segunda taça.

Meu celular apitou. Era o Grego mandando mensagem.

"Divirta-se! ☺"

Detesto emojis. Será que estudantes de ph.D. realmente usam emojis? Respondi: "Vou, sim!"

Prefiro abusar dos pontos de exclamação a usar emojis. Não é algo de que eu goste a meu respeito.

Olhei para o painel de voos. Voo da Ryanair com destino a Ancona: EMBARCANDO.

Dane-se: Quando uma atitude resolve tudo 139

Terminei de beber meu vinho, guardei o celular na bolsa e me encaminhei para o portão de embarque. Responderia a mensagem de Sarah quando voltasse.

Já no avião, olhei pela janela e abri meu livro. Enquanto atingíamos atitudes mais altas, meu lar sumia do mapa. Era apenas eu. Ninguém em quem pensar além de mim. Dane-se tudo.

Alguns anos antes, outro londrino estressado tinha fugido da própria vida. John Parkin era um executivo de publicidade quando passou por uma crise. Em seu livro *Dane-se: Quando uma atitude resolve tudo*, ele escreve: "Pela primeira vez na vida, perdi toda a minha percepção de propósito. Sentia dor o tempo todo... era simplesmente a dor de estar vivo."

As coisas estavam tão feias que um dia ele se viu deitado na sarjeta. Literalmente. "Eu estava deitado na sarjeta, encolhido como um garotinho e começando a gemer. E aquele foi o ponto alto da semana."

Quem não ama um momento dramático de fundo do poço?

Depois disso, John leu todo tipo de livro espiritualista na tentativa de descobrir a fonte de sua angústia. Ele largou o emprego e começou a praticar yoga, *tai chi chuan* e xamanismo, antes de pegar seus pertences, colocar em um trailer e se mudar com a mulher e os dois filhos para a Itália, onde criaram retiros para executivos sofrendo de burnout.

Foi em um desses retiros que um comentário despretensioso acabou dando início a um movimento de autoajuda. John estava trabalhando com uma mulher de 30 anos que teimosamente se recusava a relaxar mesmo após uma semana de exercícios de respiração, yoga e visualização. Quando ela estava se preparando para ir embora, com a mesma sobrecarga mental com a qual havia chegado, John sugeriu que ela dissesse dane-se para tudo o que a estivesse preocupando.

Algumas semanas depois ela escreveu dizendo que de fato tinha feito isso e que a simples profanidade da expressão tinha mudado tudo. Ela tinha parado de se preocupar com tudo e, como resultado, a vida tinha se tornado muito melhor.

John percebeu que tinha alguma coisa ali. Ele escreveu um livro afirmando que "Dane-se" é a expressão ocidental perfeita para os conceitos espirituais orientais de desapegar, desistir e abrir mão do controle sobre as coisas. Segundo ele, no momento em que dizemos "Dane-se", paramos de ficar obcecados com o que não é importante.

Essa expressão diz que, no fim das contas, nada é tão importante assim. O que, de fato, é verdade. Eu sabia disso racionalmente, mas no meu dia a dia tudo importava muito. O que as pessoas pensavam a meu respeito, meu desempenho no trabalho, se estava acima do peso, quão desgrenhado estava meu cabelo, se estava no cheque especial e o valor da minha fatura do cartão de crédito, meu futuro, minha vida amorosa... ou a falta dela. Tudo isso ficava girando na minha cabeça em uma sopa gigante de angústia autoinfligida.

Dane-se seria o antídoto para isso: minha saída.

Eu tinha lido o livro havia alguns anos e tinha gostado. Mas eu sou irlandesa, de modo que qualquer coisa que tenha palavrões me agrada. É espiritual sem ser presunçoso; meio *New Age*, porém com bastante bom senso.

É autoajuda para quem não gosta de autoajuda.

Mas a principal razão pela qual decidi ler esse livro novamente foi porque vinha com férias inclusas. Os retiros de Dane-se com duração de uma semana acontecem na Itália. Buscar meu eu interior à luz do sol... isso sim era algo em que eu poderia embarcar.

Minha mãe tinha reservas quanto a isso, no entanto.

— Você pode arcar com os gastos dessa viagem? — perguntou ela.

— Na verdade, não, mas preciso de umas férias.

— Marianne, todos nós precisamos de umas férias. Mas semana passada você estava chorando por causa das suas faturas do cartão de crédito.

— Isso não foi na semana passada, foi há meses, e eu venho trabalhando bastante ultimamente, acho que não terei problemas.

Era mentira. Eu não vinha trabalhando bastante. E eu não chorava por causa dos meus extratos bancários nos últimos tempos porque não chegava perto deles ultimamente — nem mesmo para desenhar zeros a mais no valor real do meu saldo.

Tentei ignorar o sentimento desconfortável de que tudo o que eu estava fazendo era uma bobagem autoindulgente. Minha mãe de 68 anos trabalhava em tempo integral como professora, e sua única pausa eram as duas semanas de férias de verão na chuvosa Irlanda. Quando a vida estava desmoronando à sua volta, ela se deitava na cama e desenvolvia um monólogo de respeito. Eu estava prestes a pagar centenas de libras para voar para a Itália e fazer o mesmo à beira da piscina.

Passei no cartão de crédito. Obviamente.

Caí no sono no avião e acordei com saliva seca no canto da boca, enquanto um funcionário anunciava pelo sistema de autofalante da Ryanair o número de voos que aterrissaram no horário previsto. A taça de vinho da hora do almoço me nocauteou, assim como a onda de calor que nos recepcionou ao descermos do avião. Meus jeans e meu suéter de tricô, que pareciam ousados para o tempo londrino, agora estavam mais para equipamentos de esqui.

Um casal na casa dos 60 anos estava próximo de mim em silêncio, esperando pela bagagem. A mulher parecia infeliz. O homem parecia irritado e resignado. Torci para que eles não estivessem indo para o retiro.

Do outro lado da esteira, um homem alto e bronzeado pegava uma mala da North Face enquanto uma mulher de cabelos castanho escuros cacheados ao seu lado apontava para uma mala prateada com rodinhas. Ele pegou a mala para ela e ambos saíram andando. Eles formavam um casal bonito, arrumado, de pele brilhante, o corpo magro e em forma... provavelmente estavam em uma viagenzinha romântica. Eu me senti gorda e suada, e minha mente começou a repetir o padrão usual de pensamentos sobre não ter um namorado... mas eu me lembrei do Grego e sorri. Talvez nós acabássemos nos tornando um daqueles casais bonitos que fazem viagenzinhas românticas? Eu poderia visitá-lo na Grécia e nós poderíamos aproveitar o feriado nas ilhas... depois que eu fizesse uma dieta.

No ponto de táxi, mostrei o endereço para um homem com os cabelos escuros presos em um rabo de cavalo e uma camisa aberta demais. Era como se o departamento de turismo italiano o tivesse mandado diretamente de uma agência de atores estereotipados. Fomos nos afastando da costa, e o rosário branco de plástico no retrovisor balançava à medida que o vento nas estradas se intensificava. Vinte minutos depois desembocamos em uma estrada de terra que atravessava vinhedos e olivais antes de chegar ao nosso destino.

— Éééé aqui — disse o motorista, apontando para a antiga construção de pedra à nossa frente.

Saí do carro e fiquei parada por um momento, admirando a visão da grande varanda e da piscina azul-turquesa, cuja água parecia se derramar sobre as colinas verdejantes à sua volta. Era muito mais bonito do que qualquer coisa que eu estivesse esperando.

Fui levada para o quarto, um chalé nos jardins com paredes de pedra e vista para uma pequena igreja. Pulei e gritei de prazer diante daquela cama enorme, da televisão de tela plana e do banheiro revestido de mármore...

Pensei em Sarah e em minha mãe. Senti um pouco de culpa, uma sensação de que não deveria estar nesse paraíso quando tinha uma amiga negligenciada e uma mãe idosa se matando de trabalhar, mas então ouvi o barulho de alguém mergulhando na piscina e de gritos e rapidamente deixei tudo isso pra lá.

Dane-se. Dane-se tudo...

Tirei minhas roupas e deitei nos lençóis lisos e macios, só de calcinha e sutiã. E então fechei os olhos...

Acordei com os raios alaranjados do sol italiano passando pelas frestas da persiana. Eram 19h10. Eu tinha dormido por duas horas e agora deveria encontrar os outros participantes. Escolhi um vestido azul, prendi meu cabelo em um coque e fui até a varanda, onde havia umas doze pessoas tomando drinques.

Identifiquei o casal bonito do aeroporto.

— Você é uma colega Dane-sezeira? — perguntou uma mulher sorridente de cabelos castanhos.

— Acho que sim! — respondi.

— Junte-se a nós.

Havia um lugar disponível, ao lado do Sr. Aeroporto, que estava com um short e uma camiseta azul que pareciam ter acabado de sair da loja. A namorada dele estava na outra mesa.

— Meu nome é Geoff — disse ele, com um sotaque do norte da Irlanda e me olhando com seus olhos castanhos. Ele se levantou enquanto estendia a mão. Era muito alto. De perto, parecia saído de um anúncio da Gillette. Meu estômago revirou. Estendi a mão e cumprimentei-o, mas em seguida me preocupei se tinha sido apertado forte demais e se minhas mãos estavam suadas.

— Meu Deus, isso é maravilhoso — disse eu, olhando para a piscina.

— É mesmo. Eu estava esperando dormitórios compartilhados e brotos de feijão — brincou Geoff.

— Eu também, é exatamente o que eu estava esperando! — respondi, alto demais.

— Você nunca esteve aqui? — perguntou ele.

— Não, mas já li o livro...

Eu sempre sei quando gosto de um cara porque uma de duas possibilidades acontece: ou fico muda ou falo muito mais alto do que o de costume, ciente de cada frase, sentindo a necessidade de que cada uma seja engraçada ou impressionante. Então comecei o meu show.

Ele pareceu um pouco preocupado por mim enquanto eu fazia meu ato solo de autoajuda e eu me sentia desleal por transferir o foco do meu afeto tão rapidamente depois de conhecer o Grego.

Antes que eu conseguisse me envergonhar ainda mais, um homem com um par de óculos descolado de aro grosso, uma camisa floral e sandálias Birkenstock apareceu na varanda. Eu o reconheci da capa do livro. Era John, nosso guru naquela semana. Só que ele não se parecia com um guru. Não havia robes esvoaçantes ou colares de miçangas. Nem mesmo um sarongue. Na verdade, sua aparência era exatamente a de um cara de meia-idade que costumava trabalhar com publicidade.

Atrás dele, uma mulher alta e séria concentrou o olhar sobre o grupo como se estivesse escaneando a alma de cada um. Ela parecia uma professora de yoga alemã durona.

144 Autoajude-me!

Depois de nos cumprimentar, John apresentou a mulher como sua esposa, Gaia. Ela sorriu e, ao fazê-lo, seus olhos cerraram e seu rosto se iluminou. Ela não era mais uma professora de yoga durona, era uma dama linda e perspicaz!

— Não temos um planejamento programado, cada semana é diferente, dependendo do que pareça adequado para o grupo — disse John. — Não vai haver canto e meditação às 5 da manhã. Acreditamos que tudo é espiritual: beber, rir, comer bolo de chocolate... Nos encontramos por volta das 10 da manhã na maioria dos dias, embora Gaia sempre se atrase, e então seguimos até uma da tarde, quando fazemos uma pausa para o almoço. E então vocês podem deitar à beira da piscina ou fazer o que quiserem.

Durante o jantar, bebemos vinho e começamos a trocar histórias.

No dia seguinte, as histórias prosseguiram num grande salão ensolarado onde fomos convidados a sentar em almofadas dispostas num círculo. John pediu que cada um de nós se apresentasse e contasse um pouco por que estava ali. Comecei a ficar nervosa conforme ouvia os outros.

As histórias eram uma combinação de divórcios, mortes na família, doenças e muito estresse por causa de trabalho. As pessoas eram desconcertantemente sinceras.

Quando chegou a minha vez, meu coração bateu acelerado. Eu me sentia uma impostora. Meus pais não tinham morrido. Eu não estava me divorciando. Não queria contar para o grupo sobre meu desafio de autoajuda por medo de que eles me achassem um pouco doida, então eu disse:

— Nos meus 20 anos, eu trabalhei incansavelmente, e sempre achei que meus problemas se resumiam ao estresse do trabalho. Pensei que se trabalhasse menos meus problemas estariam resolvidos, mas aí larguei o emprego e segui como freelancer e cheguei à conclusão de que o problema não era o trabalho, era eu...

Encarei o chão enquanto a pessoa ao meu lado começava a contar sua história.

— Toda vez que fazemos um retiro, surge um tema diferente — disse John. — Parece que temos muitos casos de burnout esta semana. Muitos de vocês são como bons soldados, seguem em frente em quaisquer cir-

Dane-se: Quando uma atitude resolve tudo   **145**

cunstâncias... o que é bom sob muitos aspectos, mas que também pode resultar em exaustão e infelicidade. Esta semana, poderemos avaliar como seria se vocês relaxassem um pouco e deixassem de se esforçar tanto.

Houve um suspiro de alívio coletivo.

No almoço, sentei ao lado de Geoff.

— Aquilo foi intenso — disse ele.

— Sim, pareceu uma reunião do AA ou algo do tipo — respondi. Olhei em volta, procurando a garota de cabelos cacheados, mas não a encontrei.

— Cadê a sua namorada?

— O quê?

— Você não está com a garota de cabelos cacheados? Vi vocês dois juntos no aeroporto.

— Ah, sim. Não, nós nos conhecemos no voo. Eu nunca tinha visto ela antes.

Tentei conter a satisfação estampada no meu rosto.

Fica de boa, Marianne.

Naquela tarde, nos deitamos nas espreguiçadeiras à beira da piscina. Eu estava com o livro *Dane-se*, mas ele permaneceu fechado, ao lado do meu protetor solar. Adormeci no minuto em que deitei.

Na manhã seguinte, aprendemos a dizer Dane-se com ajuda de uma bala Werther's Original.

Fomos instruídos a formar duplas e a estender um dos braços para ser agarrado pelo parceiro. Tínhamos, então, de nos esforçar ao máximo para botar a mão no bolso (a fim de pegar uma bala imaginária), enquanto o parceiro puxava nosso braço na direção oposta.

Formei dupla com Janet, uma enfermeira de Glasgow. Ela tinha 1,50m, a energia fervorosa de uma criança e um sorriso imenso. Acabei descobrindo que ela tinha um passado festeiro, mas agora se transformara e vivia mergulhada em assuntos e atividades espirituais.

— Vou a todos — disse ela —, curandeiros, médiuns, xamãs, canalizadores... Pratico qi gong, meditação, budismo. Estou me exaurindo com todas essas buscas. Preciso de um momento de relaxamento de todas essas tentativas de relaxamento.

Ela era surpreendentemente forte. Quanto mais eu tentava botar a mão no meu bolso, mais forte ela me segurava. Depois de muitos minutos de esforço, não cheguei nem perto da bala imaginária. Então fomos instruídos a adotar uma abordagem diferente. A bala continuava no bolso e nós ainda a queríamos, mas já não ficávamos tão incomodados por não conseguir alcançá-la. Tínhamos de levar a coisa toda menos a sério, sem forçar. A ordem era simplesmente soltar os braços e ver o que acontecia. Comecei a balançar e torcer o meu braço, como se o estivesse balançando apenas para me divertir, e ele foi direto ao bolso. Janet, que tentava me deter, parecia confusa.

— Eu realmente tentei — disse ela.

John explicou que a ideia por trás de tudo era que dizer Dane-se não significa não fazer nada, mas apenas não ficar tão preocupado com o resultado. Você tenta agarrar a bala (ou o emprego, o homem, a casa), mas com uma atitude relaxada, aceitando que o que tiver de ser, será. E, na verdade, se estiver cansada demais para ir atrás da bala (ou do emprego, do homem, da casa), que se dane, deixe pra lá. Tire uma soneca. Tire um ano sabático. **Tire uma vida sabática.**

Tudo isso é mais fácil falar do que fazer, obviamente. A maioria de nós foi criada com a mentalidade de que temos que trabalhar muito, nos esforçar e nunca desistir. Sem dor, sem ganho. Ostentamos a exaustão de uma jornada de trabalho de 12 horas como se fosse uma medalha de honra. Por que a vida precisa ser tão difícil? Sério, por quê? A vida deveria ser uma jornada de punição? Ou deveria ser desfrutada? E por que pensar em aproveitar a vida parece tão errado? Tão ousado?

John acredita que "se encontrarmos a coragem de abrir mão do controle sobre as coisas... de parar de querer tanto... de trabalhar e correr atrás das coisas com tanto afinco... algo mágico acontece... nós naturalmente começamos a conseguir o que queríamos, mas sem tanto esforço...".

Ele admite que pode ser confuso aceitar o pensamento de que para conseguir aquilo que se quer você deve parar de querê-lo, mas ele

Dane-se: Quando uma atitude resolve tudo 147

descreve da seguinte forma: "Toda forma de desejo e esforço envolve certa tensão. Quando você abre mão do desejo, a tensão vai embora, e o relaxamento resultante disso tende a atrair coisas boas para a sua vida."

Não sei por que isso é verdade — mas é mesmo, não é? É por isso que os caras que você não gosta gostam de você: porque está relaxada apenas sendo você. É a razão pela qual as mulheres engravidam depois de anos tentando, justo quando desistem de continuar. É a razão pela qual você começa a gostar do seu trabalho logo quando decide pedir demissão.

John reconhece que "quando você diz dane-se, realiza um ato espiritual... porque você desiste, deixa pra lá, para de resistir e relaxa, retornando ao fluxo natural da vida em si...".

Depois do exercício da bala imaginária, fomos almoçar e encaramos uma tarde de preguiça na piscina. Caí no sono novamente. Eu parecia entrar em um leve coma toda vez que estava deitada. De volta à sala, vi que o Grego tinha mandado mensagem. "Apenas passando para dar um oi", dizia ele. "Espero que esteja aproveitando no sol 😊😊😊." Seu entusiasmo estava me irritando. Respondi rapidamente: "Aproveitando muito!" antes de correr para o jantar.

Eu estava atrasada e o único lugar vago era ao lado de uma mulher que eu tinha conseguido evitar até então. Ela tinha uma boa postura notavelmente intencional, como se dissesse a todo momento: "Olhe para mim. Eu todo dia acordo às 6 da manhã disposta para fazer yoga." E ela também falava muito alto, como se todos no ambiente fossem sua plateia. Ela ostentava sua felicidade. E estava com duas trancinhas no cabelo. Quer dizer, por favor, quem usa esse penteado depois dos 30 anos?

Eu me sentei com um sorriso falso, e ela me devolveu um eletrizante.

— Meu nome é Daisy. — Ela se apresentou. Sonoramente.

— Sou a Marianne.

— Eu sei! Entreouvi você falando sobre o seu projeto na primeira noite, queria muito falar com você! — disse ela. — Já li *bastante* autoajuda... Você já leu *Mulheres que amam demais*? E *Eu estou ok, você está ok*?

— Não, mas já ouvi falar deles — respondi.

— E *A lei universal da atração* de Esther e Jerry Hicks?

— Não, mas eu li *O Segredo* e fiquei frustrada.

— Você realmente deveria ler os Hicks, a mensagem deles é que é a de verdade. Aí você vai entender. Eu já manifestei tantas coisas na minha vida!

— Tipo o quê? — perguntei.

— Ah, tantas coisas! — Ela balançou os braços como se não tivesse tempo para entrar em detalhes.

A mulher então sorriu para mim. Um daqueles sorrisos presunçosos e iluminados que parecem vir carregados de uma mensagem tipo "Você não entende as forças do Universo do jeito que eu entendo". Eu não sabia se queria socá-la ou ser ela.

No terceiro dia, aprendemos como fingir gostar daquilo que não gostamos nos deixa esgotados.

Fomos instruídos a estender o braço e dizer em voz alta alguma coisa da qual realmente gostamos. Então estiquei o braço e disse: "Eu gosto de macarrão, eu gosto de macarrão, eu gosto de macarrão..." Enquanto isso, minha parceira, Janet, tentava abaixar o meu braço com toda a força, enquanto eu fazia o mesmo para mantê-lo elevado. Janet insistiu por mais uns dois minutos, mas não conseguiu. Conclusão:

— Caramba, você gosta mesmo de macarrão!

Em seguida, tínhamos que esticar o braço e contar uma mentira. Estendi o braço e disse: "Eu gosto de cogumelos, eu gosto de cogumelos, eu gosto de cogumelos." Eu não gosto de cogumelos. Quando eu era mais jovem, estava na casa de uma amiga e me deram um *vol-au-vent* de cogumelos. Eu nunca tinha visto um *vol-au-vent* em toda a minha vida e ainda não sabia que odiava cogumelos. No momento em que aquele pequeno disco de massa tocou minha boca, comecei a engasgar. Cuspi o bolo marrom na mão, depois o coloquei no bolso, onde permaneceu, ficando molhado e frio conforme o dia passava...

Dane-se: Quando uma atitude resolve tudo

Enquanto eu afirmava o meu amor por cogumelos, Janet abaixou minha mão sem qualquer dificuldade.

— Caramba, você realmente não gosta de cogumelos — concluiu ela.

A ideia é que, quando estamos dizendo a verdade — num sentido mais amplo, sendo autênticos com nós mesmos —, somos fortes. Quando fingimos ser algo que não somos, gostar do que não gostamos, nos tornamos mais fracos. Fisicamente mais fracos.

Fizemos então outro exercício nesse mesmo tema. Fomos levados a um ponto qualquer da sala pelo parceiro, que então tinha que tentar levantar uma das nossas pernas. Janet me pôs de frente para a parede, e facilmente conseguiu levantar minha perna, embora eu estivesse reunindo todas as minhas forças para mantê-la no chão.

Eu então deveria me dirigir a um lugar onde realmente queria estar. Escolhi um ponto diante das grandes portas envidraçadas que dão para o jardim. Fiquei ali parada. Olhei pela janela, contemplando as árvores e as colinas diante de um intenso céu azul. Havia um trator contornando um campo. Um pássaro dançava no céu. Girando, descendo, subindo. Janet não conseguia me tirar do lugar. Era como se meus pés fossem puxados para baixo por raízes. Eu não estava fazendo força, não estava fazendo nada. O mundo me queria exatamente naquele lugar, e estava me mantendo ali.

Conclusão: se estiver no lugar certo fazendo a coisa certa, terá uma força incrível. Se estiver num lugar onde não quer estar, um lugar que tenha sido escolhido por outra pessoa (um emprego, um relacionamento etc.), ficará doente, cansado e fraco. É assim que a maioria de nós vive.

E assim os dias foram seguindo, com pequenas revelações divertidas sobre a vida, o amor e tudo mais — a partir de balas imaginárias e do lugar onde nos posicionávamos em uma sala. Eu continuava dormindo e comendo tudo o que aparecia pela frente, inclusive bolo no café da manhã — mas não um bolo querendo se passar por muffin, ou croissants, mas bolo de verdade. Estávamos no Paraíso, distantes do restante do mundo, distantes de toda a merda.

A cada dia que se passava, íamos começando a parecer mais iluminados e calmos. Estabelecemos uma rotina tranquila: fazendo atividades em gru-

150 Autoajude-me!

po pela manhã, dormindo à beira da piscina à tarde, e comendo linguine com camarão, nhoque de queijo e pizza com vinho à noite... Na terceira noite, me vi sentada ao lado de Geoff, que descobri ser diretor de filmes.

— Que tipo de filmes? — perguntei.

— Ah, você sabe, alguns curtas, nada grandioso. Mas espero dirigir meu primeiro longa no próximo outono.

— Parece legal.

— Tenho que fazer alguns trabalhos corporativos de que não gosto pra pagar as contas, mas, sim, é legal.

Eu o ouvi falar sobre o projeto em que estava trabalhando naquele verão, acompanhando uma banda indie pelos Estados Unidos. Ele falava sobre "criatividade" um pouco demais — e usava a expressão "artista vanguardista" mais do que seria aceitável —, mas eu gostava dele.

Depois do jantar, sentamos na varanda sob a luz dos pisca-piscas e das estrelas e falamos sobre a vida.

O Grego estava se tornando uma memória distante.

No quarto dia, fomos instruídos a deitar no chão e respirar por uma hora. Escolheríamos um parceiro que se sentaria ao nosso lado e nos observaria, nos amparando caso sentíssemos essa necessidade. Parecia meio chato, mas havia algo na voz de John que me deixou nervosa:

— Isso pode trazer muitas emoções para algumas pessoas. — avisou ele. — Mas não tem problema. Apenas se entregue e se deixe levar.

O ar ficou pesado com os nervos de todos à flor da pele. Sentíamos que algo importante estava para acontecer. Comecei a entrar em pânico. Não queria me entregar! E não queria trazer emoções à tona!

Estava sentada entre Janet e Geoff. Até então eu havia feito todos os exercícios com Janet, mas talvez fosse bom "sentir o medo", aceitar a potencial rejeição e perguntar àquele homem bonito de short imaculadamente passado se ele queria me observar respirando por uma hora.

— Podemos? — perguntei.

— Com certeza, vamos lá — disse ele.

Dane-se: Quando uma atitude resolve tudo

— Estou com medo.

— Por quê?

— Não sei.

— Vai dar tudo certo — garantiu ele.

Deitei-me. Fechei os olhos e tentei parecer bonita e relaxada, como alguém com pensamentos profundos circulando pela mente, os quais Geoff estaria desesperadamente tentando entender... Fiquei feliz por ter deixado o cabelo solto naquela manhã, e torci para que ele estivesse formando um leque atraente em volta da minha cabeça. O efeito que eu estava buscando era o de Ofélia, mas, sabe, menos morta.

Uma música alta e com ritmo marcado começou a tocar. John nos disse para respirar profundamente, com a barriga subindo e descendo, sentindo o oxigênio e a energia percorrendo todo o corpo... para, em seguida, acelerar cada vez mais a respiração, sem intervalos entre a inspiração e a expiração... Não demorou para minhas mãos, meus pés e minhas pernas começarem a formigar. A música foi ficando mais alta. Continuei respirando de maneira mais rápida e mais profunda. Parecia que todo o meu corpo estava sendo pressionado contra o chão.

Eu sabia que tinha de me deixar levar, mas não queria. Tinha medo de cair num buraco negro — era a imagem que eu tinha; de que, se eu me deixasse levar, cairia num buraco negro. Percebi, enquanto estava deitada no chão respirando, que esse era um sentimento que tive ao longo de toda a minha vida: de que se relaxasse, mesmo que por meio segundo, cairia num buraco negro e... o quê? Não sabia, mas apenas estava certa de que o buraco negro era péssimo. E estava sempre lá. Mas por que eu me sentia assim? Por que sempre achei que algo ruim estava para acontecer? Que seria castigada se relaxasse e, quem sabe, até me sentisse feliz por um momento?

Comecei a chorar. As lágrimas rolavam, grossas e rapidamente, pelas bochechas e pelo pescoço. Geoff pôs as mãos no meu braço e me balançou suavemente. Isso me fez chorar ainda mais. Não estava acostumada com um homem sendo gentil comigo, e nem a baixar a guarda diante de um. Por que passei a vida inteira com medo de homens? Com medo de tudo?

A música mudou, da batida profunda e ritmada para algo mais leve. Parecia que luz estava sendo derramada sobre mim. Cada nota era como uma gota dourada e morna.

Mas eu ainda estava diante do buraco negro. Estava com medo de cair dentro dele, mas também estava assustada com a possibilidade de deixá-lo. Ele era familiar.

Você tem uma escolha, você tem uma escolha. Esse buraco negro não é para você. Você não precisa entrar nele. Vá embora, vá embora, disse uma voz dentro de mim — a mesma voz que veio até mim às 3 da manhã, me perguntando o que eu estava fazendo da minha vida.

Então outra voz se juntou a mim. Essa era real. Era Gaia, sussurrando em meu ouvido.

— Você é poderosa — dizia ela com urgência, sua respiração quente sobre minha pele. — Mais poderosa do que pensa. Você é uma fera... Esteja em seu corpo, sinta seu corpo, aproveite o seu corpo... Você gasta todo o seu tempo na sua mente, mas você também tem um corpo, um corpo que tem sensações... Você é uma fera, uma tigresa. Sinta isso, sinta o poder.

Minhas bochechas queimavam. Fiquei constrangida com aquela discussão sobre minha natureza animal adormecida bem ali na frente de Geoff. Gaia se afastou e então acabou. A estranha viagem pelo meu interior havia terminado. Senti como se tivesse acabado de usar muitas drogas, mas tudo o que eu havia feito fora me deitar e respirar.

— Que tal? — perguntou Geoff.

— Muito estranho. Era como se houvesse um buraco negro no qual eu ia cair, e me dei conta de que é assim que me sinto a cada momento da minha vida, como se fosse cair a qualquer segundo, por culpa minha. Mas não é culpa minha. Não sou uma pessoa ruim e não entendo por que sempre sinto como se eu fosse...

Geoff assentiu, como se tudo isso fosse perfeitamente normal.

— Não sou uma pessoa ruim, não é? — perguntei. Não tinha a menor ideia de como ele poderia saber se eu era ou não uma pessoa ruim, mas queria ser tranquilizada.

Dane-se: Quando uma atitude resolve tudo 153

— Não, você não é — disse ele, olhando diretamente para mim. Mordi o lábio.

E então foi a vez dele de respirar e chorar e minha vez de apoiá-lo. Eu queria balançá-lo lentamente, assim como ele tinha feito comigo, mas eu estava assustada e constrangida. Tudo parecia muito íntimo. E se ele não quisesse que eu o tocasse? E se minhas mãos estivessem muito suadas e nojentas?

Se recomponha, Marianne. Porra, francamente.

Ele se deitou, pacientemente, com expectativas e em paz, de olhos fechados, os cílios louros flutuando levemente no ritmo de sua respiração. Depois de alguns minutos, coloquei minhas mãos em seu braço esquerdo e o balancei suavemente, distraída pelos sons ao redor, sons de soluços e lamentos. Gerentes, funcionários públicos, hipsters da indústria musical, todos chorando feito crianças perdidas. Era o som da dor. A dor de estar vivo, como John descrevia.

Então a música mudou de ritmo novamente e Geoff estava sorrindo, radiante. Seu rosto se iluminou e eu me iluminei também. Eu me senti conectada a ele, honrada por ele ter confiado em mim naquele momento.

Do outro lado da sala, uma mulher estava soluçando e seu namorado a abraçava gentilmente, como um passarinho. Seus uivos preenchiam o cômodo. Parecia que ele ficaria ali com ela para sempre, balançando-a e acariciando-a até que sua dor passasse.

Quando o exercício acabou, Geoff olhou para eles.

— Se eu fosse mulher, ia querer namorar com alguém assim — disse ele.

— É mesmo — concordei. Mas o comentário dele me incomodou. Eu queria que ele pensasse na conexão que tivemos, não no casal do outro lado da sala.

— Obrigado por me escolher para dividir esse exercício — disse ele. — Me senti muito paternal com você. Muito protetor.

Aquilo me deixou furiosa! Paternal? Eu não queria que ele se sentisse paternal, queria que ele se sentisse sexualmente atraído por mim. Olhei para o casal bonito e senti inveja. Homem nenhum me amaria daquele

154 Autoajude-me!

jeito. Eu não era delicada, bonita e vulnerável. Eu nunca conseguiria abrir mão do controle do jeito que ela estava fazendo porque sabia que não haveria ninguém para me amparar.

— Preciso ir ao banheiro — disse a Geoff. Fui até o banheiro de azulejos azuis, me olhei no espelho e chorei. Olhei para o meu rosto gordo e suado. Eu não parecia uma mulher saída de uma pintura pré-rafaelita. Estava mais para uma forma distorcida de um Picasso.

É lógico que ele não se sentiria atraído por mim. Quem se sentiria?

Era por isso que eu não gostava de sentimentos. Eles machucam e fazem você se sentir uma idiota.

Cheguei atrasada para o almoço e Geoff tinha guardado um lugar para mim. Neguei com a cabeça e sinalizei que iria me sentar com Janet. Não comi nada. Sentia que tinha uma ferida aberta. Naquela tarde, deitei em minha cama e chorei até adormecer. Do lado de fora do meu quarto, uma estátua de um anjo com as asas abertas olhava para as colinas.

No dia seguinte, nosso exercício de respiração foi realocado para uma pequena piscina interna, na área chique do spa, onde deveríamos flutuar em águas mornas enquanto outra pessoa nos segurava.

— Quer formar dupla de novo? — perguntou Geoff.

— Falei pra Janet que iria fazer com ela dessa vez — respondi.

Ele pareceu surpreso e eu me senti cruel e vitoriosa.

A piscina era envolta de azulejos cor de bronze e as persianas tinham sido baixadas, então o lugar estava escuro. Sons da natureza ecoavam. Eu flutuava enquanto os dedos de Janet me davam apoio. O objetivo era que a sensação fosse a de estar de volta ao útero, e meio que era isso o que parecia mesmo. Embora eu tivesse minhas dúvidas de que houvesse sons da natureza tocando em um iPhone no útero da minha mãe.

Fomos instruídos a respirar gentilmente e sentir a luz vindo para o nosso corpo a cada respiração. Não havia buraco negro algum dessa vez — apenas luz branca fluindo pelo ambiente e envolvendo meu coração. Eu podia sentir o amor de Janet e a paciência que vinha de seus dedos, e me senti conectada a ela e a todos que estavam na água. Como se fôssemos todos uma única força de vida. Confiar em outra pessoa e deitar lá enquanto ela cuidava de mim era quase insuportavelmente bonito. Ali, naquela piscina, percebi que eu nunca confiei nas pessoas. Nunca relaxava ou acreditava que me apoiariam. Eu estava sempre preparada para que as pessoas me desapontassem, rissem de mim, me machucassem e me deixassem.

Chorei feito um bebê novamente, mas dessa vez não foi um alívio da dor, foi apenas um alívio. De amor. De emoção. Da mágica de estar viva. Meus sentimentos eram tão intensos que machucavam, mas de uma forma boa.

É assim que deve ser se apaixonar, pensei.

E então vi com nitidez que eu nunca havia me apaixonado, porque eu nunca tinha baixado a guarda por tempo suficiente para sentir alguma coisa como aquilo. Nunca havia me entregado antes — sempre terminava ou me afastava no momento em que percebia que poderia me machucar.

Mas naquela piscina eu me entreguei. Por alguns minutos, pude sentir profundamente em meu coração a beleza da vida, das pessoas e do cosmos. Eu era parte de algo maior que eu, algo mágico.

Algo espiritual.

Em nossa última noite, antes do jantar, depilei minhas pernas e passei um hidratante. Meus cabelos, que eu tinha mantido presos em um coque na maior parte da semana, estavam soltos e cheios de um jeito bom, e não parecendo desgrenhados e selvagens. Escolhi um vestido longo preto e branco e uma sandália de salto grosso. Olhei no espelho. Meus olhos estavam limpos e iluminados. Meu rosto tinha um brilho e eu estava sorrindo. Eu me sentia bonita.

Quando entrei na sala de jantar, Janet soltou um grito agudo.

— Olha só você!

Geoff olhou para cima e sorriu.

— Você está ótima — disse ele.

— Você também — respondi e senti o calor alcançar minhas bochechas. Ele usava uma blusa branca de linho e estava bronzeado. Geoff sustentou o meu olhar.

Olhei de volta. Seus olhos castanhos estavam firmes. Eu estava morrendo de medo.

Depois do jantar saímos para uma caminhada em grupo pelos vinhedos e olivais. Ombros nus e bronzeados brilhavam sob a luz do luar conforme andávamos em duplas e trios, conversando sobre nada e sobre tudo. Éramos estranhos uns para os outros seis dias atrás, mas agora parecíamos velhos amigos. À vontade. Receptivos. Brincalhões. Eu e Geoff estávamos andando lado a lado, atrás do restante do grupo.

— Não quero ir para casa — disse eu.

— Estou pronto — falou ele.

— A que horas é o seu voo amanhã?

— Às 9h10, então vou sair cedo. E você?

— Mais tarde, acho que às 15 horas. Preciso confirmar.

Continuamos conversando, o som de nossos pés pisando no cascalho. Pisei em um buraco e tropecei, caindo sobre Geoff. Senti o calor de seus braços enquanto ele me segurava.

Queria que ele mantivesse a mão em mim, mas ele a afastou.

Continuamos a conversar. A lua brilhando sobre nós, a natureza nos dando o cenário mais romântico possível.

Desejei que ele me beijasse. Que apenas parasse, se virasse e me beijasse.

E foi o que ele fez. Ele fez! Ele parou e olhou para mim.

É isso, é isso, é isso...

— Quase esqueci! — disse ele.

— O quê?

— A Inglaterra está jogando contra a França hoje — respondeu ele.

— O quê?

— Futebol. Inglaterra e França.

Sério? É isso o que está acontecendo? Senti como se tivesse levado um tapa na cara.

Andei mais rapidamente e o ultrapassei.

— Eles devem estar transmitindo o jogo na recepção — dizia ele, a alguns passos atrás de mim.

De volta à casa principal, uma parte do grupo ficou assistindo ao jogo enquanto a outra ficou bebendo à beira da piscina.

— E entããããããão...? — perguntou Jante, os olhos brilhando.

— Nada, não aconteceu nada. Ele ficou falando de futebol.

— O quê?

— Não estou imaginando coisas, estou?

— Não sei, querida. Esses lugares são estranhos. Nós estamos aqui contando tudo uns para os outros, é quase como uma reabilitação. Ele falou sobre vocês se encontrarem quando estiverem de volta? — perguntou Janet.

— Não — admiti.

Ela deu de ombros e me serviu uma taça de vinho.

— Dane-se! É nossa última noite, vamos nos divertir — disse ela, erguendo a taça.

— Dane-se! — respondi, brindando minha taça na dela.

Daisy apareceu, ofegante.

— Estou abraçando árvores! Venham, vocês têm que fazer isso, é tão transformador!

Olhei para Janet, que pulou da cadeira.

— Dane-se! Vamos lá.

Tiramos nossas sandálias e caminhamos descalças pela grama escura.

— Não vou contar sobre isso para as pessoas do trabalho. Eles já pensam que eu sou louca — disse Janet.

E talvez todos nós tivéssemos enlouquecido — mas não era a sensação que eu tinha.

Abri meus braços e envolvi o tronco quente e liso da árvore, que parecia prateado ao luar. Olhei para Janet e Daisy que faziam o mesmo a alguns passos de distância e rimos do quanto tudo aquilo era ridículo. Eu não ria daquele jeito desde um dia no ensino médio, durante a aula de história, em que alguém fez uma piada que se espalhou por toda a classe feito um vírus, deixando a todos, inclusive a professora, Srta. Fisher, curvados de dor de tanto rir.

Mas então, enquanto meus braços permaneceram envolvendo a árvore, as risadas cessaram.

Por um segundo, tudo parou. Nada importava. Geoff. O Grego. Sarah. A quietude da árvore virou a minha também. Senti sabedoria, paz e amor emanando do tronco. Senti as raízes puxando a árvore em direção à terra e senti sua profundidade. Uma energia se manifestou entre nós. Tudo parecia estar em seu devido lugar. Tudo parecia exatamente como deveria ser.

Aquela semana correu de modo totalmente diferente do que eu esperava. Pensei que fosse ser barulhenta e cheia de palavrões, mas foi muito mais profunda e comovente do que qualquer coisa que eu já tivesse vivido antes. Em alguns momentos, senti um vislumbre de algo grandioso. Era Deus? Ou uma energia? Ou beleza? Não importava. Eu simplesmente sabia que tudo ficaria bem. Que eu estava bem. Que o mundo era bonito, que minhas preocupações não tinham fundamento, eram irreais. *Isto* era real, conectar-se às árvores, ao céu, às nuvens e às pessoas.

Meus olhos se encheram de lágrimas diante da perfeição.

Capítulo 7

A queda do Dane-se

"E é isso o que o Dane-se faz... uma parte de você simplesmente desiste de se importar. O que importava tanto, de alguma forma passa a não importar mais. E a liberdade que vem disso é uma explosão e tanto."

As lágrimas continuaram quando cheguei em casa. Anúncios sobre sociedades de créditos imobiliários, um vídeo no YouTube sobre um povo originário em algum lugar remoto encontrando pessoas não indígenas pela primeira vez, a música "Blowin' in the Wind", de Bob Dylan, tocando no rádio... tudo era um gatilho.

Tendo passado a maior parte da minha vida pensando que sentimentos eram para pessoas fracas, indulgentes, eu os sentia em todo lugar agora. Na verdade, sentir minhas emoções e sentimentos havia se tornado meu trabalho em tempo integral. Certamente eu não estava me dedicando ao meu outro trabalho. Em vez disso eu tinha passado o restante do mês de junho caminhando em parques, absorvendo o requinte de tudo. Certa manhã, andando pelo Hyde Park, me vi chorando pela beleza dos esquilos. Sério. Esquilos!

Geoff tinha mandado algumas mensagens dizendo que também estava chorando por causa de esquilos. Eu andava pensando muito neles. Geoff ia passar o verão nos Estados Unidos, mas eu tinha certeza de que nos encontraríamos quando ele voltasse.

— E o Grego? — perguntou Rachel.

Senti culpa. O Grego ainda estava na Grécia. Ele vinha mandando mensagens sobre vir me ver em julho, mas eu lhe disse que provavelmente passaria a maior parte do verão fora.

— Achei que você gostasse dele — disse Rachel.

— E gostava. Ele é fofo, só não sei se me sinto *atraída* por ele como me sinto por Geoff. E não é um bom momento para ele voltar para Londres, ele está cuidando do pai doente.

— Não deve ser fácil.

— Não mesmo.

— Ele parece ser boa pessoa — disse Rachel.

— Ele é.

Rachel abriu a boca para dizer alguma coisa, mas desistiu. Por que as pessoas ao meu redor vivem fazendo isso?

— O quê? — Eu quis saber.

— Nada — disse ela. — Só não brinque com os sentimentos dele. Se não está mais interessada, diga a ele.

— Eu sei.

— E o que está acontecendo entre você e a Sarah?

— Nem pergunte.

Nos dias após eu ter voltado para casa a situação com Sarah se tornou, bem, uma situação. Quando voltei do retiro do Dane-se, decidi dizer um Dane-se e falar a verdade para ela. Eu estava farta de tentar agradar todo mundo, de fazer coisas que eu não queria! Estava na hora de acolher uma era de honestidade e abertura! Ela me agradeceria por isso. Eu tinha certeza. Amizades precisam de honestidade.

E então eu mandei um e-mail:

Olá,

Desculpa por ter sumido e por não ter atendido às suas ligações. Essa coisa toda de autoajuda está tomando muito espaço na minha cabeça,

A queda do Dane-se

não sei bem o motivo, mas está... Eu não tenho mais vontade de ir ao pub e ficar resmungando e reclamando, o que é meio que o que fazemos quando estamos juntas. Estou tentando ser menos negativa e menos bêbada! Mas vamos nos encontrar para tomar um café?

Com amor,

Marianne.

Acontece que ela não ficou tão agradecida pelo meu momento de honestidade.

Sua resposta foi:

Bom, esse foi um baita e-mail. Não sabia que durante todos esses anos você pensava que nós estávamos "resmungando e reclamando". Pensei que estávamos ouvindo e ajudando uma à outra. Tenho certeza de que eu estava lá todas as vezes que você precisou de um ombro para chorar. Eu não sabia que por todo esse tempo a imagem que você tinha de mim era de uma vadia negativa. É bom saber qual é a nossa situação.

Eu respondi:

Eu não acho que você é uma vadia! Eu não seria sua amiga se pensasse isso, eu te amo! Só tentei ser honesta sobre o que estava sentindo.

Sarah respondeu:

Bom, se é honestidade que você quer, aqui vai: a autoajuda não está tornando você melhor, você só pensa no próprio umbigo. Você não é a única passando por mudanças, as outras pessoas também têm coisas acontecendo na vida, não que você saiba, já que não tem mais atendido às ligações. Você mudou, e acho que é melhor a gente não se falar por um tempo.

Senti meu estômago revirar. Nunca tinha brigado com uma amiga. Foi horrível. Horrível machucar alguém. Mas todos os livros de autoajuda falavam sobre a importância de cortar pessoas negativas da nossa vida, e talvez fosse isso o que Sarah era. Uma pessoa negativa.

— Sarah é uma das pessoas menos negativas que eu já conheci — disse Rachel quando contei para ela o que tinha acontecido. — Ela sempre colocou você pra cima.

— Nós só não temos mais muito em comum — respondi. — Quero falar sobre assuntos interessantes, profundos, importantes, não ficar reclamando sobre alguma garota qualquer do trabalho.

— Mas, Marianne, é disso que todos nós falamos. É sobre o que *você* costumava falar. O que você está fazendo é...

— O quê? — interrompi.

Rachel respirou fundo antes de falar.

— O que você está fazendo é intenso, e não pode esperar que todos estejam na mesma vibe que você.

— Todos os livros alertam para o fato de que muitas pessoas não gostam quando alguém próximo muda, e de que não há uma maneira de controlar isso — respondi.

— Então você vai terminar a amizade com uma de suas melhores amigas?

— Não sei, mas no momento estamos seguindo caminhos diferentes.

Estava se tornando nítido que eu estava seguindo um caminho diferente da maioria das pessoas em minha vida.

O ponto principal desse projeto era que eu mudaria, mas o que eu não esperava era o quanto isso irritaria algumas pessoas.

A maior preocupação da minha mãe parecia ser sobre a minha decisão de dizer dane-se para preocupações com a minha aparência. No sábado seguinte à minha volta do retiro, nos encontramos para o nosso almoço e nosso passeio mensal pelas lojas. Ela olhou para os preços na Whistles e me disse quanto custaria uma peça similar na TK Maxx: sempre £16.

— Você está com um visual meio hippie — comentou ela quando nos encontramos na estação.

Ela me esperava vestida com uma calça cinza justa, um casaco impermeável, também cinza, e uma echarpe de seda bege. Seu cabelo estava ondulado, perfeitamente no lugar. Você poderia colocar a mulher em uma zona de guerra e ela sairia das trincheiras com as calças com vincos perfeitos e de batom.

— O que isso quer dizer?

— Nada, é o seu cabelo, está parecendo meio selvagem. E você está um pouco pálida. Está doente?

— Não, só não passei maquiagem hoje.

— Ah, você não perdeu sua nécessaire de novo, foi? Marianne, você perde as coisas o tempo todo...

— Não, eu só não estava no clima para usar maquiagem.

— Ah. — Ela me olhou de cima a baixo, me avaliando. — Você tem comido muito macarrão? — continuou.

— Sim, mãe. E comi bolo no café da manhã — respondi, desafiando-a a falar mais.

— Tudo bem, você vai perder peso quando voltar à rotina.

— Perder o quê, mãe? Eu não estou nem perto de precisar perder peso.

— Mas eu não disse que você estava! — respondeu ela, surpresa com a minha reação.

— Estou cansada de sempre me preocupar com o meu peso e minha aparência. Existem coisas mais importantes na vida do que ser magra e bonita, sabia? Metade do mundo está passando fome, e aqui estamos nós, contando calorias.

— Ok — disse ela.

— E, de qualquer forma, o cara que guiou o nosso retiro disse que se dissermos dane-se para dietas e para nos forçar a ir para a academia, seremos muito mais saudáveis. Estaremos permitindo que o corpo volte ao seu ritmo natural, em vez de tentar controlá-lo o tempo todo. E então vamos perceber que de vez em quando temos vontade de comer uma salada, ou de correr...

— Então você quer pedir uma salada no almoço? — perguntou ela.

— Não, eu quero macarrão.

— Mais macarrão?

— Sim!

Fomos andando até um restaurante italiano, perto de uma praça, e pedi espaguete carbonara e vinho tinto, enquanto mamãe pediu um sanduíche de frango no pão ciabatta e café. Enquanto eu colocava uma garfada generosa de macarrão na boca, continuei a articular os argumentos reunidos às pressas sobre a minha visão a respeito do patriarcado e da questão da imagem corporal.

— Vi um estudo que alguém compartilhou no Facebook outro dia no qual pesquisadores pediram que homens e mulheres participassem de um teste de inteligência. Eles obtiveram o mesmo resultado, até que tivessem que repeti-lo vestindo apenas roupas de banho. Nessa etapa as mulheres não tiveram um bom desempenho porque ficavam se preocupando o tempo todo com o próprio corpo. Pense quanta energia gastamos nos preocupando com nossa aparência. Se eu não tivesse passado minha vida inteira me preocupando com o tamanho dos meus quadris, poderia ser primeira-ministra hoje em dia!

— Você quer ser primeira-ministra? — perguntou ela.

— Não. Mas não é essa a questão. Só estou dizendo que estou cansada de ficar me preocupando com minha aparência. Existem coisas mais importantes na vida.

— Tudo bem! Pare de se importar! Daqui a pouco você estará queimando sutiãs na praça — disse ela, rindo da própria piada.

Comi mais macarrão e não falei mais nada.

Quando mamãe terminou de comer, abriu a bolsa, procurando o batom, e o aplicou olhando no espelho. Eu nunca tinha carregado um espelho ou um batom na bolsa.

— Eu só acho que é bom cuidar da aparência — disse ela. Com os lábios perfeitamente pintados. — Sempre faz eu me sentir melhor.

Eu não sabia o que dizer. Ela estava certa. Era bom mesmo.

A queda do Dane-se   165

Caminhamos até a loja Cos e ela experimentou algumas peças, e todas ficaram ótimas em suas pernas esguias. Tentei ignorar a sensação desconfortável de que a minha abordagem de dizer dane-se para minha alimentação não estava me fazendo bem algum. Experimentei uma calça pantalona de seda verde e ela marcou cada celulite na minha bunda. Ah, é, dane-se.

Pelo restante do mês, continuei a dizer dane-se para ser gentil com meus amigos, para minha aparência, e até mesmo um grande dane-se para o trabalho. Minha carreira tinha ficado em segundo plano desde que eu dera início ao meu período de autodescoberta, mas agora eu estava totalmente em greve. Após anos dedicando toda a minha energia para o trabalho, eu não estava nem mesmo fingindo interesse.

— Eu não quero escrever sobre rímel e cremes anticelulite ou por que odeio bronzeamento artificial — disse a Rachel uma noite, depois de assistir a esquilos vivendo por um dia inteiro.

— Todos nós temos que fazer coisas que não queremos — disse Rachel.

— Mas por quê? Por que todos temos que fazer coisas que não queremos? Quando aterrissamos em Gatwick na volta todos pareciam tão infelizes. Todos aqueles rostos pálidos no metrô, mas por que fazemos isso?

— Para pagar as contas.

— A vida tem que ser mais do que apenas trabalhar, pagar contas e comprar porcarias de que não precisamos.

— Mas e qual seria a solução? Vamos todos nos demitir? Não fazer nada? — perguntou Rachel.

— Por que não? John diz que o nosso problema é que lutamos contra o ritmo natural da vida e que às vezes precisamos descansar. Então, sim, você talvez deva largar o emprego que odeia, passar uma semana deitado, ou mesmo um mês, mas um dia você vai acordar querendo fazer alguma coisa. E isso vai levar a outra coisa e então você vai perceber que está seguindo um novo caminho. Um caminho que você quer seguir, em vez de simplesmente ser levado pela vida...

— E como fica o dinheiro?

— John diz que somos todos obcecados demais por dinheiro. Quando não temos, pensamos que ele seria capaz de resolver tudo. Quando o temos, nos preocupamos em perdê-lo, mas a realidade é que a maioria de nós não vai passar fome neste país. Mesmo se perdêssemos tudo, encontraríamos uma forma de seguir em frente.

Eram 22h, ela tinha trabalhado o dia todo.

— Vou tomar um banho — disse Rachel.

Eu conseguia ouvir seus passos na escada, pesados e cansados.

Eu estava deixando todo mundo irritado. Sabia disso. E não ligava. Pela primeira vez na vida eu não ligava.

Todo mundo à minha volta parecia estar vivendo uma mentira. Uma meia-vida. Eu não queria aquilo. Queria algo mais, algo diferente.

Debaixo de tudo isso de dizer dane-se estava a ideia de que temos que nos deixar levar e abrir mão do controle, e confiar que tudo vai ficar bem, que há algum tipo de força olhando por nós — seja Deus, o Universo ou qualquer outra coisa.

E eu estava começando a acreditar naquilo. Pela primeira vez em minha vida senti que eu podia abrir mão do controle, e isso era ótimo.

— Você fez o quê?

— Você me ouviu.

— Você fez yoga nua?

— Fiz.

— Yoga sem roupa nenhuma?

— Isso.

— Em uma sala com outras pessoas?

— Sim.

Helen me lançou um de seus olhares que parecia querer dizer: "Você perdeu o juízo?"

— Então só pra eu entender, você estava fazendo a postura do cachorro olhando para baixo com a cabeça na direção da bunda de alguém?

— Não, a professora arrumou todo mundo de forma que ninguém conseguisse se olhar diretamente. E as luzes estavam apagadas, então eu só vi metade de um pênis.

— Nojento.

— Não foi assim. Não era nada pervertido — disse eu. Era mentira.

Foi a única aula de yoga da qual participei em que havia mais homens do que mulheres. E uma empolgação palpável preenchia o ambiente. Consegui participar da aula até o fim porque passei noventa por cento do tempo de olhos fechados.

Mas eu não ia contar isso para Helen.

— A coisa toda tinha a ver com amar o próprio corpo e aceitá-lo como é... — continuei, com um tom de "sou uma mulher de espírito livre agora".

— Eu só não entendo por que você fez isso. Você não faz yoga nem quando está vestida.

— Ouvi falar sobre e pensei "dane-se, vou experimentar".

Helen terminou o drinque e pegou o casaco.

— Eu só acho que existe um limite e você o está ultrapassando. O que vem em seguida? Você vai entrar para a cientologia? Se juntar a uma seita?

Mas nem Helen nem ninguém poderia me colocar para baixo. Eu amava o Dane-se com todo o meu coração e minha alma. E se meus amigos e minha família não entendessem isso, bem, dane-se.

Além do mais, eu tinha feito novos amigos.

No fim da minha semana na Itália, decidi que Daisy não era assim tão ruim. Pelo menos ela tinha a mente aberta e pensava sobre as grandes coisas da vida.

Ela vinha me mandando mensagens desde que tínhamos voltado, me convidando para várias palestras como "Acolhendo sua luz interior" e "Dizendo 'sim' para tudo o que existe". Eu me surpreendi ao descobrir quantos desses eventos existiam, e também com as centenas de pessoas que compareciam a eles. Era empolgante e animador sentar em salões cheios de pessoas em busca de paz interior, sempre sorridentes e dispostas a abraçar.

No fim de junho, eu estava encontrando com Daisy quase todos os dias. Pelo que entendi, ela estava tirando um ano sabático do trabalho, por isso tinha todo o tempo do mundo disponível, o que era conveniente para mim. Ela era o meu portal para um novo mundo — um mundo de grupos de meditação e aulas de dança interpretativa, onde eu fingia estar totalmente à vontade com mulheres adultas agachadas no chão em posição fetal e homens correndo em volta, balançando os braços como se fossem pássaros, grasnando em volta do ninho.

A dança era um pouco demais, na verdade. Eu tentava encontrar o olhar de Daisy durante a aula, para compartilhar um sorriso pretensioso sobre a dança insana ocorrendo diante de nós, mas seus olhos estavam fechados. Ela estava perdida na música. Por um segundo, desejei que Sarah estivesse ali. Ela teria grasnado e batido os braços junto com os outros, enquanto se mijava de rir com o quanto tudo aquilo era ridículo. E, em seguida, teríamos ido ao pub para falar sobre cada detalhe do que tinha acontecido com o cara velho de shorts minúsculos e com a garota imitando os sons de um macaco. Teríamos bebido bastante e gargalhado até chorar.

Mas Sarah não estava ali e aqueles eram meus novos amigos. Não eram?

Capítulo 8

Liberte o poder interior,
com Tony Robbins

"Existe em cada ser humano uma poderosa força propulsora
que, uma vez despertada, pode transformar qualquer visão
em realidade, sonho ou desejo."

São 21 horas de uma quinta-feira, e 7 mil pessoas estão gritando "Sim!
Sim! Sim!" num estacionamento às escuras na zona portuária de Londres.
Está chovendo e o chão está úmido. Estamos todos descalços, e nossos
pés já estão um pouco dormentes no concreto duro e frio.

Um tambor ressoa ao longe, e nós dançamos no ritmo. Sinto como
se estivéssemos a caminho de um ritual homicida. Talvez o nosso próprio homicídio. Já assinamos um termo alertando-nos que o que vamos
fazer pode resultar em "sérios danos, incluindo queimaduras ou outros
infortúnios físicos e mentais"... e acabamos de passar meia hora ouvindo
explicações sobre o que precisamos fazer para evitar ser hospitalizados.

A multidão continua me empurrando para a frente, até que os gritos
param e o silêncio toma conta do lugar. Estamos diante do nosso destino, com brilhos em tons de cinza e vermelho na escuridão: trilhas de

carvão em brasa, as quais devemos percorrer. Quero correr, mas não consigo. Passei horas me preparando para isso. Para colocar os meus pés no carvão em brasa.

Dois homens de bandana despejam de um carrinho de mão brasas ardentes de carvão em cima dos pedaços já existentes. Fagulhas incandescentes levitam rumo ao céu noturno. Uma figura surge da escuridão e segura meu cotovelo, me puxando para a frente.

— Está pronta? — grita ele no meu ouvido.

— Sim! Sim! Sim! — grita a multidão atrás de mim. Uma multidão torcendo diante da forca.

Não! Não! Não!, grita uma voz na minha cabeça.

Mas "não" já não é uma opção.

Disseram-nos que, a partir do momento que superamos o medo de caminhar sobre carvão em altas temperaturas, somos capazes de "conquistar as outras brasas da nossa vida com facilidade".

E era isso o que eu queria. Uma vida sem medo. A melhor versão de mim mesma. A Incrível Eu.

Respiro fundo e solto um rugido — um som primitivo, de guerreira. Então dou o primeiro passo...

Minha transição de hippie que pratica yoga nua para potencial membro de uma seita veio muito mais rápido do que até mesmo Helen — ou eu — pudesse esperar, quando Daisy me convidou para ir com ela a um evento de Tony Robbins.

— Quando você anda sobre o fogo é como... — Ela olhou para o céu tentando encontrar as palavras certas. — É um daqueles momentos que muda tudo.

Ela falou isso com o fervor de alguém que tinha descoberto Deus e sexo no mesmo dia, o que logo depois acabei descobrindo que era como todos os fãs de Tony Robbins falavam. Até mesmo os homens. Talvez especialmente os homens.

De acordo com o site de Tony, o seminário *Liberte o poder interior* ajudaria a "descobrir como identificar o que você quer, derrubando permanentemente as barreiras do que estiver impedindo você de progredir, aumentando drasticamente sua energia e lucidez mental, e despertando paixão na sua vida".

Daisy já tinha ido a dois desses eventos de Tony Robbins, um em Palm Springs e outro em Londres, no ano anterior.

— Vamos lá, compre um ingresso, ele só vem pra Londres uma vez por ano — disse ela.

— Quanto é?

— Vale cada centavo — disse ela.

— Sim, mas quanto é?

Acabou que os preços dos ingressos começavam em £500 e iam até £1.200 — mas £500 por quatro dias que prometiam "revolucionar seu corpo, suas emoções, suas finanças e seus relacionamentos" eram definitivamente uma pechincha. E, considerando que o livro de Tony, *Desperte o seu gigante interior*, tinha mais ou menos quinhentas páginas, percebi que esse era o jeito mais rápido de entrar em contato com o método de Tony — e, sejamos sinceros, tempo é dinheiro.

O cartão de crédito entrou em ação novamente.

Encontrei Daisy na entrada do centro de conferências ExCeL, em Docklands. O metrô estava lotado e eu estava de ressaca, e sentia que um resfriado estava a caminho. Não estava no clima para ser abordada por mulheres felizes, com cabelos sedosos e sorriso aberto, e conversar com homens que pareciam se alimentar de shakes proteicos e força de vontade — mas esse parecia ser o público dominante ali.

— Preciso de um café — disse a Daisy.

— Você pode tomar um café depois que fizermos o check-in — disse ela, tão animada que estava literalmente saltitando. Isso estava me deixando louca.

Quando entramos na fila para o check-in, voluntários usando camisetas pretas identificando-os como "Equipe" tentaram nos cumprimentar com um *high-five*. As pessoas que estavam passando por aquela experiência pela primeira vez pareceram constrangidas e confusas, enquanto os já experientes, incluindo Daisy, deram um *high-five* de volta.

— Podemos tomar um café agora? — perguntei, uma vez que já tínhamos feito check-in, pego a pulseira de identificação e nosso caderno de anotações.

— Por que não garantimos um bom lugar primeiro e depois você sai e pega um café?

Revirei os olhos e segui Daisy rumo ao som alto de um electropop vindo da arena principal. Mais *high-fives* de estranhos. Os sorrisos estavam se tornando exagerados, e a música cada vez mais alta.

Serpenteamos por um conjunto do que mais pareciam cabines telefônicas. Cada uma tinha uma placa com um idioma: russo, chinês, polonês, espanhol, hebreu...

— É onde ficam os tradutores — gritou Daisy. Depois ficamos sabendo que as palavras de Tony estavam sendo traduzidas para 32 idiomas diferentes e transmitidas por headphones.

Quando chegamos à arena principal estava realmente lotado. As pessoas estavam correndo para garantir lugares mais próximos do palco. Daisy pegou minha mão e me puxou para a frente, disparando em direção à área marcada como "Dourada".

— Aqui está bom? — gritou Daisy por cima da música. Ela havia garantido dois lugares na ponta de um bloco. — Assim podemos dançar nos corredores *e* ter uma boa visão dos telões.

No palco, membros da equipe dançavam e batiam palmas ao som de "I Gotta Feeling", do Black Eyed Peas. Eles pareciam híbridos de apresentadores de programa infantil com gerentes de TI no happy hour do trabalho. Na plateia, diversas Daisies estavam saltitando feito líderes de torcida. Isso já era demais.

— Vou pegar um café.

Liberte o poder interior

Quando voltei, Daisy estava dançando com um homem com um lenço estampado no pescoço. Eu me sentei ao lado de uma mulher de braços cruzados. Dei um sorriso, mas ela não retribuiu. Olhei para o meu celular e comi um muffin de chocolate, e pensei em como tudo aquilo era ridículo e em como eu odiava estar ali.

Então começou a tocar uma música da Rihanna e eu me levantei para dançar. Adoro a Rihanna.

Algumas músicas depois, o grande momento e o grande homem chegaram. Ele estava vestido todo de preto, com um microfone de cabeça sem fio. Com seu bronzeado hollywoodiano, dentes branquíssimos e rosto quadrado, ele parecia o sonho de qualquer protagonista de romance de banca de jornal. E, para aumentar ainda mais o efeito, seu rosto esculpido era ampliado em proporções divinas nos telões gigantescos atrás dele.

A plateia foi à loucura.

Foi como se os Beatles e o Messias tivessem pousado em Docklands no horário do almoço numa quinta-feira.

Sete mil e quinhentas pessoas pulavam enquanto a música tocava e as luzes piscavam. As pessoas davam *high-fives*. Daisy bateu tão forte na palma da minha mão que ela ardeu. Virei para a mulher do meu outro lado.

Ela continuava de braços cruzados.

Eu tinha uma escolha: poderia me sentar junto da Srta. Infeliz pelas próximas duas horas ou embarcar na loucura.

— Vocês estão prontos? — berrou Tony, com a voz tão grave que parecia estar vindo do centro da Terra.

— SIM! — gritei de volta, junto de todo mundo.

— Quem quer ter uma qualidade de vida maravilhosa e extraordinária? Uma vida de acordo com os PRÓPRIOS desejos? DIGA EU!!!

— Eu!

E então ele disparou... Metralhando palavras como uma máquina motivacional sexy de 13 horas às 21 horas. Sem intervalos para lanche ou para almoço, apenas uma frase de efeito atrás da outra: "O amor é o oxigênio da alma", "Energia é vida" e "Troque as expectativas por valorização".

174   **Autoajude-me!**

A mensagem de Tony é que qualquer coisa é possível se pusermos nossa mente e nosso corpo no que ele chama de estado de pico. Segundo ele, todos somos definidos por nossas crenças limitantes e, se nos livrarmos delas, "o impossível simplesmente acontece".

Para provar o que dizia, Tony contou a história de uma freira de 84 anos que fazia triatlos: "Não é a sua idade que importa, é o seu psicológico!", gritou ele. Eu me vi escrevendo isso, parecia importante.

Em seguida, ele puxou uma mulher da plateia que disse que estava deprimida. Ele perguntou se ela se sentia deprimida enquanto transava e ela sorriu. Aparentemente, não. Então, e antes que percebêssemos, a mulher depressiva estava simulando um orgasmo na frente de sete mil pessoas enquanto "Let's Talk About Sex" de Salt-N-Pepa estourava nas caixas de som.

Ela estava radiante! Assim como nós! Sua depressão havia desaparecido!

Tony explicou por que a mulher estava depressiva — e não era por causa de um desequilíbrio químico ou por conta de suas experiências de vida, mas porque ela gostava de se sentir assim! De acordo com Tony — que estava rapidamente se tornando o amor da minha vida —, há seis necessidades humanas que nos guiam em absolutamente tudo o que fazemos.

A primeira delas era: Certeza/Conforto — nossa necessidade de nos sentir no controle e seguros. A segunda necessidade era o oposto: Incerteza e Variedade. A terceira necessidade era: Significado ou Importância. Todos precisamos nos sentir importantes e únicos. Tony diz que há quem extraia esse sentimento de significado do trabalho, outros de um carro bacana e outros ainda do fato de terem mil seguidores no Twitter. Tony alega que algumas pessoas obtêm esse significado até mesmo cometendo crimes — soa estranho, mas se você apontar uma faca para alguém vai, de repente, se tornar importante aos olhos dessa pessoa. A quarta necessidade era de Amor ou Conexão. A quinta necessidade era Crescimento. Segundo Tony, se não estivermos crescendo, estamos morrendo — seja o crescimento de um negócio, dos relacionamentos, da educação etc. E a necessidade final: Contribuição — "A vida não se trata de mim; se trata de nós", diz Tony.

Sempre que nos encontramos em uma situação indesejável isso acontece porque, na verdade, satisfaz uma dessas necessidades. A mulher depressiva admitiu que sua condição lhe proporcionava conforto e segurança porque lhe dava um motivo para ficar na cama e não se cobrar. Também lhe dava significado porque ela se tornava especial ao falar de sua doença. Finalmente, lhe dava amor e conexão porque estar nesta situação fazia com que sua família precisasse cuidar dela.

Uau! Isso fazia muito sentido. Tony explicou que todos nós priorizamos essas necessidades de formas diferentes. Para alguns, certeza é essencial; para outros, o desejo de se sentir especial e importante é fundamental.

Fomos instruídos a conversar com alguém que não conhecíamos sobre as necessidades que priorizávamos.

— Para mim é segurança e amor! — disse um contador norueguês na fileira atrás de mim. — Estou no mesmo emprego desde a faculdade. Eu me casei com a minha namorada dos tempos de escola. É muito seguro, mas muito chato.

— Somos opostos! — disse eu, animada por esse momento de lucidez com um estranho. — Valorizo incerteza e significado, e por isso trabalho como escritora freelancer e nunca tenho dinheiro na conta ou um plano, e estou constantemente procurando me sentir bem por meio da minha carreira.

Nós sorrimos um para o outro.

A música mudou e todos dançamos novamente.

Daisy estava tocando uma guitarra imaginária nos corredores com um homem musculoso que parecia saído da capa da revista *Men's Health*, e fiz uns passinhos de dança com o contador norueguês.

Então nos ensinaram a atingir o "estado de pico" pensando nos melhores momentos de nossa vida, aqueles em que mais nos sentimos fortes e em paz.

Pensei em praias ensolaradas, depois em mim conquistando meu diploma, ainda que eu vivesse saindo e entrando do hospital por causa da minha suspeita de câncer — e no fato de eu ser uma jornalista assalariada.

A cada vez que tínhamos esses pensamentos, éramos instruídos a "fazer um movimento", de forma que toda vez que fizéssemos esse movimento no futuro as memórias voltassem.

Balancei o pulso no ar repetidamente.

"Life Will Never Be the Same Again", música tema do filme *Carruagens de fogo*, começou a tocar nos alto-falantes — e aquilo parecia certo. A vida nunca seria a mesma novamente! Realmente não seria! Eu queria uma vida de orgasmos e triatlos! Até chegar aos 100 anos!

No fim do primeiro dia, eu estava nos corredores com os outros, dançando, gritando, rugindo. O contador norueguês estava com um olhar insano e molhado de suor.

— Acho que estou apaixonada... — gritei.

E ele:

— Eu também!

Ambos olhamos para os telões, para Tony. Nosso Deus.

O "Dane-se" tinha sido substituído por "Que foda!!".

Pobre John, não teve a mínima chance.

E assim foi durante quatro dias.

Todo momento da vida de Tony era transformado em ouro motivacional. Sua infância terrível, a mãe abusiva, os padrastos que iam e vinham... todos eles o ajudaram a ser quem era hoje: rico e bem-sucedido. E não tínhamos dúvida de quão rico e bem-sucedido Tony era, porque ele falava isso para a gente o tempo todo.

Cada história envolvia carros esportivos acelerando pela costa da Califórnia ou ele embarcando em jatinhos particulares para visitar seu resort particular em Fiji, onde ele curtia a vida com as pessoas mais poderosas do mundo. No entanto, de alguma forma, ele falava de um jeito que fazia parecer que todos nós também podíamos ter os carros, os jatinhos, as casas. Se apenas seguíssemos sua rotina de exercícios, a dieta restrita, a meditação matutina... também poderíamos ser como Tony.

Ele acreditava firmemente que todos nós éramos capazes de conquistar a grandeza, e em pouco tempo nós acreditamos também. Enquanto "Wannabe" das Spice Girls tocava dos autofalantes, anotávamos o que queríamos para a nossa vida e, assim como Susan Jeffers recomendava que fosse feito com as afirmações, escrevi meus desejos no presente — como se já fossem reais:

Tenho £100.000 no banco! Estou escrevendo um livro incrível. Tenho felicidade, liberdade, amor! Viajo de avião o tempo todo, viajo com frequência, estou apaixonada por um cara bonito e gostoso que é gentil e alto — um homem que respeita minha liberdade. Tenho um corpo esbelto, um guarda-roupa sensacional, faço escova no cabelo! Sheila, Helen e mamãe estão felizes! Eu estou feliz! Estou cheia de energia e muito produtiva. E uso aparelho para corrigir os dentes.

Voltei à minha visão original da Eu Perfeita — magra, rica, com dentes bonitos. Toda a energia zen do Dane-se tinha ido embora.

Era por isso que eu lia autoajuda — era isso que eu queria. Eu não queria uma vida normal; queria uma vida extraordinária! Assim como todos à minha volta. Era tão bom estar junto de pessoas que queriam as mesmas coisas que eu. Ser melhores. Felizes. A melhor versão de si mesmas.

— Tenho ph.D. em resultados, filhos da puta! — gritou Tony, e todos gritaram animados de volta.

O terceiro dia — chamado de Dia da Transformação — era o grande dia. Tony explicou que existem duas razões pelas quais fazemos mudanças na vida: ou porque estamos sofrendo tanto que não temos escolha ou porque as recompensas são tão boas que não podemos dizer não. Para conseguirmos fazer mudanças, precisamos focar nos benefícios que conquistaríamos com elas e também nos assustar com o pensamento do que aconteceria se não mudássemos.

Primeiro, fomos instruídos a identificar nossas crenças limitantes, as crenças que deram forma ao nosso mundo e nos impediram de conseguir o que queríamos. Enquanto tocava uma música triste, escrevi minhas duas crenças mais persistentes e limitantes: "Os homens não gostam de mim" e "Não sei lidar com dinheiro".

Tony pediu para fecharmos os olhos e imaginarmos o que aconteceria se vivêssemos nossa vida de acordo com essas crenças daqui a cinco, dez, quinze anos. Uma imagem chegou até mim instantaneamente: eu estava me olhando no espelho de um banheiro. Minha pele estava pálida. Meu cabelo estava cinza e ralo. Abri o armário do banheiro para tomar os remédios, antidepressivos, e o fechei novamente. Estava usando uma camisola branca sem caimento. Eu era uma solteirona nos meus 50 anos, mas parecia muito mais velha. O banheiro pertencia a um apartamento alugado que eu tinha dificuldade em pagar. Eu estava falida e sozinha. Imaginei-me usando maquiagem e engessando um sorriso quando ia visitar meus amigos em sua casa, animados e cercados de amor, barulho e pessoas. Forcei um sorriso conforme me sentei à mesa da cozinha deles e disse-lhes que eu estava bem, antes de perguntar como estavam e ouvi-los por horas. Então eu voltava para o meu apartamento, sozinha, irrelevante, invisível.

A visão foi tão real que foi chocante. Era assim que a minha vida seria se eu continuasse do jeito que estava. Comecei a chorar, assim como todos à minha volta.

Uma mulher à minha direita se lamentava como se tivesse perdido um filho. Um homem atrás de mim estava soluçando. "O Grito", de Edvard Munch, estava sendo dramatizado por sete mil pessoas em uma conferência em Docklands. Aquilo durou uma eternidade enquanto Tony nos dizia para sentir o horror. E nós sentimos.

Então a música mudou. Era mais leve. E soava como se pó de fada estivesse sendo salpicado pelo estádio. Essa era a nossa deixa para mudar nossas emoções.

E então fomos convidados a identificar o oposto de nossas crenças limitantes e gritar o mais alto possível. "Eu sou ótima com dinheiro!", gritei. "Os homens me adoram!", gritei um pouco mais baixo, para evitar que o homem (gato) dois assentos atrás de mim pensasse que eu era esquisita. Em seguida ele pediu que visualizássemos como seria a vida se vivêssemos de acordo com essas novas crenças.

Fechei meus olhos. Estava de volta àquele banheiro, olhando para o espelho. Mas era um espelho diferente, em um banheiro diferente. Desta vez eu estava sorrindo e cantarolando, enquanto aplicava maquiagem em meu rosto. Estava usando calças pretas coladas e uma blusa creme. Meu cabelo estava brilhoso. Eu brilhava. Uma voz me chamou da sala e eu adentrei um cômodo com grandes janelas, um sofá cinza luxuoso e arte nas paredes. A voz vinha de um homem de rosto gentil, cabelos escuros, sorridente, sentado no sofá.

— Está pronta? — perguntou ele.

— Sim — respondi enquanto me curvava para beijá-lo. Ele me puxou para o sofá e eu ri. Estávamos indo encontrar nossos amigos. Visualizei nós dois descendo a rua. Eu estava saudável, enérgica, produtiva. Alguém viva e vibrante. Era uma felicidade. Eu tinha assistido ao filme da minha vida — a versão desastrosa e a de conto de fadas.

Eu queria a versão de conto de fadas.

Começamos a trocar *high-fives* e abraços. Estávamos bem emocionados agora, como irmãos e irmãs perdidos. Homens vestindo calças jeans passadas e calças de brim se abraçavam apertado, balançando, relutantes em se soltar. Abracei Daisy com força e, quando me afastei, vi lágrimas em seus olhos. Eu chorava da mesma maneira. Estávamos vivas. Inspiradas. Apaixonadas por quem éramos, uma pela outra e também pelo mundo!

Corremos pelo lugar, compartilhando nossas visões.

— Quero ser mais para poder fazer mais! — disse uma mulher de legging roxa.

— Quero levar a mensagem de Tony Robbins para Putin. Acho que podemos alcançar a paz mundial! — falou um homem com sotaque e cabelos escuros besuntados de gel.

— Quero transar — disse Daisy. — Muitas e muitas transas!

— Eu também! — concordei.

Então escureceu novamente e permanecemos de olhos fechados enquanto a trilha sonora de *2001: Uma odisseia no espaço* reverberava pela arena. Abri meus olhos e me deparei com um mar de rostos extasiados — e por um segundo isso me assustou. Isso era como fazer parte de uma seita.

Caminhamos de pés descalços, em direção ao brilho roxo de um hotel Travelodge próximo. Nossos sapatos e meias tinham sido deixados na arena, juntos de nossas velhas crenças limitantes. Estávamos agora marchando, com a barra de nossos jeans dobrada, em direção a um novo destino.

Minha mente se apagou no momento em que pus meus pés sobre o carvão em brasa — até o meu último passo, quando senti o calor. Por meio segundo, entrei em pânico enquanto pensava no que eu estava fazendo, mas então acabou. Meus pés estavam sendo irrigados por assistentes.

Pronto, feito. Eu tinha atravessado um leito de carvão em brasa.

Foi tão fácil que quase parecia bobo. Eu não conseguia entender, mas não precisava. Deixei Tony no domingo à noite, sentindo que não apenas podia caminhar sobre o fogo; também podia caminhar sobre a água. Possivelmente até voar.

Esse era o sentimento pelo qual eu estava esperando durante toda a minha vida — o sentimento de que eu podia fazer absolutamente qualquer coisa. Esqueça todos os anos de dúvida, preocupação e solidão. Tudo isso tinha ficado para trás. Eu havia atravessado o fogo. Eu estava diferente.

Minha nova vida começaria agora.

Não havia mais espaço para a versão antiga Neurótica-E-Meio-Depressiva-Acima-Do-Peso de mim.

Estava na hora da versão Eu Perfeita.

EU PERFEITO:
O DESAFIO DE 10 DIAS DO TONY

Para alcançar a perfeição, tudo o que eu deveria fazer era seguir o Desafio de 10 dias de pura energia de Tony. Se eu me "comprometesse com toda a força", "experimentaria o poder, a vitalidade, a energia e a satisfação do corpo totalmente vivo e saudável".

A vida nunca mais seria a mesma! Começando HOJE!

- Acordo às 6h da manhã! Sento-me na cama e faço a respiração profunda de Tony, e também algo chamado "priming", que envolve pensar em tudo pelo que sou grata e tudo que vejo em meu futuro. Vejo carros chiques. Homens gostosos. Livros best-sellers. Um apartamento ótimo. E sou grata por tudo. Pela minha cama! Pelos meus amigos! Pela minha família! Pelo meu notebook!
- Vou para o andar de baixo. Fervo água na chaleira e bebo água quente com limão. Chega de café para mim (é ácido!). Ácido demais no nosso sistema causa letargia e doença! Meu corpo é agora um templo. Um templo dilapidado passando por reformas!
- Preparo uma salada para o café da manhã. Isso, salada. Abro uma embalagem de alface e corto um abacate. Sem mais geleia de laranja em pão tostado com manteiga — o pão é o demônio! Toda comida branca é do mal. Verde, essa é a cor que eu quero. Tony diz que devemos "aderir ao verde" para alcalinizar nosso corpo. Sem mais carboidratos processados também! Nada de trigo! Nada de açúcar!

Somos o que comemos! E quero ser um smoothie verde! Não vou mais ficar de ressaca, com a pele manchada; em vez disso, ela será brilhante e eu vou pular da cama repleta de energia!

- Falando em pular... Tony pula em uma pequena cama elástica chamada *rebounder* para estimular o sistema linfático e se livrar de toxinas e possivelmente se proteger contra o câncer. Eu não tenho uma. Em vez disso, pulo na cozinha durante dez minutos — Ok, talvez por um minuto — até ficar tonta. Então eu corro — Ok, ando rápido — até o topo da Colina do Parlamento, onde pulo um pouco mais. Estou estimulando meu sistema linfático!

- Continuo correndo — bem, andando rápido — enquanto agito meu pulso no ar. Espero até encontrar um lugar deserto no parque antes de gritar "Nada pode me parar!" o mais alto possível. Isso é um encantamento. Afirmações são para os covardes, o que você precisa é de encantamentos, com os quais pode *sentir* o que está dizendo e gritar a plenos pulmões. Uma mulher passeando com um cachorro Jack Russell aparece. É estranho. Continuo correndo — Ok, andando — murmurando o encantamento na minha cabeça e balançando o meu pulso de forma mais sutil, meio que abaixo da minha cintura.

- Volto para casa. Tony mergulha em uma banheira de gelo toda manhã, para impulsionar a circulação e o sistema imunológico. Eu mal me lembro de encher a bandeja de gelo e pôr no congelador — por isso mudo a chave do chuveiro e tomo banho com água gelada. Coloco minhas pernas debaixo da torrente e guincho. Isso não pode ser bom pra ninguém! Mudo a chave novamente para a água quente.

- Volto para a cozinha e preparo um smoothie verde com couve, pepino, água de coco e vitamina verde em pó (£26) em meu novo liquidificador NutriBullet (£59). Tomo um pouco da mistura de óleos da Udo's Choice (£24), o qual Tony recomenda devido às gorduras essenciais contidas. Nem todas as gorduras são ruins! Todos precisamos de gorduras boas!

- Trabalho de 9 horas às 13 horas. Sou uma máquina trabalhadora e focada. Sem cansaço. O cansaço está na mente. Escrevo outro

Eu Perfeito: O desafio de 10 dias do Tony   183

artigo sobre rímel. Faço alguns intervalos musicais para atingir o "estado de pico". Pulo ao lado da escrivaninha ao som de Rihanna e Beyoncé. Sinto-me inspirada pelo poder e pela beleza delas. Também posso ser poderosa e bonita! Ah, sim, e rica!!

- Percebo que estou preocupada que a introdução do meu artigo esteja ruim, mas me impeço de continuar nesse caminho negativo jogando os meus ombros para trás. Tony diz que a forma mais rápida de mudar seu humor é mudando sua postura. Eu me ajeito na cadeira, me sentando ereta; estufo o peito e ergo o queixo e os olhos. É isso aí!
- Salada para o almoço. Mais alface. Mais óleo da Udo's. Quero adicionar um pouco de queijo e presunto, mas Tony não gosta muito de carne vermelha e laticínios. Eu me contento com uma lata de atum, mas ele não disse alguma coisa sobre haver mercúrio no peixe? Será que eu deveria me tornar vegetariana? Sim! Talvez até vegana?
- Outra caminhada rápida. Mais encantamentos murmurados e agitos de pulso sutis.

> *Sou poderosa e forte!* Agito o pulso.
> *Faço tudo facilmente e sem esforço!* Agito o pulso.
> *Sou poderosa e bonita!* Agito o pulso.

- Duas horas da tarde. Mais trabalho. Escrevo sobre uma nova meia--calça que dizem ser a melhor de todas. Experimento-a, mas ela rasga na hora.
- Quatro horas da tarde. Faço xixi em um bastão para checar a acidez da minha urina. Sim, para mudar sua vida é necessário mudar primeiro a sua urina! Tony diz que minha urina deve ter um pH 7, mas está no 6. Isso é ruim — estou ácida!
- Bebo água. Bastante água. Água é um maravilhoso e essencial componente de toda matéria viva! Meu corpo em breve estará tão limpo quanto um riacho.
- Quatro e meia da tarde — fim de tarde, mas não preciso de cafeína, e sim oxigenar, ou, em outras palavras, respirar! Tony diz que

em vez de fazer intervalos para tomar café, deveríamos fazer dez "Respirações Poderosas" três vezes ao dia. Inspiro por oito segundos e tento segurar pelos 32 segundos recomendados, mas fico sem ar em desespero depois de dez segundos. Que ótimo.

- Mais danças e pulos. Baixo a trilha sonora do evento no Spotify.
- Seis horas da tarde — vejo o grupo de Tony no Facebook. As pessoas estão postando frases motivacionais: "Se aproprie do hoje", "Dê o primeiro passo!", "Se seus sonhos não assustam você eles não são grandes o suficiente." Mandamos mensagens uns para os outros: "Você é incrível!!" Essas são as minhas pessoas! Pessoas positivas e motivadas! Aproveitando a vida ao máximo!

> Mensagem de Daisy: *Você é excelente!*
> *Você também!!*
> *Você é fenomenal!!!*
> *Já fez xixi no bastão?*

- Sete horas da noite. Não bebo vinho — é ácido! Mata os neurônios! Vou ficar bêbada de vida!

Rachel entra logo depois de eu terminar a terceira salada do dia, e estou novamente pulando na cozinha enquanto escuto "Paradise City" dos Guns N' Roses.

— Acho que eu preferia o Dane-se— diz ela enquanto sobe as escadas.

Capítulo 9

Dura

"Se Tony Robbins é um bilionário que quer tornar o mundo
um lugar melhor, por que cobra tanto por isso?"
— Rachel

A máquina de cartão fez um bipe abafado e o atendente olhou para mim.

— Seu cartão foi recusado — murmurou ele. — Quer tentar de novo?

Senti meu rosto esquentar. Puxei o cartão da máquina e o inseri novamente, digitando a minha senha. Outro bipe.

— Foi recusado.

Ele deu de ombros.

— Não sei por quê — respondi.

Olhei na minha carteira para checar se eu tinha dinheiro suficiente, mas eu não tinha nada.

Peguei meu cartão de crédito e o entreguei para o atendente. Eu estava pagando £11,20 por um pacote de absorvente e uma garrafa de vinho tinto no crédito. Um novo fundo do poço.

Quando cheguei em casa, me servi de uma taça do vinho. A fase Eu Perfeita havia durado oito dias — Ok, foram cinco. Cedi quando Rachel se serviu de uma taça de vinho branco e ele parecia tão bom e eu salivei... e, de qualquer forma, era uma noite de sexta-feira e...

— Vou tomar só uma taça — disse. — É fim de semana, uma taça não vai me matar.

Uma taça acabou se transformando em uma garrafa.

— Não sei por que você faz isso consigo mesma. Você se sabota estabelecendo esses padrões inalcançáveis — comentou Rachel.

— Eu sei... Odeio beber tanto e comer tanta besteira... Queria colocar minha vida nos eixos...

— Mas por que tem que ser tudo ou nada? — perguntou ela.

Rachel era como minha mãe — discreta, moderada, bem-sucedida em fazer as coisas sem drama algum. Ela não precisava de seminários motivacionais ou vídeos do YouTube. Fazia mais coisas antes de ir para o trabalho do que eu ao longo de um dia inteiro. Não baixava aplicativos de produtividade de £10; escrevia listas de tarefas no verso de envelopes e riscava cada item.

Embora eu soubesse que o ponto de vista de Rachel fazia sentido, estava determinada a me manter alinhada ao estilo de vida de Tony. Então, passei o resto do mês de julho em um vai e vem entre salada no café da manhã e bolo no almoço, suco verde seguido de café antes de finalmente desistir. Em meados de agosto eu já estava de volta a programas de TV ruins e vinho barato — vinho este que, a propósito, eu não tinha mais condições de pagar.

Quando cheguei do supermercado, fiz algo que não fazia desde fevereiro: entrei no aplicativo do banco. Senti um calafrio quando me deparei com a minha situação financeira: £3.200 negativas. Merda. Merda. Merda. Como havia chegado nesse valor?!

Desci a tela examinando minha fatura, passando por gastos com café, vinho, pub, mais um pub, livros, mas então me deparei com um que não reconheci: £92 – COBRANÇAS. Que cobranças? Alguém havia hackeado a minha conta!

Liguei para o Barclays, meu banco.

— Alô, acho que há uma atividade suspeita em minha conta. Noventa e duas libras foram debitadas em uma cobrança que não reconheço. Acho que alguém pode ter clonado meu cartão.

Dura

— Sinto muito por isso, deixe-me acessar seus dados bancários... — disse o homem do outro lado da linha. — Sim, estou vendo aqui, £92...

— Pode me dizer do que foi isso e se a pessoa gastou algo mais?

— Essa é a cobrança mensal pelo uso de seu cheque especial.

— O quê?

— São £3 por dia para qualquer valor acima de £1.000.

— O quê? Desde quando? Por que não fui avisada?

— Foram enviadas duas cartas a você com essa informação — respondeu ele. — Você não as recebeu?

— Não sei... Não leio todas as cartas... Sou muito ocupada... Como vocês podem fazer isso? Não é certo cobrar £3 por dia! Desde quando essa cobrança está sendo efetuada?

— Ela foi introduzida há dois meses.

Desliguei e fui para o quarto, onde havia uma pilha de correspondências fechadas em minha escrivaninha — as cartas estavam lá, junto de cobranças do cartão de crédito e um aviso informando que eu estava atrasada no pagamento do meu VAT, um tipo de imposto do Reino Unido. Senti um pânico pegajoso tomando conta de meu corpo. Isso era ruim. Muito ruim.

Droga! O que eu vinha fazendo nos últimos seis meses? Por que não estava mais trabalhando? Eu trabalhava tanto, de verdade! O que aconteceu? Eu tinha começado este projeto querendo me tornar mais eficiente e bem-sucedida — mas, conforme o ano foi passando, disse dane-se para tudo e achava que *O Segredo* iria resolver as coisas.

Após passar todo o mês de fevereiro chorando por conta da minha condição financeira e jurando que iria mudar, voltei para os meus antigos hábitos. Não consegui tornar um hábito essa coisa de consultar o saldo bancário todos os dias, me distraí criando quadros de visualização com imagens de abobrinhas e tapetes de yoga e assinando cheques fictícios de cem mil libras. Entrei em uma absurda bolha de autoajuda. *O dinheiro chega a mim facilmente, sem esforço.* Que monte de merda! Nenhuma citação motivacional ia pagar minhas dívidas. E era evidente que aquele cheque do Universo não tinha fundos.

188   Autoajude-me!

Andei de um lado para o outro no quarto. *Merda, que grande idiota eu sou.*

Eu não sabia o que fazer. Minha próxima fatura do cartão chegaria em dez dias. O total era de £120 — uma quantia que eu não tinha.

Eu estava ficando muito assustada. Precisava sair do meu corpo — da minha cabeça. Eu não podia mais ser eu.

Fui até a cozinha e me servi de um grande copo de uísque antes de ir para a sala e deitar no sofá. Liguei a televisão. A família Kardashian estava discutindo por causa das novas roupas que Kanye tinha comprado para Kim. Bebi mais uísque e peguei no sono. Quando acordei, Lindsey Lohan estava na tela, chorando. Ela estava prestes a ser despejada do hotel onde estava morando.

Quando Rachel desceu a escada na manhã seguinte, eu ainda estava no sofá, com a mesma roupa do dia anterior. Estava chorando de novo. Dessa vez não era por causa da beleza de esquilos ou por um anúncio de sociedades de créditos imobiliários — era pela minha estupidez.

— Quer que eu te empreste algum dinheiro? — perguntou Rachel.

— Não. Obrigada, mas não. Esse problema é meu, e tenho que resolver sozinha.

— Quer que eu me sente com você e ajude a organizar seus gastos? Poderíamos fazer um orçamento, traçar um plano.

Fazer um orçamento, traçar um plano. Duas frases que me faziam suar frio. Ela já havia oferecido antes, mas eu sempre arrumava desculpas. Não me restavam mais desculpas agora.

Naquela noite, paramos para avaliar a minha situação.

— O que foram essas £56 na Waterstones? — perguntou Rachel.

— Não sei — respondi. — Livros?

— Quais livros?

— Não sei... provavelmente de autoajuda.

Encontrei a nota. Um livro sobre organização doméstica, outro sobre alimentação sem açúcar e um terceiro sobre dieta baseada em sucos. Eu me lembrava de ter folheado o livro sobre alimentação sem açúcar no café que ficava no segundo andar da livraria, lendo uma receita de espaguete de abobrinha enquanto tomava chocolate quente e comia uma fatia de bolo de cenoura. Ainda não tinha feito nenhuma receita do livro e sequer abri o livro sobre dieta de sucos ou *A mágica da arrumação*, de Marie Kondo. Muito pelo contrário, os exemplares tinham apenas se somado à tralha acumulada no quarto.

— E essas £55 no Whole Foods? — perguntou Rachel.

— Vitaminas — respondi.

— Você está gastando £55 em vitaminas?

— Sim, mas achei que elas me dariam mais energia, e aí eu conseguiria fazer mais coisas e sairia do buraco.

Depois que falei, me dei conta de como aquilo soava delirante.

— Marianne... — disse ela.

Comecei a chorar outra vez.

— Eu sei, eu sei, por favor, não diga nada.

Mas ela continuou — pelos meus voos à Itália, minha conta do bar do Dane-se...

— E essas £500?

— O curso de Tony Robbins.

— Custou £500?

— Sim.

— E quantas pessoas havia lá?

— Sete mil.

— Ele ganhou milhões em poucos dias. Se Tony Robbins é um bilionário que quer tornar o mundo um lugar melhor, por que cobra tanto por isso? — perguntou Rachel.

— Se você não paga por essas coisas, então não dá valor a elas, não as leva a sério. E ele doa muito dinheiro para a caridade.

Eu não contei a ela que comprei o ingresso mais barato, que algumas pessoas tinham desembolsado £1.200 para se sentar mais perto do palco e que durante boa parte do evento tentavam nos vender mais produtos, cursos mais caros, como o curso Maestria nos Negócios e a semana de Encontro com o Destino — ambos custando muitos milhares de libras.

Em intervalos regulares, Tony convidava pessoas ao palco que falavam por 45 minutos sobre como aqueles produtos mudaram a vida delas. Ouvimos várias vezes que aquelas pessoas tinham feito investi-

190 Autoajude-me!

mentos em si mesmas que transformaram sua receita de US$10.000 em um milhão.

A mensagem era explícita: não ter dinheiro era uma desculpa, essas coisas eram investimentos — investimentos que trariam recompensas. Mas quando? Quando as recompensas chegariam? Eu já estava no sétimo mês do meu experimento e não via nem sinal delas. Toda ascensão veio acompanhada de uma grande queda. Minha vida profissional era errática, minhas amizades estavam sofrendo, minhas finanças... Bem, minha incapacidade de lidar com dinheiro parecia representar todos os meus defeitos: minha preguiça, minha imaturidade, minha autoindulgência... que havia aumentado com meu consumo de autoajuda.

Comecei a ver como a autoajuda pode ser perigosa para alguém como eu. Eu amava me descolar da realidade — era o meu ponto forte. A autoajuda me permitiu fazer isso intensamente. Eu estava muito ocupada lendo livros, fazendo inúmeras afirmações e sonhando grande para me preocupar com besteiras como ganhar dinheiro suficiente para pagar as contas.

Sabe Kate Northrup? Minha guru do dinheiro? Sabe como ela começou a se endividar? Fazendo diversos cursos de desenvolvimento pessoal. Sério. Ela escreveu um livro de autoajuda sobre como parar de dever dinheiro por causa da autoajuda. Ignorei essa parte quando li o livro. Mas autoajuda é um negócio — e dos grandes. E está vendendo a mesma coisa que empresas de roupa, comida e bebida: felicidade.

Será que podemos comprar mais felicidade em um evento de quatro dias no centro de conferências ExCeL do que na forma de uma boa viagem planejada ou um carro novo?

— É como um livro de Nick Hornby, quando o sujeito percebe que tem sido um perfeito idiota — disse Rachel.

Não conseguia lembrar se havia finais felizes nas histórias de Nick Hornby.

O telefone tocou, era Daisy.

— Estou comprando passagens para ir à Índia em janeiro, quer ir comigo? — perguntou ela.

— Não posso, estou dura.

— Não diga isso.

— Ok, tudo bem, eu não tenho condições de ir!

— Não existe isso de não ter condições!

— Eu cheguei ao nível de comprar um pacote de absorventes no cartão de crédito — resmunguei.

— Você já leu *A lei de atração*?

Ou ela não escutou meu tom ou escolheu ignorá-lo.

— Não.

— Você tem que ler, vai te ajudar muito. Ou então E^2, de Pam Grout, ou aquele da Marianne Williamson que é incrível... *The Law of Divine Compensation*. Vamos, você só precisa mudar sua visão sobre o dinheiro e ele virá. O mundo é abundante, lembre-se disso.

Não me parecia muito abundante naquele momento. Perguntei-me como Daisy bancava todos aqueles cursos e viagens. Ela tinha ido até os Estados Unidos para o evento do Tony Robbins no ano passado e passou um tempo na Espanha para um detox por meio de sucos em setembro. Como pagar por toda essa busca espiritual ao redor do mundo? Ela deve ter guardado algum dinheiro quando estava trabalhando. Da mesma forma que todo mundo fazia — sem que eu percebesse.

— Você ainda está aí? — perguntou Daisy.

— Sim. Desculpa, estou.

— Você já considerou ir a um encontro dos DA?

— O que é isso?

— Devedores Anônimos. É como os Alcóolicos Anônimos, mas para pessoas com problemas financeiros.

— Não! Qual é, não estou tão mal assim.

— Minha amiga vai e acha que ajuda. Ela não deve mais, só que alguns anos atrás se envolveu em uma situação com cartões de crédito de lojas... Ela diz que os encontros a ajudam a se manter na linha. Ela vai em um encontro em Knightsbridge. Posso te colocar em contato com ela se quiser.

— Não sei, isso parece um pouco demais.

— Mas se você tem um problema com dinheiro, isso pode ajudar.

— Vou pensar — respondi antes de me despedir e assistir televisão o fim de semana inteiro.

Para colocar mais sal na ferida, três dias depois o Grego ligou pelo Skype.

— Serei padrinho no casamento de um amigo no fim do mês. É em uma das ilhas... — contou ele.

— Parece lindo — comentei, sonhando com céus azuis e um mar ainda mais azul.

— Então, pensei em... — Ele limpou a garganta. — Você gostaria de ir como minha acompanhante? Vai ser um ótimo casamento, com pessoas legais. Eu ia adorar que você fosse. — E continuou: — Quero voltar para Londres, mas é impossível deixar meus pais agora. Achei que esse pudesse ser nosso segundo encontro... Não precisa se preocupar com nenhum gasto, é só comprar as passagens.

Então, fiz a única coisa que uma garota que estava sendo convidada para um encontro em uma ilha grega poderia fazer. Eu disse "não". Eu não apenas não podia comprar as passagens como também não sentia que merecia. Eu estava me punindo.

Também estava, irritantemente, pensando em Geoff. Não que ele estivesse pensando em mim. Toda vez que eu acessava o Facebook, ele estava postando fotos com garotas aleatórias.

Eu conseguia ouvir a decepção na voz do Grego.

— Tudo bem — respondeu ele. — Espero que mude de ideia.

Gemma ligou e contei sobre o convite.

— Se você não entrar naquele avião e se divertir, vou até aí enfiar você em um — disse ela. — Vou te emprestar o dinheiro.

— Não posso aceitar.

— Sim, pode. A vida é curta, você tem que aproveitá-la.

— Eu não mereço aproveitá-la. Fiz uma grande bagunça, tenho sido irresponsável com dinheiro e não posso pegar um avião novamente. Não posso acreditar em quão preguiçosa tenho sido. Estou com nojo de mim mesma.

— Você não é preguiçosa. É uma das pessoas mais trabalhadoras que conheço. Você está tomando outro rumo esse ano, mas está tudo bem, sabe que sempre pode arrumar um trabalho. O que Sarah disse sobre isso? Aposto que disse para você ir.

Não contei para Gemma que eu não estava falando com Sarah porque Gemma a adora, mas eu sabia o que Sarah diria. Ela teria me falado para dizer dane-se para os cartões de crédito, ir até lá e me divertir. Teria me impedido de sucumbir em autopiedade. Ela teria me dito para agarrar a vida com as duas mãos...

Mas Sarah não estava mais por perto e eu era orgulhosa demais para ligar para ela. Eu também estava envergonhada demais para aceitar a oferta generosa de Gemma de me pagar uma aventura à la Shirley Valentine.

— Você está fazendo o quê?

— Estou indo a um encontro de Devedores Anônimos com uma amiga de Daisy.

— Você não acha que isso é um pouco exagerado? — perguntou Rachel.

— Não, eu tenho um problema com dinheiro e isso pode ajudar.

— Apenas trabalhe um pouco mais, isso não resolveria os problemas?

Mas eu não queria ouvir a razão. Estava mergulhada na espiral de autopiedade/autoajuda na qual todas as respostas tinham que ser encontradas em alguma forma de terapia ou autoanálise. Então, peguei o metrô para Knightsbridge, uma das áreas mais ricas de Londres, para conversar com pessoas tão duras quanto eu. Ou talvez até mais — ao menos era isso o que eu estava esperando, que a vida deles estaria tão bagunçada que eu me sentiria melhor.

De um modo irritante, não foi assim. Parecia haver uma escassez de detalhes nas histórias que as pessoas contavam. Eu estava desesperada para que alguém dissesse que estava acumulando £100.000 em dívidas no cartão de crédito apenas para que eu pudesse dizer: "Olha, eu não estou tão mal."

194   Autoajude-me!

Mas ninguém fez isso. Em vez disso, ouvi falarem sobre a vida no geral e então eu me levantei e disse as famosas palavras: "Olá, meu nome é Marianne e estou próxima de uma dívida de vinte mil libras."

Eu me senti mais exposta do que quando me sentei nua naquela cadeira de escritório na prefeitura.

Mas, conforme ouvia as pessoas, sabia que estava no lugar errado. De acordo com o DA, minhas dívidas eram uma doença, algo que eu não podia controlar. Mas aquilo me pareceu uma mentira: eu podia controlar e eu não queria fingir o contrário.

No dia seguinte, liguei para o StepChange, uma instituição que oferece conselhos sobre educação financeira gratuitamente. Chorei ao telefone enquanto explicava minha situação. Uma mulher pacientemente me deu várias opções, incluindo declarar inadimplência sobre meus cheques especiais e cartões de crédito e deixá-los tomar conta da situação e negociar um programa de financiamento para o pagamento. Isso iria detonar completamente o meu crédito, mas se eu estivesse doente e incapaz de trabalhar, não podendo arcar com gastos de moradia ou para alimentação de dependentes, era uma opção, explicou ela. Eu me senti ainda mais enojada de mim mesma do que na noite anterior. Eu não estava doente. Estava apta para trabalhar. Tinha uma carreira brilhante, pelo amor de Deus, sem dependente algum para cuidar e nenhuma hipoteca para pagar. Minha bagunça financeira surgiu por causa de mim — e eu podia me tirar dessa. Agradeci à mulher do outro lado da linha e desliguei o telefone. Não merecia a compaixão dela. Merecia um grande chute na bunda.

E pelo restante do mês de agosto, decidi parar com autoajuda e transferir todas as minhas energias em ajuda de verdade — isto é, trabalhar e ganhar dinheiro. Pratiquei a Terapia da Rejeição e enviei e-mails a todos os editores que conhecia ou não. Durante quatro semanas, trabalhei sem parar, das 7 às 19 horas. Não foi *O Segredo* que me ajudou, e sim eu mesma. Testei diferentes velocidades de secagens de vinte secadores de cabelo, escrevi um artigo sobre um xampu de cavalo que havia viralizado entre os humanos. Passei dois dias com uma maquiadora que pintou meu rosto para parecer com Jack Nicholson, em *O Iluminado*. Com direito à porta de madeira e tudo. Escrevi sobre cintas modeladoras corporais de verão (que ainda me faziam suar em lugares onde eu não queria). Cobri um documentário da BBC sobre cirurgia de ponta para animais — incluindo uma operação para remover catarata em Rosemary, a orangotango; neurocirurgia para Tiara, a tigresa; e uma prótese de rabo para Fuji, o golfinho. Escrevi sobre protetores solares. Novamente. Fui em uma casa de leilão comprar malas que foram para o Achados & Perdidos do aeroporto Heathrow e nunca foram reivindicadas...

Nunca me senti tão grata pelo meu trabalho. Do que eu vinha reclamando? Eu era tão sortuda por ganhar dinheiro fazendo coisas divertidas e interessantes — por que eu queria mais? Só precisava crescer e parar de ser uma garotinha mimada. Ser prática, em vez de emocionada. Agir e não me perder no meu delírio egocêntrico.

No fim do mês eu não estava de novo no verde, mas pelo menos as dívidas estavam sob controle. Não sabia mais se deveria voltar ao mundo da autoajuda. Talvez fosse hora de voltar à realidade. Encarar os fatos.

— Acho que era isso que você deveria aprender de toda essa experiência — disse Sheïla ao telefone. — Que sua vida era ótima do jeito que estava.

Mas realmente era? Era feriado bancário de agosto e fui convidada para um churrasco por um amigo e ex-colega de trabalho. Não queria ir, mas, depois do que aconteceu entre mim e Sarah, eu estava com medo de afastar mais pessoas. Peguei o ônibus de Archway para Clapham. Levou duas horas e meia, mas ir de ônibus era mais barato que de metrô e eu estava sendo uma mártir.

— Há quanto tempo não nos vemos? — disse outro colega, Tom, que havia aberto a porta e me levado até o jardim. — O que tem feito? Ainda escrevendo? Não tenho lido nada seu ultimamente.

— É, tenho escrito algumas coisas, mas não tanto quanto antes.

— Nem me fale — disse ele. — Até mesmo minha mãe não acredita mais que sou um jornalista. Ninguém tem recebido nenhuma pauta ultimamente. O jornalismo está indo para o buraco...

Outra colega, Leslie, se juntou a nós com um hambúrguer de pão preto em um prato descartável.

— O jornalismo está morto — concluiu ela entre mordidas. — A mídia impressa está morta. Agora os jovens estão escrevendo em blogs... Me pediram para escrever algo para um site novo outro dia. Perguntei quanto eles pagavam e me responderam: "Nada, mas é uma boa divulgação para você." Divulgação? Sou uma jornalista. Escrevo para pagar as contas...

E eles continuaram com a discussão sobre a morte da indústria. Era deprimente, então tentei oferecer uma visão mais otimista.

— É, mas o mundo está mudando, não adianta ficar se lamentando sobre isso. Precisamos fazer o melhor que pudermos no mundo em que estamos.

— E como a gente faz isso? — perguntou Leslie.

— Podemos fazer muita coisa que não podíamos antes: olhe para todas essas pessoas fazendo fortuna no YouTube... Você pode fazer tudo do seu quarto — respondi.

— Não passei vinte anos na Fleet Street pra gravar vídeos no meu quarto.

— São essas pessoas escrevendo de graça que estão matando nossa indústria — comentou Tom.

Pedi licença para ir ao banheiro e me esgueirei até a cozinha, sentindo o aroma de chips de tortilhas laranjas brilhantes antes de me juntar a outro grupo concentrado num coro de tristeza e lamentação sobre "Você já viu o preço de uma quitinete em Clapham nos dias de hoje?".

Essas pessoas eram mais capazes de honrar suas dívidas e eram mais bem-sucedidas do que eu. Elas tinham filhos, hipotecas, pensões e planos para o feriado enquanto há algumas semanas tive que comprar absorventes no crédito — mas, por Deus, como eram infelizes. E eu não queria ser assim.

— Estou indo — avisei depois de duas horas.

Ninguém pareceu desapontado. Caminhei pelo jardim para mais algumas despedidas e fui parada por uma mulher de uns 60 anos com o cabelo pintado de preto preso em um coque bagunçado no topo da cabeça.

— Eu sou Victoria — disse ela, estendendo a mão para mim. Suas unhas eram longas e roxas.

Ela era uma escritora feminista que eu conhecia de nome. Uma dessas mulheres ferozmente brilhantes que tinham ido a protestos relacionados aos direitos das mulheres, salários igualitários, à Greenham Common (a ocupação civil feita na base Greenham Common da Força Aérea Real em 1982, contra a presença de armas nucleares estadunidenses durante a Guerra Fria)...

— Está se divertindo? — perguntou, com uma das sobrancelhas erguida.

— Não, na verdade, não. Estou indo embora.

— Duro, não é? — Ela riu, completando o vinho em nossas taças. — Você também é jornalista?

— Sim, meio que sou.

— Sobre o que você escreve?

— Escrevo muito sobre rímel — respondi fazendo piada, mas ao mesmo tempo me sentindo constrangida.

Ela escreveu sobre coisas relevantes. Política. Feminismo.

— Mas eu andei ocupada com outro projeto esse ano...

Contei a ela sobre os livros de autoajuda. Achei que ela poderia ficar impressionada e poderíamos nos unir como as pensadoras mais astutas do que os outros à nossa volta.

Eu estava errada.

— Por que você precisa de alguém lhe dizendo como viver a sua vida? — vociferou ela, bebendo uma grande quantidade de vinho branco quente. — Não pode descobrir como fazer isso por conta própria?

Abri minha boca para responder alguma coisa do tipo: "Sempre houve a necessidade de recorrer à filosofia e à religião para nos ajudar a viver bem", mas não tive a chance...

— Sua geração — continuou ela, balançando a cabeça e entortando o lábio — se resume a eu, eu, eu.

Ela deu um trago no cigarro.

— Auto-obssessão e narcisismo. Na minha época tínhamos coisas maiores pelas quais lutar. Problemas. Injustiças.

E então, para terminar de me escorraçar, ela disparou:

— Livros de autoajuda só servem para tornar pessoas neuróticas mais neuróticas.

Depois disso, não me importei mais com despedidas. Peguei minha bolsa na sala, saí e comecei a caminhar.

Mas que vaca! O que ela sabe? Posso até ser autoindulgente, mas ela estava irritada, amarga e bêbada! Estava com inveja de mim! Sim, era isso. Ela estava com inveja! Sou mais jovem e tenho toda a vida pela frente e ela não!

Continuei caminhando, passando por pessoas normais fazendo coisas de sábado normais, segurando bolsas de supermercado e caminhando com bebês em carrinhos. Esperava que, se eu continuasse caminhando rápido o suficiente, conseguiria ultrapassar o sentimento mesquinho que estava borbulhando em mim... o sentimento do qual eu estava fugindo há meses... o sentimento de que ela estava certa, de que eu *era* uma mimada, uma autoindulgente que deveria estar pensando na paz mundial e nos direitos das mulheres, e não se a minha casa dos sonhos deveria ser em Los Angeles ou Londres... Eu precisava crescer, juntar dinheiro para um apartamento... ser responsável. Ser como todo mundo. Seguir com o fluxo.

Mas então pensei nos meus antigos colegas que fizeram tudo aquilo. Estavam todos riscando tarefas, como em uma lista, fazendo o que lhes foi dito para fazer. Sim, tinham as casas, as férias, as famílias — mas nenhum deles me parecia feliz.

Nunca me senti como eles e agora menos ainda.

Não sabia mais onde era o meu lugar. O mundo real ou o da autoajuda.

E então meus dois mundos colidiram.

Na segunda de manhã, meu editor ligou.

— Há uma pesquisa que diz que 39 por cento das mulheres britânicas acreditam em anjos. Há uma enorme indústria surgindo em torno disso. Você poderia escrever a respeito? Descobrir por que é tão popular?

Capítulo 10

Angels,
de Doreen Virtue

"Todos nós temos anjos que nos guiam...
Eles cuidam de nós. Nos curam, nos tocam, nos confortam
com mãos cordiais e invisíveis..."

Na infância, eu acreditava em anjos, em Deus, na coisa toda. Em minha família irlandesa, Maria, Jesus e os anjos guardiões eram o pano de fundo — no caso dos meus avós, isso era quase que literal, já que na casa deles havia imagens de Maria e Jesus em molduras douradas baratas com uma luz vermelha brilhante embaixo para representar o Espírito Santo.

Mau gosto católico em sua melhor representação.

Meus pais nos criaram com a religião por uma espécie de lealdade cultural. E também pelo desejo de nos ver frequentar uma boa escola. Deus, como era entendido, era um forte reforço para boa ortografia e boas maneiras — então, dos 4 aos 18 anos, estudei em uma escola de freiras onde eu acreditava em Deus com tanta certeza que achava que era mentira quando pessoas diziam que não acreditavam. Achava que estavam tentando ser descolados, como quando eu fingia gostar da banda The

Cure. Para mim, era tão estúpido quanto dizer que não acreditavam no céu ou nas árvores. Deus era um fato.

Eu rezava toda noite antes de ir para a cama: primeiro o Pai Nosso, depois a Ave Maria e, naturalmente, uma oração para minha anja da guarda.

Oh, anja de Deus, minha querida guardiã, a quem Deus me entrega, esteja sempre ao meu lado para iluminar, guardar, ordenar e guiar. Amém.

Minha anja da guarda era uma companhia diária que esteve comigo durante as provas escolares e meu medo sempre presente de que um ladrão invadisse minha casa enquanto eu estivesse dormindo. Toda noite eu rezava para ela, apagava as luzes e, quando praticava me fingir de morta (eu achava que os assassinos não me matariam se eu já estivesse morta em minha cama), eu a imaginava voando sobre mim, com suas asas douradas batendo, igual a Sininho. Ela era bonita. Assim como todos os anjos deveriam ser.

Aos 18 anos, de repente, todas as coisas relacionadas a Deus pararam. Quando deixei a escola católica, abandonei minha fé do mesmo jeito que se descarta um ursinho de pelúcia da infância — sem sequer ter consciência do que estava fazendo. Eu me sentava na igreja em casamentos esperando sentir alguma coisa, mas não sentia nada. Nadinha. Então, com quase 30 anos, minha antipatia se transformou em raiva quando as notícias sobre os abusos infantis na Igreja Católica vieram à tona. Tendo rezado durante toda a minha infância como uma boa garota, a religião se tornou repulsiva para mim, e a ideia de anjos da guarda, nada mais do que uma fantasia infantil.

Então, fiquei perplexa quando descobri que tantos adultos acreditavam neles.

Entre em qualquer livraria e você vai encontrar estantes inteiras com livros dedicados a ajudar na comunicação com anjos, assim como cartões de anjos (com mensagens inspiradoras, supostamente enviadas por eles) e CDs sobre meditação de anjos.

Angels 201

Decidi investigar — feliz pelo fato de que agora estava sendo paga para fazer autoajuda. E, quem sabe, talvez eu conseguisse recuperar parte da fé que me deu tanto conforto quando criança...

Se a autoajuda tradicional é algo que a gente costuma associar a homens norte-americanos empolgados como Tony Robbins, a "terapia dos anjos" é o tipo de autoajuda que eu associo a lojas de cristais e mensageiros dos ventos. E a rainha desse mundo de cristal é Doreen Virtue, que escreveu quarenta livros sobre o tema. Quarenta.

Doreen descobriu os anjos durante um roubo de carro — uma maneira bem animadora de descobri-los, na minha opinião. Ela alega que, antes de entrar em seu carro, ouviu uma voz masculina na sua cabeça dizendo para que não dirigisse, mas a ignorou. Quando estava estacionando, foi abordada por dois homens armados. A voz voltou a falar com ela, instruindo que gritasse.

Foi o que ela fez. A ajuda apareceu, uma tragédia foi evitada e hoje em dia Doreen ganha a vida falando com anjos, viajando pelo mundo para dar oficinas sobre eles e também vendendo um sem-número de produtos temáticos.

Fui à Waterstones, em Picadilly, e encontrei três livros de Doreen empilhados em uma estante catalogada como "Anjos". Ela estava próxima de *Angels in my Hair*, de Lorna Byrne, a mulher irlandesa que alega vê-los desde criança, e Diana Cooper, dona de uma lista de obras que incluía um livro de colorir de anjos.

Para ter certeza, comprei três dos clássicos de Doreen: *Angels 101*, *How to Hear Your Angels* e *Messages from Your Angels*. Foi apenas quando cheguei em casa que percebi o meu padrão — por que comprar um livro cujo tema você nem acredita quando pode comprar vários?

Comecei a ler *How to Hear Your Angels* e aprendi que cada um de nós tem pelo menos dois anjos da guarda: um deles é extrovertido e incentiva você, e o outro é mais gentil e oferece conforto "quando o seu encontro de sexta-feira à noite não aparecer".

Meu encontro de sexta-feira à noite *nunca* aparece, Doreen.

Anjos da guarda não são espíritos de pessoas amadas que já morreram, e sim mensageiros de Deus. Doreen alega que não precisamos ser religiosos para falar com eles — mas isso me confundiu. Se não acreditamos em Deus, como podemos acreditar que ele tem mensageiros — com asas?

E eles realmente têm asas, de acordo com Doreen — segundo ela, eles são parecidos com os anjos que vemos nos cartões de Natal. No entanto, não usam as asas como "meio de transporte". "Nunca vi um anjo batendo asas", continua ela. E quem já viu, Doreen?

Acabei pulando as primeiras páginas, esperando que fosse melhorar — apenas para me ver lendo o currículo dos 15 Arcanjos, que estão um patamar acima dos anjos da guarda na estrutura gerencial angelical.

Acontece que o arcanjo Jofiel é o anjo "Feng Shui", nos ajudando com a desordem. O arcanjo Miguel, por outro lado, parece que pode ser considerado um faz-tudo: "Você pode pedir que ele resolva problemas mecânicos ou elétricos." Mas nunca diga que Miguel não é versátil, porque você também pode pedir que ele "o ajude a se lembrar do seu propósito de vida e dê a você coragem para cumpri-lo".

Comecei a fazer anotações nas páginas desses livros com um sistema altamente complexo de anotações literárias: "Quê?!!!"

Entre esses está um em que Doreen sugere que você peça aos anjos que lhe deem "um atendente atencioso, simpático, amistoso e competente quando telefonar para uma companhia aérea buscando uma reserva" (você também pode usar os anjos para dispensar a fila de check-in, aparentemente). Ou um em que ela nos informa ter visto "alguns cavalos e até um porquinho da Índia rondando por aí como anjos guardiães".

Não precisa de muito mais para fazer *O Segredo* parecer racional.

A cada página, eu ficava pensando: "Já são cinco minutos da minha vida que nunca mais vou recuperar." Não acreditava naquilo. Nem um pouco. Na verdade, isso me deixou lívida. Mas qual proveito milhões de pessoas estavam tirando disso? O que elas estavam vendo que eu não via?

Angels   203

★ ★ ★

Doreen diz que podemos pedir ajuda aos anjos para qualquer coisa a qualquer hora. Eu não sabia o que pedir, então comecei um bate-papo básico.

— Olá, anjo! — disse em volta alta na cozinha quando Rachel saiu para trabalhar.

Eu me senti idiota. Não havia plumas, luzes ou aroma doce — sinais que Doreen diz que os anjos dão a fim de anunciar sua presença —, apenas os sons dos ponteiros do relógio da cozinha e do rádio que estava ligado no andar de cima.

— Você tem uma mensagem para mim? — perguntei ao cômodo vazio.

Mais sons vindos do relógio e da música no andar de cima, "Uptown Girl", de Billy Joel.

Resolvi então tentar uma nova abordagem.

Doreen sugere que você feche os olhos e pergunte como se chamam seus dois anjos. Então sentei na cadeira da cozinha e perguntei. Os nomes Mary e John surgiram na minha cabeça. Tentei imaginar Mary e John como seres angelicais, com plumas, luzes e amor sendo derramado deles, mas não consegui. No caso de Mary, visualizei apenas minha mãe. O que não chega a surpreender, já que o nome dela é Mary. No de John, visualizei um engenheiro civil com seu colete na obra, cheio de confiança e o cofrinho aparecendo ao se agachar. Ele era como Bob, o Construtor, com a barba por fazer. Não queria nem pensar o que aquele sujeito estava fazendo no meu subconsciente.

— Você tem uma mensagem? — perguntei à anja Mary (Mamãe) em minha mente.

"Anda logo com isso", veio a resposta.

Típico. Eu tentei Bob, o Construtor.

"Não demore!", disse ele.

— Com o que exatamente eu deveria andar logo? O que eu deveria estar fazendo? — gritei na cozinha, mas não houve resposta. Bob e Mary já haviam ido embora.

Então tentei escrever uma carta aos meus anjos.

Doreen sugere algo chamado "escrita automática" — quando você manda um bilhete aos seus anjos e eles respondem (bem, é você quem está escrevendo, mas aparentemente está servindo de médium para eles). Ela informa que certas pessoas veem o anjo respondendo numa caligrafia diferente, usando palavras que você jamais empregaria. Estranho.

Resolvi tentar. Deixei de lado John, o Construtor, e Mary (Mamãe) e imaginei um lindo e genérico anjo. E comecei a escrever no notebook que continha a minha história de amor trágica com o dinheiro.

Eu: Caro anjo, você está aí?

Anjo: Não.

Eu: Por que não?

Anjo: Porque você não quer que eu esteja.

Eu: E por que eu não haveria de querer?

Anjo: Me diga você.

Eu: Porque acho que tudo isso é papo furado, história da carochinha.

Anjo: A vida é uma história da carochinha.

Eu: É mesmo?

Anjo: Sim.

Eu: Então o que devo dizer agora?

Anjo: Você só acredita quando precisa acreditar.

Eu: Como assim?

Anjo: Quando acontecerem coisas ruins, você vai acreditar.

Eu: Quer dizer que não preciso acreditar agora?

Anjo: Exatamente.

Eu: Tudo bem, tchau.

Anjo: Voltaremos a vê-la.

Eu: Acha mesmo?

Anjo: Sim.

Eu: Agora estou preocupada de que alguma coisa ruim vai acontecer...

Anjo: Não vai. Não por um bom tempo.

Eu: O que vai acontecer?

Anjo: Nada grave, você vai ficar bem.

Eu não acreditava de jeito nenhum que isso havia sido um anjo falando. Isso era eu conversando comigo mesma.

Pela próxima semana, os livros de Doreen me incomodaram. Eu li todos os três na esperança de que um deles faria mais sentido para mim, mas pareciam o mesmo livro apresentado de formas diferentes. Ela pode passar seus dias no "reino angelical", mas não é boba quando se trata de negócios. Venda a mesma coisa quarenta vezes de forma diferente e você vai encontrar alguém disposto a comprar. Incluindo eu, o que estava me enfurecendo.

Mas tudo sobre anjos estava me enfurecendo. Eu sentia que estava no mundo dos anjos. Fora da realidade, talvez.

— Acho que você está tendo essa reação porque está triste por ter perdido a fé na Igreja — disse Rachel enquanto preparava uma salada.

— Não, não acho que seja isso. Apenas não acredito no que essa mulher está dizendo e fico louca que exista gente gastando dinheiro com ela e depositando sua fé em algo que não é real. É como ser pedido para colocar a própria fé em um unicórnio ou se consultar com uma cartomante. Ah! Ela também vende cartões de sereias, com mensagens de sereias. Sereias, pelo amor de Deus!

— Então pare de ler esses livros — sugeriu Helen, que tinha vindo para o jantar.

— Mas não quero descartar uma coisa na qual tantas pessoas acreditam. Quero manter a mente aberta.

— Só prometa que não vai abrir a mente o suficiente para seu cérebro cair — disse Helen.

— Por que você tem que ser sempre tão cética? — disparei.

— Marianne, não seja tão séria, é só uma brincadeira! Desse jeito, você vai se encontrar, mas vai perder o senso de humor.

★ ★ ★

Como uma última tentativa, comprei alguns "cartões de anjos" (£12) para analisar no lugar dos livros. A ideia é pegar um por dia, e o cartão que sair contém uma orientação para aquele dia específico. Rachel e eu fazíamos isso enquanto assistíamos TV e ríamos. Até agora sempre puxávamos mensagens genéricas que nada significavam para mim. "Tenha fé", "Seja confiante", blá-blá-blá.

Sozinha na cama em uma sexta-feira à noite, comecei a embaralhar os cartões. Dessa vez perguntei ao pequeno montinho se encontraria o amor. Peguei três cartões. Virei o primeiro deles.

"Deus está no comando." Que desculpa esfarrapada.

O segundo foi tão inútil quanto o primeiro: "Se desprenda do medo." Mas então virei o terceiro.

"Os anjos do romance estão ajudando você." Vi a imagem do arcanjo Miguel em uma floresta, flertando com dois querubins nus. Meu coração acelerou.

Sentei. O que aquilo significava? Foi apenas uma coincidência? Ou os anjos estavam ali? Foi uma coincidência, com certeza.

Dois dias depois o meu celular apitou.

— É o seu anjo mandando mensagem? — perguntou Rachel.

— Ha-ha.

Era Geoff: *Estarei em Londres na quinta-feira. Topa um jantar?*

Fui ao cabeleireiro, comprei uma blusa nova e me espremi em uma calça jeans pequena demais. Meu valoroso esforço em dizer Dane-se para as pressões sociais de me manter magra estava indo muito bem, mas é difícil se sentir empoderada quando suas pernas se parecem com salsichas estufadas.

Quando entrei no restaurante, eu o vi no bar, ainda mais bonito do que eu me lembrava, vestindo uma camisa justa azul, jeans escuro e com uma pele superbronzeada.

Ele se levantou e beijou minha bochecha, e eu as senti ruborizando. *Fica de boa, Marianne. Fica de boa!*

— Você está ótima — disse ele.

— Você também — respondi, muito animada. — Como foi a viagem?

— Fantástica...

Ele me contou sobre tudo: Los Angeles, Vegas, Palm Springs... Eu jogava o cabelo e me inclinava a cada palavra que ele dizia.

— E...

— Sim?

— Conheci uma pessoa...

Senti uma facada fria em meu estômago.

— Ah, uau.

— Sim, ela é incrível.

— Isso é ótimo — comentei.

— Ela é irmã de um dos caras da banda. — Ele continuou falando, mas eu não estava mais ouvindo. — Você iria gostar dela.

Continuei assentindo e dizendo "ótimo". Essa parecia ser a única palavra disponível. *Ótimo. Ótimo. Ótimo.*

Havia um zumbido em minha mente.

Fui ao banheiro e me segurei para não chorar.

Então voltei ao meu lugar e ouvi mais sobre como essa nova mulher era perfeita. Como era talentosa. E bonita.

Ótimo. Uau. Ótimo. Tudo isso soa óóóóótimo...

Quando cheguei em casa, Rachel me esperava no sofá.

— Por que não sou boa o suficiente para ele? Por que nenhum homem que eu gosto gosta de mim também? O que há de errado comigo? — perguntei.

— Não há nada de errado com você.

— Por que os homens nunca gostam de mim?

— Muitos homens gostam de você. Você acabou de ser convidada para uma ilha grega, pelo amor de Deus.

— Estou falando de homens que me atraem. Responsáveis, adultos. Geoff tem um emprego, uma casa. Ele é organizado. Por que não posso ter um homem assim?

— Acho que você tem um fraco por dedicar sua atenção a homens errados. Você só gosta dos que não gostam de você, e esse não é um problema deles, é seu.

Meu não encontro com Geoff foi o fim dos anjos. Passamos apenas nove dias juntos. Foi estranho e maluco demais para mim.

Na Itália, tive um vislumbre de algo maior que eu, algo bonito. Quando estava naquele salão inundado pela luz do Sol e senti meus pés sendo puxados para o chão, acessei forças que não compreendia. Quando estava deitada à beira da piscina, me senti amada pelo mundo. Fui tocada de uma forma que você é tocado quando está de frente para uma obra de arte bonita, da mesma maneira que fui tocada no passado pela beleza da Igreja.

Mas eu não estava sendo tocada por nada sagrado aqui. Não havia sentimento algum de admiração.

Preocupei-me com o tanto de dinheiro que pessoas vulneráveis estavam gastando com esses cartões e livros e de quantas responsabilidades abriram mão por uma coisa que pode nem mesmo ser real. Isso era, de alguma forma, diferente do que a Igreja fazia vendendo perdões e dizendo às pessoas que podiam comprar um passaporte para o Céu?

Desesperada para entender o motivo de tantos adultos racionais sentirem o oposto do que eu sentia, pesquisei. Li artigos com citações de psicólogos que alegavam que, em períodos de crise financeira, as pessoas buscavam conforto — por isso livros, cartões e tatuagens de anjos estão tão populares agora, mesmo nessa nossa era não religiosa. Não conseguimos lidar com o que tem acontecido na sociedade, então colocamos nossa fé em outra coisa.

Dizem que, quando as pessoas surgem com histórias de que foram salvas por anjos, podem estar sofrendo de alucinações. Outros dizem que, em momentos de crise, um sentimento de calma toma conta de nós, não porque havia um anjo presente, e sim devido a um mecanismo de sobrevivência. Isso é o que o cérebro faz para nos ajudar a encontrar uma forma de passar pelas piores experiências da vida. Em outras palavras, os anjos da guarda somos nós mesmos.

Doreen diz que devemos pedir orientação aos anjos, mas acho que a maioria de nós sabe, bem lá no fundo, o que é bom para si — apenas não nos damos ao trabalho de ficar em silêncio e ouvir nossos instintos. Descobri que receber mensagens de anjos é apenas sua sabedoria falando, não uma força superior.

Eu me lembro de ter procurado uma *life coach* para um artigo anos atrás. Estávamos falando de um cara de quem eu gostava e com quem me encontrava muito, como amigo, mas que nunca tinha tomado nenhuma iniciativa.

— Acho que ele também gosta de mim — comentei —, apenas não acontece, por algum motivo...

E comecei a listar os diferentes obstáculos que surgiram em momentos diversos. A *life coach* me disse para fechar os olhos e respirar fundo dez vezes. Em seguida, ainda com meus olhos fechados, ela me fez uma pergunta simples:

— Você acha que há futuro com esse homem?

Minha resposta não poderia ter sido mais objetiva.

— Não.

— Então por que pensa tanto nele? — perguntou ela.

— Porque preciso pensar em alguma coisa.

Eu havia feito a mesma coisa com Geoff: ele nunca disse qualquer coisa que me fizesse acreditar que tivesse algum interesse por mim. Geoff me via apenas como amiga. O resto tinha sido inventado por mim com a finalidade de fazer o que sempre faço. Fugir de algo real. Mandei mensagem para o Grego. Ele não respondeu.

Terminei o mês de setembro irritada — com Doreen, com os anjos, com Geoff —, mas principalmente comigo mesma. Nove meses mergulhada na autoajuda e o que havia melhorado para mim? Ignorei um homem que gostava de mim por ter ficado obcecada por outro que não tinha o menor interesse. Gastei dinheiro como nunca. Depois de final-

210 Autoajude-me!

mente arrancar o band-aid de uma vez só em relação ao meu fingimento sobre pesar 61kg, vi que havia pulado para 68kg desde *O Segredo*, por dizer "Dane-se, vou tomar sorvete e comer macarrão e bolo no café da manhã". E agora eu havia desperdiçado duas semanas tentando falar com anjos? Em quem eu havia me transformado? Quer dizer, sério! O que eu estava fazendo comigo mesma?

Capítulo 11

Doente

"Pensar tanto sobre si mesma não é bom pra você."
— Mamãe

Eu estava me adoecendo, para início de conversa.

No início de outubro, estava derrubada com dor de garganta, calafrios e tosse. Eu teria pedido aos meus anjos por seus poderes de cura, exceto pelo fato de, bem, não acreditar neles. Em vez disso, fui para a casa da minha mãe e passei uma semana sendo alimentada, assistindo a *Gossip Girl* e tomando paracetamol.

De início, tudo bem. Na verdade, era bom ter uma desculpa para não trabalhar ou para me desviar da autoajuda e apenas deitar sobre o edredom colorido com estampa de sorvete que eu usava quando criança. Era bom ter minha mãe levando chá para mim e me perguntando se eu queria geleia de laranja ou de algum outro sabor na minha fatia de pão. Mas depois de dez dias — tempo esse em que a Netflix começou a me perguntar: "Com que frequência você assiste a dramas de adolescentes? Com frequência/Com muita frequência..." — comecei a ficar de saco cheio.

O médico me disse que era um vírus, para eu descansar e ingerir bastante líquido. Mas uma semana passou e, depois de quase três semanas doente, procurei um diagnóstico alternativo. Um diagnóstico de autoajuda. Sabe, no mundo da autoajuda um bug nunca é apenas um bug. Há sempre alguma coisa a mais por trás, algo de fundo emocional ou psicológico profundamente enraizado.

O Segredo diz que você não fica doente a não ser que esteja vibrando na frequência da doença — será que eu estava vibrando nessa frequência? Rhonda já disse sobre pessoas que curaram a si mesmas do câncer ao assistir comédias. Então, comecei a ver *Parks and Recreation* no meu notebook. Foi divertido. Mas não fez minha garganta melhorar.

Tony Robbins nos contou sobre um médico que curava pessoas somente com água, então me afoguei em líquidos. Porém, ele também disse que algo que acontece com certa frequência ocorre para suprir alguma necessidade humana, como encontrar amor, atenção ou propósito. Será que adoeci para ser cuidada? Para me sentir especial?

John Parkin, autor de *Dane-se*, costumava ficar doente com muita frequência — acho que ele tinha eczema. Encontrei um podcast no qual ele dizia ter melhorado bastante após ter dito Dane-se e aceitado o seu diagnóstico. Depois disso, fiquei deitada de olhos fechados, repetindo em minha mente: "Aceito minha dor de garganta e minha dor de cabeça." Fiquei furiosa quando toda essa aceitação não trouxe uma cura instantânea.

Louise Hay, a matriarca da autoajuda moderna e fundadora da editora Hay House, até mesmo criou uma lista documentando todas as causas emocionais que causavam doenças. Ela disse que pessoas com dor de garganta "guardam as coisas" e "não conseguem se expressar". Isso soou verdadeiro — eu nunca botava nada para fora! Nunca podia dizer às pessoas o que estava pensando. Gemma passou anos me encorajando a não querer agradar a todos e a "falar a minha verdade", mas olha o que aconteceu quando eu disse minha verdade para Sarah. Deveria ter ficado calada.

Outro site disse que tosses constantes e resfriados eram uma forma de se manter criança. Olha, eu não gostava dessa teoria, mas diante do fato de ter comemorado meu aniversário de 30 anos em casa, tomando sopa de legumes caseira com a minha mãe, precisava admitir que talvez houvesse alguma verdade nela.

Tentei apresentar essas teorias para minha mãe, mas ela não as levou a sério.

— Marianne, você tem problemas de ouvido, nariz e garganta desde que estava no Fundamental I. Algumas pessoas têm artrite ou enxaqueca, é só uma fraqueza sua. Apenas descanse.

— Sim, mas artrite é causada por ressentimento. E enxaqueca acho que é... Na verdade, não sei qual é a causa. Acho que é sobre pôr muita pressão em si mesmo.

— Ah, pelo amor de Deus, Marianne. As pessoas ficam doentes. Fim da história.

— Mas eu sempre fico doente, muito mais que outras pessoas. Rachel não fica doente com a mesma frequência, nem Gemma ou você...

E aquilo era verdade. Eu ficava doente toda hora. Se fazia algo até tarde da noite, ficava resfriada. Se estivesse muito ocupada no trabalho, acordava com dor de garganta. Por quase todos os meus vinte anos, quando estava trabalhando em jornais, eu era um caso falante e ambulante de amidalite. Ironicamente, eu era a editora-adjunta da seção de saúde na época.

Depois que a cirurgia para remover minha amídala inflamada não me curou, os médicos me disseram que eu estava à beira da Síndrome da Fadiga Crônica e eu entrei em pânico. Um colega me deu um livro chamado *The Joy of Burnout* [A alegria do esgotamento, em tradução livre], de Dina Glouberman. Nele, a doença é uma forma de dizer a você que algo em sua vida deve mudar, então larguei meu emprego e comecei a trabalhar como freelancer — e, no geral, tinha me tornado saudável finalmente.

Mas eu estava vivendo o burnout de novo? A autoajuda estaria me deixando doente? A doença era um sinal dado pelo meu corpo de que todo esse questionamento sobre mim mesma não era bom para mim?

Por nove meses, não pensei em nada além de mim, apenas eu mesma, analisando cada segundo da minha vida e cada aspecto da minha personalidade. Praticamente não havia um minuto do dia em que eu não pensasse: *Por que eu disse aquilo? Por que fiz aquilo? Será que estou me autossabotando? Estou com medo ser rejeitada?*

De início, achei que a autoanálise me ajudaria. Pensei que, se continuasse investigando, chegaria à grande questão da bagunça em minha mente e a consertaria — mas isso não estava funcionando. Quanto mais encarava meus defeitos, mais deles surgiam. Eu poderia ter passado um ano inteiro listando meus problemas financeiros — e não tinha percebido que esse era um dos meus problemas. E eu ainda nem tinha chegado ao tópico "homens"! Muito menos ao meu medo de confronto e à voz desagradável na minha cabeça que me disse que tudo o que fiz até hoje era um total fracasso.

E aquela voz estava ficando cada vez mais alta. Apesar das aventuras ousadas e dos momentos bonitos, mais do que nunca me senti uma grande fracassada porque estava falhando em relação ao autoaperfeiçoamento. Por que eu ainda não era perfeita? Ou pelo menos mais rica? Ou mais produtiva? Àquela altura, com certeza eu deveria pelo menos ter mais dinheiro na conta do que eu tinha no início do ano, deveria ter começado a fazer caminhadas ou meditar todo dia. Mas tudo em minha vida havia piorado.

Um dos argumentos contra a autoajuda é que se qualquer livro de autoajuda fosse capaz de ajudar, bastaria comprar um e pronto — estaríamos curados! Eu tinha baixado cinco títulos só na última semana. Quanto mais eu lia, mais queria ler. Achava que o segredo da felicidade estaria no próximo livro, e no próximo, e no próximo. Já não me ocorria que eu podia descobrir as coisas por mim mesma. Em vez disso, continuei voltando aos homens e às mulheres na minha cabeça. O que John do *Dane-se* me diria para fazer? O que Tony diria? Ou Susan?

Minha relação com a autoajuda era como a que eu tinha com o vinho: uma taça é bastante e uma dúzia nunca é o suficiente.

Meus amigos não tinham mais espaço na minha linha do tempo do Facebook, ela estava completamente tomada por citações do Dalai Lama. Eu detestava citações inspiradoras, escritas em itálico sobre um fundo de paisagem montanhosa — mas meu cérebro tinha se transformado num mar de afirmações e slogans. "Não chore porque acabou, sorria porque aconteceu", "O futuro pertence àqueles que acreditam na beleza do sonho..."

Aos fins de semana e durante a noite, passei a ignorar meus antigos amigos para ir com Daisy a palestras sobre levar uma "vida abundante", "ouvir seu espírito" e "manifestar milagres".

Enquanto me deitava na cama com o cabelo e o pijama sujos, pensei em quão desconectada de minha antiga vida fiquei. Não ouvia nada sobre Sarah desde maio e não via Gemma há meses. Só fui ver seu bebê uma vez e não existia desculpa para isso.

Eu agora mal falava com minhas irmãs. Estava brigada com Helen desde que ela tinha comentado que minha tentativa de falar com anjos era ainda mais preocupante que fazer yoga nua.

Ela estava certa — eu tinha *mesmo* perdido meu senso de humor.

Eu tinha me tornado aquela pessoa que você evita em festas. A pessoa que dá uma resposta de duas horas para a pergunta "Como você está?", envolvendo um discurso de terapia sobre minha infância e detalhes inadequados sobre problemas com homens.

Continuei pensando sobre o que aquela mulher tinha falado no churrasco em agosto.

"Livros de autoajuda só servem para tornar pessoas neuróticas mais neuróticas."

Aquilo era verdade?

Liguei para Rachel.

— Você acha que isso tudo está ajudando?

— Como assim?

— Tipo, pareço mais sensata para você? Ou mais feliz? Estou preocupada que tudo isso de pensar em mim esteja me tornando uma pessoa ruim e egoísta.

— Bem, é bom que você esteja sentindo isso. Significa que não está *totalmente* obcecada consigo mesma.

A ênfase foi no "totalmente".

Voltei a dormir e acordei quatro horas depois em lençóis molhados. Eram 16 horas e já estava escurecendo. Fui até a cozinha, onde minha mãe estava fazendo pão.

— Como está se sentindo?

— Melhor. Acho que a minha temperatura baixou.

— Bom, agora troque os lençóis, tome um banho e lave o cabelo, isso vai fazer você se sentir melhor.

— Tá bom.

— E amanhã quero que vá ver sua vizinha Carmel. Ela está sempre perguntando por você depois que vê algum texto seu no jornal, e você sempre diz que vai aparecer para um dar "oi", mas nunca vai.

— Tá bom.

— É sério. A pobre mulher mal consegue andar, mas ela nunca reclama. Algum desses livros diz para fazer coisas para outras pessoas ou é sempre tudo sobre você? Não é saudável para ninguém ficar pensando em si mesmo na intensidade que você tem feito. Você não ficaria por aí desse jeito se tivesse três filhos para criar e uma casa para manter limpa.

Os comentários dela machucaram. Queria sair dali dizendo que ela era julgadora, crítica, infeliz e longe de ser iluminada, mas não podia. Eu sabia que ela estava certa — não era um vírus que estava me adoecendo, era eu mesma.

Eu estava literalmente doente, farta de mim.

Naquela noite, assistimos ao *X Factor*. Uma adolescente chorando foi eliminada do programa.

— Isso é muito cruel — comentou minha mãe. — Não estamos muito longe do Império Romano.

No dia seguinte, fui ver Carmel, que tinha 85 anos e se recuperava de uma cirurgia no quadril.

— Como está se sentindo? — perguntei.

— Estarei de volta à pista de dança em breve!

— Que bom! Você está ótima — respondi. E ela estava. Seus cabelos mantiveram a forma depois de tirados os bobes, e ela usava um lindo cardigã lilás que combinava com as flores em sua saia.

— Gostei do seu cardigã.

— Obrigada.

Senti-me envergonhada por estar sentada em sua sala imaculada com o cabelo despenteado preso em um rabo de cavalo bagunçado e um

Doente   217

moletom largo com o qual eu talvez tivesse dormido. Ela tinha 85 anos e ainda usava batom todo dia. Eu nem mesmo penteava meus cabelos.

— É uma foto adorável — disse, apontando para a fotografia em preto e branco sobre a lareira do dia do casamento dela e do marido. — Você deve sentir falta dele.

— A cada minuto de cada dia... — respondeu ela, olhando pela janela, seus olhos marejando. — Mas chega disso. Não está um dia lindo?

Olhei pela janela também, para as folhas que estavam ganhando uma coloração vermelho borgonha e dourado, e caindo das árvores. Essa costumava ser a minha estação do ano favorita, mas eu nem a havia notado até então.

— E como está indo no jornal?

— Bem. Não estou mais trabalhando no escritório. Agora trabalho de casa, então é bom.

— Que liberdade você tem.

— Sim, tenho sorte.

— E você está se divertindo? Algum pretendente?

— Não, na verdade, não. A vida anda quieta.

Ela continuou guiando a conversa, contando-me sobre seu clube do livro e um fundo de caridade na igreja.

A Radio 4 estava tocando ao fundo e as notícias começaram a chegar. Começamos a ouvir as atualizações sobre a Síria. Foi um choque ouvir as notícias depois de meses evitando-as.

— Eu nunca vi um mundo tão infeliz como o de hoje — comentou Carmel, balançando a mão. — Você tem que ser sempre grata, é tudo o que podemos fazer. Tirar o melhor de cada dia. A vida é curta.

— Eu sei. Você tem razão.

Fui para a garagem de Carmel e varri as folhas, aproveitando a sensação do ar fresco e gelado que fazia minhas bochechas ruborizarem. Alguém estava queimando folhas por perto e o cheiro preencheu o ar. Esse era um dos meus cheiros preferidos. Significava que o Natal estava chegando e os dias estavam escurecendo mais cedo.

218 Autoajude-me!

Conforme varria e sentia as cerdas da vassoura contra o chão, fazendo amontoados de folhas douradas, laranjas e vermelhas, fui me acalmando. Era bom respirar ar puro, no mundo físico, usando meu corpo em vez de me perder em minha mente. Era bom estar ajudando alguém...

Então, tive uma epifania: estava fazendo tudo errado, focando em mim mesma. Não precisava de anjos e afirmações. Precisava focar em ser uma boa pessoa, não em ser uma pessoa feliz! Pensar em outras pessoas, não em mim mesma! É por isso que minha mãe e Carmel tinham uma firmeza e um contentamento que me faltavam — elas não tinham tempo para pensar nelas mesmas, estavam ocupadas demais cuidando de outras pessoas. Elas apenas se entregam a isso! E era o que eu iria fazer. Eu me voltaria à "velha-guarda". Uma santa sem defeitos em vez de uma egoísta egocêntrica.

Ia provar meu ponto de vista para todo mundo!

Capítulo 12

Os 7 hábitos das pessoas altamente eficazes, de Stephen R. Covey

"Comece com o fim em mente."

A igreja está vazia, exceto por algumas pessoas ajoelhadas perto do organista, lá na frente. O aroma de lírios estava suspenso no ar. Caminho em direção ao caixão de mogno brilhante no altar. Meus sapatos fazem barulho contra o chão, então passo a andar na ponta dos pés.

Eu me aproximo do caixão. A tampa está aberta. Continuo caminhando e chego lá. Ao lado da morta. Não quero olhar. Quer dizer, ninguém gosta de olhar para um cadáver — especialmente quando é o seu.

Mas eu olho e lá estou eu. Morta. Fria e rígida.

Minha pele parece mais mortalmente branca do que o de costume e há uma camada de pó sobre o meu rosto, criando um efeito de calcário. Meus lábios foram pintados em um tom esquisito de framboesa. Quem em sã consciência escolheria essa cor? As roupas são melhores — calça preta e uma blusa de seda creme. Estou magra nessa versão morta.

Olho para cima e vejo minha mãe chorando sobre o caixão, ela está assoando o nariz com um lenço de papel. Sheila e Helen estão ao lado dela, parecendo entediadas e irritadas.

Eu me sento no primeiro banco e olho para o pedaço de papel sobre ele — há uma fotografia minha fotocopiada em qualidade péssima logo na frente. É uma foto da época da escola. Ninguém teria conseguido uma foto minha mais recente que aquela? Olho para as datas impressas. Tenho 42 anos quando morro. Uau. Quarenta e dois anos. O que aconteceu? Mas no fundo, eu sei o que houve.

Sento-me quieta, usando a mesma roupa que a minha versão no caixão. Um padre aparece e começa a falar sobre a vida e a morte e os mistérios de Deus, mas ele não está realmente focado no que diz. Está no automático. Você pode culpá-lo? Ele nem ao menos me conheceu.

— Gostaria de chamar os entes queridos de Marianne para dizer algumas palavras — diz ele, com uma solenidade lacônica, curvando-se gentilmente e se afastando do centro do altar.

Sarah aparece. Seu cabelo está ótimo — em um corte bob. "Você está adorável!", quero dizer, mas não o faço. Agora não é a hora. Ela caminha até o púlpito e respira profundamente. Em seguida, olha para Steve e para a garotinha sentada ao lado dele na congregação.

— Essa é sua filha? — Quero gritar. — Isso é tão legal! Você tem uma filha!

Ela respira fundo de novo.

— Marianne tinha tudo, mas nunca era suficiente — começa ela, com o queixo projetado para a frente, desafiadora, determinada a falar a verdade. — Esse foi o seu único feito e estou farta de me sentir culpada por isso.

Ela olha para o caixão — para mim — e então para a congregação. Steve assente junto com ela. *Steve, não a apoie... Pensei que fôssemos amigos!*

Ela desce e se senta perto de Gemma, que está chorando.

Chega a vez de Sheila e de Helen. Elas se levantam juntas. Sheila olha para a congregação.

— Ela deixou tudo uma bagunça. Como sempre — diz ela.

Uma leve risada na plateia. Veja! Eles estão carinhosamente rindo da minha organização precária! Não era de todo ruim. Eu era conhecida e amada.

— Obrigada por ir embora e nos deixar cuidando da mamãe sozinhas — comenta ela, desta vez olhando para o caixão. Helen encara alguma coisa no fundo da igreja. Seu rosto é uma máscara de negação. Ela não olharia para mim mesmo que eu estivesse morta. Elas se sentam.

E chega a vez da minha mãe. Ela está tão velha e frágil, usando um vestido preto, segurando seus lencinhos. Quero abraçá-la, fazer um afago em suas costas, dizer que sinto muito. Ela está em estado de choque, com os olhos inchados de tanto chorar.

— Obrigada a todos por virem, é muita gentileza de vocês. Eu não sei o que dizer. — Ela está arrasada. — Eu só não entendo... Não entendo como ela pode ter feito isso consigo mesma.

Sua voz vacila e ela se encolhe conforme seus ombros tremem. Helen a conduz de volta ao banco. A raiva na igreja é palpável.

Eu havia feito isso comigo mesma — isso é o que Sarah tinha dito. Eu tenho uma sensação, um tipo de lembrança nebulosa disso, como um sonho... Eu tinha me matado?

A campainha estava tocando.

— Eu atendo! — disse Rachel do andar de baixo, e segui o som de seus pés correndo da cozinha até a porta da frente. O aroma de cordeiro assado tomou conta da casa.

Eu não estava no meu funeral. Estava em meu quarto sentada à minha escrivaninha com uma caneta em mãos e meu caderno. Eu deveria escrever as coisas maravilhosas que queria que as pessoas dissessem sobre mim em meu funeral, como forma de me inspirar a ser a melhor versão de mim mesma. Não funcionou. Desci a escada para me juntar aos outros no almoço de domingo.

★ ★ ★

Os 7 hábitos das pessoas altamente eficazes de Stephen R. Covey é o *Guerra e paz* da autoajuda. Já o tinha na prateleira há anos, mas nunca havia lido mais que algumas poucas páginas e, mesmo sendo considerado um clássico, não conhecia ninguém que o tivesse lido — mas talvez seja porque não estou na companhia dos líderes mundiais que se declararam fãs da sabedoria de Covey.

Cheio de referências a Aristóteles, Thoreau e Benjamin Franklin, a mensagem da obra — a qual eu tinha absorvido mais por meio de entrevistas com o autor do que lendo o livro — era a de que não podemos buscar a felicidade como um objetivo propriamente dito; em vez disso, a felicidade só vem quando somos uma boa pessoa. Covey pegou uma vaga visão da indústria da autoajuda de hoje, acreditando que a razão pela qual as pessoas são infelizes é porque estavam procurando por atalhos, aparência no lugar da essência.

"A felicidade é um subproduto de um serviço e uma vida de integridade, e quando as pessoas não vivem de acordo com os princípios e não estão envolvidas com o serviço, você encontrará depressão e desespero", teria dito ele em um artigo escrito pouco antes de sua morte em 2012, quando tinha 79 anos.

Covey, que era um mórmon com nove filhos e 42 netos, não dizia para sair por aí declamando afirmações sobre abundância. Não havia quadros de visualização. Apenas um lento e diário compromisso de fazer a coisa certa.

Depois de três semanas da minha enfermidade causada por autopiedade e dez meses de autoindulgência e autoexaminação, isso era o que eu precisava. Não haveria mais buscas egoístas pela própria felicidade! Eu seria uma pessoa de moral e princípios fortes! Uma pessoa de palavra! Uma pessoa disciplinada! Uma pessoa altruísta!

Uma Pessoa Altamente Eficaz!

Só havia um problema. Eu parecia ter perdido a habilidade de ler.

Segunda-feira, 3 de novembro, e me sentei à escrivaninha com um bloco de notas vazio e meu antigo exemplar. Logo me lembrei do motivo de nunca ter avançado mais do que algumas páginas.

Os 7 hábitos das pessoas altamente eficazes   223

A conversa sobre "mudança de paradigma" e "sinergia" era complicada demais para a minha mente sobrecarregada. Os diagramas também não ajudavam muito: triângulos, círculos, setas, fluxogramas — tudo isso acompanhado de pequeníssimas palavras espremidas entre si. Semicerrei os olhos. Virei os diagramas de cabeça para baixo. Mas não adiantou de nada, não entendi uma palavra sequer daquilo. Foram necessários vinte minutos para ler apenas um parágrafo.

Tentei me forçar a continuar, como se conduzisse um cavalo velho, com a seguinte conversa estimulante: *Vamos, sua vaca preguiçosa, comece a se movimentar. As pessoas estão realizando coisas difíceis na própria vida, e você não é uma delas. Por que não consegue ler? O que há de errado com você? Esse é o tipo de livro que pessoas bem-sucedidas de verdade leem — líderes mundiais! Boas pessoas! Se quiser deixar de ser uma escrota egocêntrica, você precisa ler esse livro!*

Mas essa demonstração de amor exigente não estava funcionando.

Eu quase podia sentir o cheiro de borracha queimada enquanto meu cérebro tentava entender as palavras. Na sexta-feira à tarde, desisti do livro e encontrei um resumo na internet. Até isso era difícil. Durante o fim de semana, li e reli, tentando entender o que dizia. No fim, cheguei à minha conclusão dos 7 Hábitos de Covey:

- Hábito 1: Seja Proativo
  Talvez não sejamos capazes de controlar o que acontece com a gente, mas podemos controlar nossa reação. Pare de botar a culpa nos outros, de agir como se fosse uma vítima, assuma a responsabilidade por si mesmo, por seus atos, suas palavras e seus pensamentos.

- Hábito 2: Comece com o Objetivo em Mente
  Como você quer que as pessoas falem a seu respeito no fim da sua vida? Tenha isso em mente a cada dia.

- Hábito 3: Primeiro o Mais Importante
  Todos nós nos deixamos distrair por e-mails e dramas no trabalho, mas lembre-se de focar no que é realmente importante, em vez de no que parece urgente.

224   Autoajude-me!

- Hábito 4: Pense Ganha/Ganha
  O verdadeiro sucesso não ocorre à custa dos outros.

- Hábito 5: Procure Primeiro Compreender, Para Depois Ser Compreendido
  Comece conversas preparado para escutar — de verdade — a outra pessoa.

- Hábito 6: Crie Sinergia
  Uma vez que você realmente tenha ouvido e trabalhado para criar situações Ganha/Ganha com outras pessoas, coisas incríveis acontecem.

- Hábito 7: Afine o Instrumento
  Nós somos o instrumento nesse panorama. Para ser sempre o melhor que você pode, é necessário que seja um "instrumento afinado", e não um desafinado. Nós nos mantemos afinados cultivando uma boa forma física e mental, dedicando um tempo para o descanso, cuidando da nossa espiritualidade e do nosso emocional.

Mas mesmo esse resumo fez minha cabeça doer. "Proatividade." "Afinar o Instrumento." Meu instrumento não estava afinado; estava desafinado e não servia mais para o seu propósito. Só que eu não podia mais reclamar.

No livro, Covey conta a história do sobrevivente do Holocausto Viktor E. Frankl, que perdeu a família, mas manteve a sanidade no campo de concentração dizendo: "Tudo pode ser tirado de um homem, exceto a última das liberdades humanas: escolher a atitude em qualquer circunstância dada..."

Por isso, enquanto cada parte do meu cérebro me implorava para parar com a autoajuda, tentei ser uma pessoa boa e "proativa". Parei de beber e de me lamentar, comecei a me exercitar e me propus a tarefa de fazer uma gentileza por dia; fiz o jantar para Rachel, ajudei uma mulher no

Os 7 hábitos das pessoas altamente eficazes · 225

metrô com sua mala enorme... mas o mundo estava achando graça dessas minhas tentativas.

Na segunda-feira, 10 de novembro, baixei acidentalmente um malware no meu computador que deletou cerca de metade dos meus arquivos. Na terça, recebi um e-mail da minha contadora me lembrando de que minha fatura chegaria até o fim do mês. Passei dois dias olhando extratos bancários antigos e me odiando. De novo.

Então, quando estava no ônibus indo para casa depois de passar no supermercado, meu celular foi roubado. E não, eu não tinha seguro. Quer dizer, isso não era verdade. Eu *tinha* seguro pelo meu banco, mas ele não estava válido porque nunca me dei o trabalho de registrar meu telefone para ativá-lo.

Eu queria gritar e espernear, mas nada disso deveria me afetar. Eu deveria ser Altamente Eficaz e ver o cenário completo! Se Viktor Frankl podia dar conta de um campo de concentração, eu devia ser capaz de lidar com um celular roubado!

A expectativa perigosa que pode ser criada por livros de autoajuda é: se você não está em algum lugar entre Mary Poppins, Buda e Jesus todos os dias, você está fazendo errado; você tem que tentar com mais afinco.

Às vezes pode parecer que esses livros querem acabar com a própria natureza da condição humana — uma condição atravessada por muitas emoções, inclusive negativas. Ninguém é perfeito. Mas tenho tentado ser.

Quanto mais eu elevava meus padrões, mais eu me sentia um fracasso.

Conforme o mês seguiu, comecei a desmoronar. À noite, tinha pesadelos intensos que envolviam eu matando membros da minha família e sendo perseguida na casa onde cresci, que, de alguma forma, se metamorfoseou em um estacionamento de vários andares.

Minha mente sempre foi um pouco caótica, mas agora estava começando a sair de controle. Eu estava tendo muitas conversas, mas todas elas aconteciam na minha cabeça. Comecei a ter certeza de que meus amigos e minha família me odiavam. Imaginei as pessoas falando de mim. Estava tentando me dedicar ao trabalho, mas eu parecia ter perdido a habilidade de escrever também. Passei cinco dias lutando com um artigo que deveria ter sido feito em um único dia e recebi um e-mail do meu editor descrevendo-o como "incompreensível".

Em 13 anos trabalhando apenas com a escrita, eu nunca havia recebido um comentário desse tipo. O lado positivo era que eu já tinha o nome da minha autobiografia, mas o lado negativo era que isso era prova de que essa coisa toda de autoajuda não estava me colocando no caminho certo, profissionalmente falando.

Eu estava igual àquele círculo que fica girando na tela do seu computador quando ele está a ponto de travar. Lutava para continuar, mas era certo que ia congelar.

E então planejei o meu funeral.

Covey diz que a maioria de nós passa a vida inteira escalando a parede errada. Precisamos ter certeza do que queremos em nossa vida, o que é importante para nós, qual é o nosso propósito e então viver todo dia de acordo com essa visão. E o melhor jeito para alcançar essa convicção, segundo Covey, é imaginar seu funeral e o que você gostaria que as pessoas falassem sobre você.

Então, enquanto Rachel estava preparando o almoço de domingo, me sentei à minha escrivaninha e abri meu bloco de anotações.

Meu funeral, escrevi. E sublinhei.

Certo. Meu funeral.

O que eu queria que as pessoas dissessem sobre mim no meu funeral? O que gostaria de ter conquistado até o momento da minha morte? Não fazia ideia. Eu não sabia nem o que queria jantar na maioria dos dias — como eu poderia saber o que queria para o resto da minha vida?

Quem estaria lá falando sobre mim? Eu teria filhos? Um marido? Ou teria amigos que eu teria feito durante uma viagem ao redor do mundo? Estaria solteira quando morresse? Estaria tudo bem? Estou feliz dessa forma? E seria rica? Ou teria levado uma vida simples e doado tudo para a caridade?

Quer dizer — o que define uma vida boa? Eu não sabia, e me senti um fracasso por não saber. Eu mal conseguia conter os sentimentos de raiva e frustração que apareceram e permaneceram comigo desde agosto. Por que eu não sabia o que queria fazer com a minha vida? O que havia de errado comigo? Por que eu era inútil pra caralho? *Se concentre, Marianne. Sua vaca estúpida.* Fechei meus olhos e me forcei a imaginar. Meu funeral. E então a visão chegou até mim nitidamente. Eu me matei com 42 anos. Havia caído no buraco negro do qual tivera medo durante toda a minha vida...

A campainha tocou. Desci a escada me sentindo abalada. As amigas de Rachel estavam na cozinha abrindo garrafas de vinho. Cumprimentei todo mundo, mas minha mente ainda estava concentrada na brincadeira de visualizar a minha morte. Todos me odiando.

— Você está bem? — perguntou Rachel.

— Sim, por quê?

— Você parece estressada.

— Não, estou bem.

Como eu diria a ela que estava estressada por comparecer ao meu funeral depois de ter cometido suicídio daqui a cinco anos? Então me servi de uma taça de vinho, bebi tudo de uma vez e me servi de outra. Na terceira taça, eu já estava começando a sentir a familiar e aconchegante onda inebriante que tornava mais suportável estar em minha mente.

Entre conversas sobre crianças e empregos, as amigas de Rachel me perguntaram sobre autoajuda e eu contei a elas sobre o exercício do funeral — deixando os detalhes de fora.

— A Joan Rivers não disse que queria ser encontrada morta embaixo do George Clooney? — perguntou Rachel. Todas riram e eu fingi um riso também.

Ha, que engraçado, ha.

Completei minha taça e parei de prestar atenção conforme a conversa migrava para planos relacionados às férias e histórias de alguma festa

228 Autoajude-me!

caótica a qual elas tinham ido. Geralmente esse tipo de tarde teria sido minha ideia de paraíso, mas agora eu me sentia distante disso tudo. Por que ninguém estava levando a vida a sério? Por que não podíamos falar sobre coisas importantes? Tipo sobre o que faz a vida ser boa? Ou qual o propósito disso tudo?

Por que estávamos todos desperdiçando tempo conversando sobre besteiras? Nada mais fazia sentido.

— Tem certeza de que está bem? — perguntou Rachel enquanto estávamos limpando tudo.

— Sim, só estou cansada — disse.

Fui para o andar de cima e vi duas ligações perdidas da minha mãe. Retornei a ligação.

— Só queria te lembrar de que amanhã é aniversário da sua tia.

— Tá bom, obrigada.

— Mande uma mensagem para ela.

— Uhum, eu vou... Mãe...?

— Sim?

— O que você gostaria que as pessoas dissessem sobre você no seu funeral?

— Como assim?

— Quer dizer, quando você morrer, que tipo de elogio gostaria de receber?

— Não quero elogios. Quando você está morta, está morta. Toda essa comoção e esses discursos sobre o quão maravilhosa eu fui e tudo mais, tudo isso é mentira. Ninguém vai levantar e dizer "Ela foi uma babaca", não é?

— Tudo bem, mas o que você gostaria de ter conquistado na sua vida?

— Que vocês, minhas meninas, estejam felizes.

— Não, mas e sobre você?

— Marianne, eu não sei. Você sabe que não penso sobre essas coisas tanto quanto você...

— Ah, fala sério. Deve haver alguma coisa pela qual você gostaria de ser lembrada.

Os 7 hábitos das pessoas altamente eficazes　　229

— Acho que eu gostaria que as pessoas dissessem "Ela não fez mal a ninguém".

Eu não poderia decidir se esse era o objetivo mais humilde ou mais ambicioso de todos.

No fim de novembro, a pressão para decidir o que seria minha vida perfeita coincidiu com um artigo que me pediram para escrever sobre ser solteira. Os cientistas acreditavam ter encontrado um "gene da solteirice", o que significava que alguns de nós nascemos com a tendência para ser solteiros. Escrevi sobre como eu estava sempre solteira e talvez tivesse esse gene. A revista queria mais detalhes. Eu estava recebendo perguntas do meu editor: "Você já se apaixonou? Quer ter filhos? O que você vê no seu futuro?" Só perguntas pesadas, de caráter pessoal, a serem respondidas no prazo, para serem lidas pelo mundo inteiro.

Numa tarde de terça-feira na Bread and Bean, enquanto "Do They Know It's Christmas" tocava dos alto-falantes, senti a necessidade de decidir sobre cada aspecto da minha vida.

Eu não estava mergulhando no Lago Eu, estava me afogando. A autoanálise havia se tornado autoaversão. Quando comecei a imaginar meu suicídio fictício, sabia que era hora de parar.

O fato de ter desistido no Hábito 2 de *Os 7 hábitos das pessoas altamente eficazes* dizia tudo.

Capítulo 13

Deprimida

"Você está tocando o vazio — mas precisa dar um passo para trás,
porque não será bom para ninguém se você cair."
— Taxista Careca de Londres

— Você precisa procurar um médico. Não pode continuar desse jeito.

— Como assim?

— Todos esses altos e baixos, não está certo. Uma hora é tudo maravilhoso e o Universo ama você e, no momento seguinte, tudo é horrível.

— Não é tão ruim assim.

— Você passou a última hora de um sábado à noite chorando em um pub.

Estávamos no Queen's Head, em Islington. Havia um zumbido no ar. Pessoas normais conversavam sobre coisas normais à nossa volta. Eu havia encontrado com Helen em uma tentativa de fingir que eu era uma delas. Uma pessoa normal. Não estava funcionando.

Primeiro perguntei a ela sobre seu funeral — uma conversa que ela não queria ter.

Então ela fez um comentário sobre adiar a ida ao dentista.

232   Autoajude-me!

— Mas *por que* você está adiando? — perguntei, me inclinando na direção dela.

— Podemos não tornar isso uma sessão de terapia? — vociferou ela.

Lágrimas brotaram em meus olhos.

— O que há de errado com você? — perguntou.

— Nada.

Fiquei em silêncio.

— Marianne, o que há de errado com você?

— Você não gosta mais de mim. — deixei escapar.

Então comecei a chorar de verdade. Como uma criança de 4 anos.

— Marianne, não seja tola — respondeu ela, balançando a cabeça.

— Você não quer mais me ver.

— Não é verdade.

— Você acha que sou uma idiota.

— Não gasto meus dias pensando sobre você — disse ela.

— Você acha que sou uma burra por estar metida nessa história de autoajuda.

— Não acho nada. Mas você acha que isso está ajudando?

— Não sei.

— Acho que você precisa buscar outro tipo de ajuda.

Eu estava confusa.

— Que tipo de ajuda?

— Ajuda médica.

— Como assim?

— Antidepressivos.

Achei que Helen estava exagerando. Eu não queria empurrar minhas emoções goela abaixo com remédios e bebida. Bem, talvez com um pouco de bebida, mas...

— Não preciso de remédios. Eu só...

Não sabia o que dizer. Eu só o quê? Sentia que a todo minuto do meu dia eu estava na corda bamba, me agarrando à realidade? Ou que em alguns dias parecia que eu estava sendo arrastada pelo mar, perdendo

Deprimida

toda a noção de terra firme sob meus pés, me afastando de todas as coisas que antes me definiam — meus amigos, meu trabalho, minha rotina, ir ao pub, fazer compras...

— Só o quê? — perguntou Helen.

Não queria dizer a ela sobre a corda bamba ou o mar. Assim como não contei a ela sobre os pesadelos nos quais estou matando pessoas ou que a razão do meu funeral fictício é que eu me matei.

— Só estou cansada — respondi.

Cansada. Quantas vezes eu tinha dito essa palavra quando não havia nada mais a dizer? Quando eu não sabia dizer que estava perdida, assustada, solitária, que estava perdendo o controle?

— Por que você não tira uns dias de folga? Saia com Sarah. Seja normal por um tempo.

— Não falo com ela há meses.

— O quê? Você não resolveu isso?

— Não.

— Marianne... — Helen, como o restante do mundo, amava Sarah.

— Pare, eu sei.

— Bem, por que você não viaja por um tempo? Vá à Irlanda e veja Gemma! Ela sempre faz você se sentir melhor.

Fazia mesmo.

Gemma e eu nos conhecemos enquanto trabalhávamos no jornal em Dublin quando tínhamos por volta de 20 anos. Nós nos unimos em meio a prazos até meia-noite e garrafas de vinho tinto. Éramos opostas em tudo — ela é pequena, tem a pele oliva e consegue se bronzear em dois segundos. Eu sou alta, extremamente branca e me escondo do sol. Ela é destemida e diz tudo o que passa na cabeça. Eu vivo ansiosa e reprimo tudo. Mas no segundo em que nos conhecemos tudo fluiu.

Viajávamos de um lado para o outro para nos ver a cada dois meses, mas, desde que comecei com o projeto da autoajuda, ela teve um filho e fiquei muito ocupada e sem dinheiro para ir até ela. Por meses, ela me disse que isso não parecia certo e que eu estava me cobrando demais. Eu disse que não era isso e que estava tudo bem. Eu não podia convencê-la a abraçar minha loucura autoinduzida quando ela tinha um recém-nascido para cuidar.

— Não posso ir à Irlanda, tenho que começar um livro novo. Já estou atrasada — disse a Hellen.

— Você não pode começar um livro novo agora. Acho que não devia começar nenhum outro. Devia parar, na verdade. Você está bagunçando muito a sua cabeça. Precisa parar agora antes que se machuque de verdade.

Talvez ela estivesse certa.

Alguns meses atrás eu estava fazendo Terapia da Rejeição nesse mesmo pub: servindo minha própria cerveja, tocando com a banda e tendo conversas sobre sexo com novas mães. Tinha sentido o medo, encarado minhas finanças e (quase) gostado da rejeição. Minha missão de autoajuda era um triunfo! Estava abrindo portas para mim mesma — me forçando a fazer coisas que nunca tinha feito em toda a minha vida. Tinha me sentido viva! Animada! Cheia de possibilidades. O que tinha acontecido?

Dei uma olhada pelo pub — todas aquelas pessoas bebendo, rindo de histórias estúpidas e conversando sobre nada. Eu não sabia se era eu quem estava perdida ou se eram eles.

Inclinei-me sobre as grades do deque para olhar o mar escuro que se agitava abaixo. O vento jogou cabelo no meu rosto. O frio era mais hostil do que revigorante. Cambaleei de volta para dentro enquanto a balsa subia e descia, subia e descia. Tropecei em meus passos até o banheiro, mas o cheiro de vômito estava forte demais. Saí de lá antes que eu ficasse com vontade de vomitar também. Os corredores estavam cheios de pessoas esticadas embaixo de lençóis e dentro de sacos de dormir. Corpos estavam enrolados em portas, mesas, peitoris. Encontrei um lugar no chão, fechei meus olhos e tentei dormir. O balanço do mar tratou de fazer o seu trabalho, então adormeci até um autofalante anunciar que estávamos no porto de Dublin.

Eu tinha seguido o conselho de Helen e decidi ir à Irlanda. Dinheiro era sempre uma preocupação, então fui de balsa (poupei £45), mas essa economia não adiantou porque me hospedei em uma pousada barata. Precisava de alguns dias sozinha antes de ver Gemma. Achei que alguns dias apenas comigo mesma, sem nada relacionado à autoajuda, me trariam de volta ao "normal". Mas não me colocaram.

Por três dias, deitei na colcha amarela de tecido sintético, sentindo que eu estava caindo, caindo, caindo.

Eu encarava o teto enquanto a voz na minha cabeça falava por horas sobre a confusão que eu tinha criado... Eu estava falhando na autoajuda. Estava falhando em tudo. As pessoas me odiavam. Todos me odiavam.

O único alívio foram os sons da televisão que deixei ligada em um volume baixinho o tempo todo. *The Big Bang Theory. Friends. Frasier.* As risadas de fundo às vezes eram confortáveis e às vezes um perigo. Eles estavam rindo de mim? Em um momento, às 4 horas, quando eu não conseguia dormir e estava tentando me manter sã assistindo a infomerciais sobre deixar o abdômen ainda mais forte, pensei: *Então isso é que é enlouquecer... É isso.*

Gemma mandava mensagem todo dia e eu sempre respondia que ligaria no dia seguinte, mas não tocava no telefone. Então, ela apareceu com o bebê James no carrinho. Ela estava tão bonita, o cabelo brilhando no sol do inverno. Senti-me envergonhada por ela ser capaz de se vestir e sair de casa com apenas algumas horas de sono enquanto eu mal conseguia tomar banho.

— Vamos, se arruma. Vamos sair.

— Eu não quero.

— Você tem que sair. Precisa de um ar.

Então caminhamos lentamente pelo canal, pela Baggot Street até Portobello. Em seguida, voltamos para a pousada. Quase não falei nada. Na verdade, tinha perdido o poder da fala. Em alguns momentos, abri a boca, mas nenhuma palavra saiu. Então, ela ficou falando e suas palavras se tornaram um bote salva-vidas. Agarrei-me a elas e na conexão que tinha com o mundo normal, saudável, equilibrado, como se minha sanidade dependesse disso.

No dia seguinte, ela apareceu de novo e caminhamos mais. O mesmo aconteceu no outro dia. E então lentamente comecei a falar.

Contei a ela sobre a voz na minha cabeça, os pesadelos e o terror matinal.

— Em alguns dias, sinto como se meu cérebro estivesse pegando fogo, como se estivesse queimando. Tudo que consigo pensar é no imenso caos que criei.

Esperava que ela me dissesse que todo mundo se sente assim de vez em quando e que eu só precisava de um tempo para espairecer.

Não foi isso o que ela falou.

— Há quanto tempo você está assim?

— Não sei... um tempo.

Eu percebia que aqueles sentimentos começaram a me afetar em agosto, durante toda aquela questão financeira. Os pânicos no meio da noite aumentaram, assim como o tanto de TV que eu assistia — eu não conseguia ficar sozinha com a minha mente. Rejeitado a mim mesma.

Então em setembro, com os anjos, havia um tipo de tentativa maníaca de seguir com aquilo, mas a raiva estava crescendo em mim — raiva dos anjos estúpidos com suas asas de faz de conta, raiva de Geoff e da sua ridícula namorada estadunidense, raiva da vida — e raiva de mim... e aí fiquei doente e parei de atender ao telefone.

— Por que você não disse nada antes? — perguntou ela. — Eu sabia que você não estava bem, mas você continuou dizendo que estava tudo bem.

— Não queria incomodar. Você tem um bebê para cuidar, não deveria ficar me ouvindo.

— Eu sempre quero ouvir você — disse Gemma. — Eu me preocupo com você.

— Eu não percebi como estava ficando mal.

— Você já esteve nesse lugar antes.

— Eu sei.

★ ★ ★

Deprimida

Sempre tive uma tendência para ficar para baixo. A coisa acontece tão gradualmente que nem me dou conta. Eu começo a acordar no meio da noite com uma sensação indescritível de pânico e a me levantar de manhã com uma mistura de medo e ansiedade. Aos poucos, isso vai aumentando, até ficar parecendo que o dia — e o mundo — se resumem a penhascos dos quais eu vou cair.

Eu fico cansada. Eu me isolo. Não quero sair. Consumo quantidades cada vez maiores de cafeína para fazer meu trabalho, mas meu cérebro acaba ficando tão lento que passar do início para o fim de uma frase parece um esforço hercúleo. Fico doente. Sinto que estou com um resfriado do qual não consigo me livrar. Começo a ficar obcecada com o sono. A sensação é a de que se eu conseguisse dormir um pouco mais, ficaria bem. Se conseguisse comer mais brócolis, ficaria bem.

Mas não importa o quanto eu durma ou quanto brócolis eu coma, não me sinto bem.

De início, sou como um piano com todas as teclas das notas agudas removidas — nada me dá prazer, nada me faz rir.

Depois, até mesmo as notas graves são removidas. Sou apenas uma caixa vazia.

— Odeio ficar assim. Outras pessoas lidam com situações ruins e não ficam desse jeito. Pessoas vivem em zonas de guerra ou perdem os pais, ou têm câncer... Elas têm direito a ficar depressivas, mas eu não. Preciso me forçar a sair dessa. Helen acha que eu deveria voltar a tomar remédios — disse para Gemma.

— O que você acha disso?

— Não sei.

Já tomei antidepressivos duas vezes antes — aos vinte e tantos e depois por volta dos 30 anos. Da primeira vez que o médico os sugeriu, fiquei horrorizada.

Foi durante os meus vinte anos, quando eu estava trabalhando sem parar na minha carreira bem-sucedida e com um caso de amidalite crônica. Toda vez que voltava no consultório para pegar mais antibióticos, eu chorava, e o médico me passava o Kleenex da caixa rosa florida de sua mesa bagunçada. Ele continuava me dizendo que eu estava deprimida. Eu continuava dizendo que "não, muito obrigada. Não estou deprimida".

Eu achava que era normal sentir que meu mundo estava desmoronando todo dia — achava que era como as pessoas normais se sentiam. Você só precisa se esforçar mais, seguir em frente e esperar que em algum momento tudo melhore. Além do fato de que ser diagnosticada como depressiva era um atestado de fracasso. Por não ser capaz de dar conta da vida.

Então, ele me fez uma série de perguntas.

— Com que frequência você se identifica com as seguintes frases? Responda com "nunca", "às vezes", "quase todo dia".

Ele leu em voz alta.

— Pouco interesse ou prazer em fazer as coisas.

— Quase todo dia.

— Desânimo ou desesperança.

— Quase todo dia.

— Dificuldade para adormecer ou manter o sono, ou excesso de horas de sono.

— Quase todo dia.

— Sentir-se mal consigo mesma, considerar-se um fracasso ou sentir ter decepcionado a família ou a si mesma.

— Quase todo dia.

E, então, a maior de todas.

— Você pensa que seria melhor morrer ou se ferir de alguma forma?

O médico levantou o olhar para mim. Suas pálpebras caídas mostravam uma mistura de tédio e compaixão profunda. Pelos brancos brotavam para fora de seu nariz e seus poros eram do tamanho de crateras.

— Às vezes, acho que a única forma de parar de me sentir assim é morrendo — respondi. Minhas palavras me chocaram.

Eu não era suicida. Não tinha planos de me matar, nenhum desejo ativo de estar morta... Só me parecia que o único jeito de parar esses dias de infelicidade era... bem... não estar viva.

Deprimida

As palavras pairaram na sala estampada com magnólias e de ar rarefeito por um segundo. Fui arrebatada pela magnitude da minha infelicidade.

Olhei para o médico, as lágrimas escorrendo pelo meu rosto, esperando compaixão e preocupação. Em vez disso, recebi uma resposta que acabava com meu melodrama.

— Ah, eu não me preocuparia com isso — respondeu ele. — Eu diria que essa foi uma resposta perfeitamente normal para a vida.

Ele me receitou paroxetina.

Em quatro semanas, senti a diferença. Lembro-me de estar sentada na minha escrivaninha em casa, contemplando uma árvore pela janela. E era muito bonita. Foi a primeira coisa que me pareceu bela em meses. Um sentimento pouco familiar de leveza me envolveu e tentei compreender o que era — e então finalmente entendi: *Veja só, você está feliz! É assim que é se sentir feliz.*

Fazia muito tempo desse momento.

Fiquei tomando os remédios durante um ano, e a diferença era perceptível.

Então, decidi que não precisava mais deles. Não queria ter que tomar remédios para conseguir viver, e eu já estava bem há alguns anos, até ter uma recaída um pouco depois de fazer 30 anos. Voltei aos remédios e parei novamente.

Queria ser capaz de lidar com a vida por conta própria. Tinha certeza de que poderia, se eu bebesse menos. Fizesse mais exercícios. Pensasse de maneira mais positiva. Mas eu tinha tentado fazer isso e olha aonde cheguei.

— Vou me dar um prazo até janeiro. Se ainda estiver mal, vou procurar um médico — falei para Gemma, a única amiga que sabia que eu havia tomado antidepressivos.

— Tudo bem, até lá vamos tentar nos divertir, mas sem livros.

— Mas já estou atrasada! Disse que leria 12 livros em 12 meses, e só li nove.

— Quem liga?

240   Autoajude-me!

— Eu ligo! Tenho que terminar. Vou me sentir ainda mais fracassada se não conseguir chegar ao fim.

— Em que mundo você é um fracasso? Seus artigos são publicados em duas revistas e um jornal. Em que planeta isso é ser um fracasso?

Ela estava certa. Se alguém me dissesse alguns anos atrás que um dia eu escreveria para três veículos diferentes, eu teria pulado de felicidade. Agora isso parecia um reflexo do constrangimento que eu havia me tornado.

— Sim, mas foram artigos de merda e um deles foi sobre como eu não consigo encontrar um namorado.

— Mas a vida não se trata apenas de trabalho, você é uma boa pessoa. Eu amo você. Todo mundo ama. Queria que você conseguisse enxergar isso. Por que ainda está fazendo isso? Você está se atormentando e por conta de quê? Você não precisa se aperfeiçoar. Você é uma boa pessoa do jeito que é. Quando vai perceber isso?

— Não sinto que eu seja uma boa pessoa — disse, e minha voz falhou. Lágrimas rolaram pelo meu rosto.

— Marianne, essas coisas que você está dizendo de si mesma, de ser um fracasso e uma pessoa ruim, não são verdade e você precisa saber disso. Só quero que você chegue ao fim disso e perceba o quanto já era ótima para início de conversa. Você não precisa ser nada além do que já é agora.

Eu não parava de chorar. Queria mesmo me sentir daquele jeito.

— Estou preocupada com você — disse ela. — Nosso cérebro é como um elástico, você pode puxá-lo e ele vai voltar à forma original. Mas, se esticar demais, um dia ele arrebenta. Não quero que você arrebente.

— Eu também não.

Fiquei na Irlanda por três semanas. Quando eu não estava dormindo, Gemma, James e eu saíamos para caminhadas com rajadas de vento, seguidas de assistir à televisão próximo à lareira.

A cada dia que passava eu me sentia melhor.

★ ★ ★

Deprimida

No dia 20 de dezembro, peguei a balsa de volta para o País de Gales e um trem para Euston. Já tinha passado das 20 horas de uma sexta-feira e minha mala estava pesada.

Poderia esperar pelo ônibus da linha 91 ou pegar um táxi. Entrei na fila do táxi. Um casal norte-americano estava na minha frente com malas de rodinha do tamanho de um caixão. Eles pareciam nervosos. Eu esperei. Uma minivan apareceu. Eu odiava minivans.

— Para onde? — perguntou o motorista pequeno e careca.

— Archway, por favor — respondi, olhando pela janela as luzes e a multidão de pessoas. Funcionários de escritório com suéteres natalinos, garotas de salto e pernas arrepiadas. Essa costumava ser a minha época do ano favorita. Pisca-piscas, uísque e a canção "Fairytale of New York". Agora eu não sentia nada.

— A noite está movimentada — disse o motorista.

— Sim — respondi.

— Tem planos para a noite? — perguntou ele.

— Não.

— Vou trabalhar até às três da manhã — contou ele.

Eu me senti mal por ser tão monossilábica quando ele estava tentando ser amistoso.

— Deve ser difícil trabalhar de madrugada.

— Na verdade, não. Não há trânsito, as pessoas estão menos estressadas e você ganha mais. Só preciso trabalhar três noites por semana para me garantir.

— Isso é bom.

— Não sou fã de trabalhar. — Ele riu. — Sou um vagabundo preguiçoso.

— Eu também — respondo.

Ele olhou para mim pelo retrovisor e sorriu.

— Achei mesmo que parecia tranquila.

— Sério? Não estou nada tranquila. Sinto como se estivesse enlouquecendo — confesso. E, assim que as palavras saíram de minha boca, eu me perguntei por que tinha dito aquilo a um completo estranho.

242 Autoajude-me!

Ele continuou me encarando pelo espelho.

— O que aconteceu? — perguntou.

— Ah, longa história.

— Com o que você trabalha? Se não se importa que eu pergunte...

— Sou jornalista, ou era. Não tenho trabalhado muito ultimamente.

— O que está havendo? — Seus olhos me encaravam.

Eu me senti constrangida. O que um motorista na casa dos sessenta anos iria pensar da loucura autoinduzida por um ano de busca quase maníaca por autoaperfeiçoamento?

Ele sustentou o olhar.

— Já ouviu falar de livros de autoajuda? Aqueles livros que falam sobre como ser mais confiante, como parar de se preocupar e como superar seus medos?

— Sim.

— Bem, eu tenho lido um livro diferente a cada mês e tenho feito tudo que ele me diz para comprovar se é possível sermos felizes.

Seus olhos dividiam a atenção entre a estrada e o retrovisor. Esperei durante um silêncio inexpressivo e incompreensível.

— Então você tem cavado fundo... — disse ele.

Eu estava surpresa.

— Sim, tenho.

— É como as camadas de uma cebola... você vai tirando uma a uma.

— Sim, exatamente.

Estava pasma.

— Não é fácil, não é mesmo?

— Não. Parece que estou sendo dilacerada.

E, assim que eu disse isso, pude sentir o calor familiar das lágrimas rolando pelo meu rosto. Meu Deus, eu não podia ficar sem chorar em público por um único dia?

— Como é o sentimento de estar sendo dilacerado? — perguntou ele, parecendo não ter se incomodado com as minhas lágrimas.

A escuridão no táxi me fazia sentir como se estivesse em um confessionário enquanto descíamos a Caledonian Road.

Deprimida 243

— Não consigo mais fazer nada do que fazia — desabafei. — Parece que não consigo trabalhar, e eu trabalhava o tempo todo. Não tenho vontade de sair como antes. Perdi o contato com as minhas amigas. Acho que o mundo me odeia e que sou uma pessoa péssima. Estou tendo pesadelos, sonhando que mato meus pais. Choro o tempo todo.

Houve uma pausa em que ele processou o que eu tinha dito.

— Puxa, você está mesmo fazendo uma coisa bem pesada. Pesada para o cérebro.

— São essas drogas de livros de autoajuda! Não me dei conta da furada em que estava me metendo.

— Você nem teria começado se soubesse... O que você vem fazendo é extremamente imprudente, minha querida. Você vem revirando sua mente, e isso é um perigo. Posso dizer porque já passei por isso.

— Viveu sua vida por meio de livros de autoajuda?

Ele riu.

— Pior do que isso. Fiz um ph.D. sobre Thomas Hardy. Cara deprimente. Então desisti e me mudei para um chalé na Itália. No meio do nada. Sem água ou eletricidade. Eu fiquei lá por nove meses e a única coisa que eu fazia era caminhar durante sete, oito, nove horas por dia. Apenas caminhava e pensava. Pensava em tudo. Parei de comer. Tinha picos de euforia e quedas devastadoras... Às vezes, parecia um paraíso; em outras, parecia um inferno. Precisava voltar, senão ia pirar... Estava tocando o vazio. — Ele fez uma pausa. — É o que você está fazendo agora, está tocando o vazio, e precisa dar um passo atrás, pois não vai ser bom para ninguém caso mergulhe.

Era exatamente isso o que eu sentia nas últimas semanas — estar tocando o vazio.

Ele continuou a falar.

— Eu já estava na década de 1960, quando os hippies costumavam dizer "Deixa pra lá, cara", mas se eles soubessem mesmo como é "deixar pra lá", saberiam como é terrível. Deixar pra lá é aterrorizante.

Lágrimas escorriam pelo meu rosto.

— É isso mesmo — disse.

244   Autoajude-me!

Deixar para lá a minha eu antiga: a minha eu viciada em trabalho, viciada na necessidade de ser amada, viciada em se adequar... Não era nada bom, uma sensação mais horrível do que eu seria capaz de explicar. Eu havia começado o ano pensando que queria mudar, mas a mudança era assustadora. Se eu não fosse a minha eu antiga, quem eu era então? Como eu saberia que voltaria a ficar bem? E se eu ficasse perdida e machucada para sempre?

— Sinto que estou surtando — disse. — Que estou ficando louca.

— Bem, de certa forma está. Mas está tudo bem. Acho que foi Gide quem escreveu: "O homem só pode descobrir novos oceanos se tiver coragem de perder a terra de vista." É onde você está agora. Você perdeu a terra de vista, mas está tudo bem. Você só precisa flutuar um pouco. Descansar. Cuidar de si, fazer coisas normais. E se quiser chorar, chore. Eu chorava o tempo todo. Usava óculos escuros para que as pessoas no carro não vissem. Vá para o parque e chore...

— Tudo bem.

— Já pensou em falar com alguém? Uma psicóloga?

— Não.

— Talvez você devesse. Ela vai fazer parecer que tudo se trata da sua família, eles sempre fazem, mas lembre-se de que isso não tem relação com eles, tem a ver com você. Essa é sua aposta na liberdade.

Fiquei arrepiada. Desde o mês dos anjos, venho me perguntando por que venho fazendo isso. Quando comecei, só queria tornar minha vida um pouco melhor, do jeito que você se sente melhor quando perde peso ou entra em forma, ou quando encontra alguém de quem gosta. Mas ele estava certo. Sem me dar conta, eu estava buscando liberdade: me libertar do sentimento de que havia algo de errado comigo, me libertar do sentimento interminável de que as coisas que eu fazia nunca eram boas o suficiente, me libertar de estar constantemente com medo de tudo e todos... Liberdade para apenas ser eu mesma. Ou apenas ser.

Um homem vestindo um gorro de Papai Noel bateu na janela. O barulho me assustou. Percebi que havíamos parado. Estávamos em frente à casa de Rachel. Não tinha a mínima ideia de quanto tempo estávamos ali.

Deprimida

— Melhor voltar ao trabalho. — Ele sorriu.

— Sim, desculpa por te prender.

— Sem problemas.

Ele saiu e abriu a porta para mim. Em seguida, foi até o porta-malas e pegou a minha bagagem. Ficamos parados por um segundo, olhando um para o outro.

— Voltarei a ver você — disse ele.

Assenti e ele voltou para dentro, pegando um grupo de jovens de vinte e poucos anos que estavam gritando "É NATAAAAAAAAALLLL!".

Eu nem havia perguntado o nome dele. Ele não sabia o meu. Aquele homem tinha visto o interior da minha alma.

Subi os degraus da frente da casa. Estava tão frio que eu conseguia ver a minha respiração escapando em nuvens de vapor. Uma árvore de Natal brilhava pela janela do vizinho.

Aquilo tinha mesmo acontecido? Aquela conversa?

Antes que eu pudesse girar a chave na fechadura, a porta se abriu e Rachel estava de pé, sorrindo.

— Você estava se agarrando com o motorista? Ficou parada ali por mais de uma hora!

Capítulo 14

O poder do agora,
de Eckhart Tolle

"Muitas pessoas vivem com um torturador na cabeça, que as ataca e as pune, drenando sua energia vital. Ele causa enorme sofrimento e infelicidade, além de doenças."

O Natal transcorreu sem maiores problemas. Eu comi, bebi, dormi e assisti à muita televisão. Rachel me deu um livro com imagens natalinas representada por porquinhos-da-índia fantasiados. Isso me fez rir. O fato de eu estar rindo de novo era um bom sinal. Nossa família deu um jeito de passar o feriado sem matar uns aos outros e duas semanas assistindo a *Férias frustradas* e comendo bombons foram um bálsamo suave para o meu cérebro. Vida normal.

Na véspera de Ano-Novo, fui da casa da minha mãe para a de Rachel. Ela tinha ido para a Escócia encontrar algumas amigas, e fiquei sozinha, o que foi ótimo para mim.

Sempre odiei o Ano-Novo. A pressão de ter a melhor noite de todas simplesmente por ser 31 de dezembro. Em vez de sair, comi espaguete à bolonhesa e assisti aos fogos de artifício da janela. Daisy estava em

Querala, na Índia, em um retiro de yoga. Sheila estava no México e Helen tinha ido para uma festa. Gemma estava com sua família. Perguntei-me como Sarah estava.

Adormeci no sofá e acordei quando Jools Holland e sua gangue cantavam "Auld Lang Syne".

Quinta-feira, 1º de janeiro. O início de um novo ano.

A essa altura, eu já deveria ter passado por 12 livros de autoajuda. Deveria ter havido altos e baixos, lágrimas e revelações, romance e rejeição, tudo convergindo numa espécie de epifania profundamente comovente (mas arrumada e cheirosinha).

A minha nova e melhorada eu estaria se sentindo mais brilhante e iluminada. Ah, sim, também estaria mais magra e mais rica, óbvio. Pronta e bela com um suéter de caxemira. Ou seja, para ser bem franca: não é isso o que interessa no autoaperfeiçoamento? Dinheiro, sexo e aparência. Mas era evidente que eu não havia me transformado na Eu Perfeita que eu deveria ser. Pelo contrário, eu chegava ao fim do ano com uma crise nervosa terrível.

Às 0h30 meu celular apitou. Era o Grego. "Feliz Ano-Novo! ☺"

Respondi na mesma hora. "Pra você também!"

Ele respondeu. "Desculpa por ter estado quieto. Meu pai está no hospital. Penso muito em você. ☺"

Pensei nele em Atenas, cuidando do pai doente e idoso enquanto a economia da Grécia estava em declínio. Ele tinha problemas reais.

Três pontinhos apareceram na tela. Ele ainda estava digitando.

"Terminou seu desafio?"

"Não sei!", respondi.

"Quer conversar?", perguntou ele.

Ele me ligou pelo Skype e nas primeiras horas de 1º de janeiro contei a ele tudo o que tinha acontecido desde que o conhecera naquele dia no café.

— Não sei se continuo com isso ou esqueço de vez. Acho que não tem sido bom para mim. Tem sido intenso.

— Talvez tenha que ser mesmo intenso para mudar você. Quando você leu os livros antes, sua vida não mudou, não é mesmo?

— Não.

— Agora ela mudou.

— Sim, mas não sinto que foi uma mudança boa.

— Talvez você tenha que ser despedaçada para se construir de uma nova forma.

— Mas quando essa nova forma vai surgir? Nesse momento, estou apenas despedaçada.

— Você me parece bem.

— Desculpe, eu estou. Estou sendo dramática. Me sinto muito melhor. Descansei bastante no mês passado. E você, como está?

Ele contou sobre a doença do pai e do estresse que a mãe estava vivendo. Ele estava dormindo poucas horas por noite, em pequenos intervalos nos quais não estava cuidando dos dois. Eu não sabia como ele estava dando conta.

— Eu sou filhos deles. Eles fizeram tudo por mim e agora é a minha vez — disse ele, sem nenhuma nota de ressentimento ou autopiedade.

— O que estou fazendo deve parecer muito egoísta comparado à sua vida.

— Acho que o que você está fazendo é ótimo. Mas lembre-se de que você já tem uma vida boa e deveria aproveitá-la.

Na manhã seguinte, acordei às 7 horas no sofá. Helen tinha me mandado uma mensagem às quatro da manhã: "FELIZ ANO-NOVO!!!" E Sheila tinha me mandado mensagem com a foto de um drinque e um pôr do sol.

Levantei e olhei para o céu cinza pela janela. A rua estava deserta. Todos estavam dormindo. Fiz café. Então. Outro ano. O que viria agora? Largar a autoajuda ou continuar? O consenso parecia ser o de que eu deveria parar. Qualquer pessoa racional diria isso.

Mas eu não queria. Não entendia o porquê, mas não queria. Queria ver onde isso iria dar — tinha certeza de que algo bom viria disso tudo se eu continuasse. Mas eu precisava de ajuda.

Segui o conselho do motorista e procurei uma terapeuta. Tinha começado de forma promissora.

— Não estou surpresa de que não tenha dado certo — comentou ela. — Você tem se submetido a experimentos. Tem sido a própria cobaia sem supervisão.

— Nunca tinha pensado dessa forma.

— Você sabe o que é o seu inconsciente? — perguntou ela, se inclinando em sua poltrona de couro bege.

— Na verdade, não.

— A mente inconsciente é um reservatório de sentimentos, pensamentos e memórias que vivem sem nossa consciência. O que você tem feito no último ano é cutucar o seu inconsciente, trazendo questões à tona que você nem mesmo sabia que estavam lá. E agora elas estão vindo à superfície, e é por isso que está chorando, ficando irritada e tendo pesadelos.

Então era exatamente o que o motorista tinha previsto.

— Nos sonhos, é seu trabalho salvar a sua família?

— Sim.

— E você não está fazendo isso?

— Sim, quer dizer, não, não sou capaz de salvá-los.

— E você pensa com frequência que é seu trabalho salvar todo mundo?

— Não. Não sei. Acho que não.

— É um papel que você costuma desempenhar na sua família?

— Você vai fazer com que tudo gire em torno da minha família?

Ela sorriu.

— Vamos ver.

— Você acha que estou surtando? — perguntei, tentando mudar de assunto.

— Você está passando por um momento difícil por questionar tudo. Isso pode acontecer quando ocorre uma grande mudança na sua vida e os preceitos pelos quais você se guiava não fazem mais sentido.

— É como me sinto agora.

— E o que você estava esperando conquistar com tudo isso?

— Queria ser feliz.

— E o que ser feliz significa?

— Não sei, apenas ser feliz.

— Ninguém pode ser feliz o tempo todo, mas o que podemos é ser contentes. Termos algum nível de paz.

— É, eu gostaria disso.

— Então, por que acha que isso não está acontecendo? Você leu todos esses livros, absorveu toda essa sabedoria. Por que acha que eles não ajudaram?

— Não sei. Você acha que a autoajuda funciona?

— Acho que o problema com os livros de autoajuda é que você os lê com a mesma mente que a faz infeliz. Você precisa de uma perspectiva de fora para desafiá-la e que mostre um ponto de vista diferente — disse ela.

Isso fez sentido, na verdade.

— Então você acha que eu deveria parar com os livros?

— *Você* acha que deveria parar?

Puta merda, os terapeutas realmente fazem isso? Eles realmente devolvem a pergunta para você? Achei que isso fosse só piada.

— Não. Quero terminar o que me propus a fazer, mas me preocupo que isso tudo se resuma a autoindulgência. Por que não posso lidar com a vida como todas as outras pessoas?

— Não acho que o que está fazendo seja autoindulgência. Você está em uma jornada de autodescoberta e isso é muito significativo, na minha opinião. É um investimento. Um investimento em si mesma, mas você não deveria fazer isso sozinha.

Bem, você tinha que dizer isso, pensei, e então nosso tempo acabou. Ela me perguntou se eu queria outra sessão. Disse que entraria em contato. Quando estava saindo, ela perguntou:

— Você já leu *O poder do agora*?

— Não, eu tenho um exemplar, mas nunca passei das primeiras páginas.

— Talvez você goste dele agora.

252 Autoajude-me!

E assim foi, em janeiro, que encontrei O livro; o livro que me disse que o melhor dos momentos viria do pior.

Quando tentei ler *O poder do agora*, de Eckhart Tolle, pela primeira vez, uns dois anos antes, achei que não passava de uma baboseira impenetrável da filosofia *New Age*. Não conseguia entender como se tornara o maior dos best-sellers, adorado por todo tipo de gente, desde Oprah (óbvio) a Paris Hilton, que o levou para a prisão quando foi presa por dirigir embriagada. Na verdade, o que eu não conseguia mesmo entender era o próprio livro, e ponto-final.

Apesar da firme determinação de provar que eu tinha uma capacidade de leitura maior — ou pelo menos equivalente — que a Srta. Hilton, acabei desistindo mais ou menos na página vinte.

Frases como "É uma percepção errada da nossa realidade essencial, que está além do nascimento e da morte, cuja causa está nas limitações da nossa mente. A mente, tendo perdido o contato com o Ser, cria o corpo como uma prova da sua crença ilusória de separação para justificar seu estado de medo." eram simplesmente demais para mim.

Ele também falava de coisas como "corpo de dor", que constituem "entidades psíquicas semiautônomas". Como é que é?

Mas dessa vez foi diferente. Dessa vez foi como se cada frase estranha soasse como a verdade. Na verdade, eu poderia até adotar maiúsculas, só pelo efeito: "A Verdade".

Pelos próximos três dias eu o li sem parar.

Desde as aulas de literatura, quando a Sra. Batch nos apresentou ao sistema de notas com código de cores para desconstruir *O morro dos ventos uivantes*, eu não fazia tantas anotações em um livro. Página sim, página não, havia um "SIM!!!" entusiasmado na margem, partes inteiras do texto estavam sublinhadas com estrelas e exclamações para marcar as melhores partes. Dava para entender por que Oprah descrevia Eckhart Tolle como o profeta da nossa época, e comecei a desconfiar que a gente pode até estar equivocado a respeito de Paris Hilton.

O poder do agora

★ ★ ★

Nascido na Alemanha, Eckhart Tolle era um estudante universitário de 29 anos vivendo num conjugado no norte de Londres quando passou pelo seu "despertar espiritual", em 1979. Na noite em que isso aconteceu, ele estava planejando se matar. Depois de anos de constante depressão e ansiedade, ele havia chegado ao limite. "Eu não podia mais conviver comigo mesmo", pensou.

Foi nesse momento que Tolle teve uma epifania: "Se não consigo mais viver comigo, deve haver dois de mim: o 'eu' e o 'eu interior', com quem o 'eu' não consegue mais conviver." Ele concluiu que apenas um deles era real e, assim que se deu conta disso, todos os pensamentos negativos cessaram.

Ao acordar no dia seguinte, tudo estava diferente — ele se encontrava num estado de "profunda paz e bem-aventurança". Naquela manhã, escreve, "caminhei pela cidade em total assombro diante do milagre da vida. Era como se eu tivesse acabado de nascer de novo".

Tolle transcendeu pensamentos — a voz em sua cabeça.

Ele sustenta que a maioria de nós passa a maior parte da vida com uma constante "voz dentro da cabeça", o crítico interior que julga e interpreta a realidade, determinando nosso humor. E explica que presumimos que alguém é "louco" quando o vemos falando consigo mesmo em público, mas que isso é apenas o que acontece na cabeça de todos, a única diferença é que não temos coragem de falar em voz alta.

Todos temos aquela voz que "comenta, especula, julga, compara, queixa-se, gosta, desgosta, e assim por diante", diz Tolle.

A voz não é necessariamente relevante na situação em que você se encontra no momento; pode estar revivendo o passado recente ou distante ou ensaiando ou imaginando situações futuras.

"Não é incomum que a voz seja o pior inimigo de alguém. Muitas pessoas vivem com seu algoz na cabeça, que as ataca e pune, drenando sua energia vital. Ele causa enorme sofrimento e infelicidade, além de doenças", escreve Tolle. Quando li aquilo, eu me sentei ereta na cama.

Esse pequeno homem alemão estava fazendo uma reportagem dentro da minha mente.

Tolle explica que essa voz nos impede de aproveitar a única coisa que é real: o Agora. Apenas vivendo no Agora podemos encontrar paz e alegria.

Eu lia cada página como se fosse uma experiência religiosa.

Eu tinha achado! *O livro.*

Se eu conseguisse descobrir como calar essa voz cruel na minha mente, então tudo seria melhor. Mas como?

O primeiro passo é estar ciente em relação ao que a voz em nossa cabeça fala. Tolle nos diz para não julgar os pensamentos ou se incomodar com nós mesmos por tê-los, nem se deixar levar por eles — devemos apenas parar por um momento e observá-los.

Segundo ele, quanto mais observarmos nossos pensamentos — em vez de nos deixarmos ser apanhados por eles —, mais eles perderão força. Continuarão a aparecer de vez em quando, mas sem a intensidade de antes. Você será capaz de dispensá-los da mesma forma que faria com um tio velho e trêmulo.

Então, fiz o que me foi dito. Comecei a observar meus pensamentos; a ouvir os discos que tocavam na minha cabeça. E que momento penoso.

Primeiro havia o "disco gordura". Começava no momento em que abria os olhos e sentia o peso das minhas coxas roliças ao levantar da cama. O disco tocava mais ou menos assim: *Você é nojenta. Por que come tanto? Você não tem disciplina, comeu demais ontem.* E aí vinha uma lista mental de tudo o que eu havia comido na véspera e a promessa de não comer carboidratos naquele dia.

Em seguida, me preparando para o café da manhã, começava o "disco da preguiça": *Por que não se levantou mais cedo? Por que desligou o alarme do despertador? Por que bebeu tanto ontem à noite? Você tem tantas coisas para fazer hoje, pois não fez nada ontem. Por que é tão imprestável?* E então, pensava em todos os meus amigos que são produtivos e no quanto eram mais bem resolvidos que eu...

Logo depois, quando tentava trabalhar um pouco, vinha o seguinte disco: *Isso está uma merda. Por que está com a cabeça tão confusa? Recomponha--se, beba mais café, que lugar-comum. Por que está fazendo uma bagunça tão grande em um artigo que fala sobre coxas? Pelo amor de Deus, qualquer idiota poderia fazer isso. Outros jornalistas fariam a mesma coisa em metade do tempo, a esta altura já teriam escrito três artigos e, veja só, você ainda nem chegou à metade dessa porcaria...*

Mais tarde, com a noite se aproximando, eu tentava desligar a voz com álcool, e aí começava o "disco 'Eu bebo demais'": *Por que está bebendo? Você disse que não ia beber hoje. Você não tem disciplina, amanhã vai se sentir um lixo...*

E se eu estivesse com amigos: *As pessoas te acham um saco. Cala a boca, ninguém está interessado em você, apenas ouça e seja simpática. As pessoas te acham burra e obcecada por si própria.*

O "disco dos homens": *Nenhum cara jamais vai se interessar por você, com seus dentes tortos e essa bunda enorme. E você ainda é ruiva. Ele acha que você está interessada nele, e está pensando: sai dessa etc. etc.*

E também havia, óbvio, o "disco do dinheiro", que podia ser tocado a qualquer momento do dia ou da noite — na verdade, este aqui em geral era ouvido quando eu tentava cair no sono: *Você é mesmo uma imbecil, estragou tudo. Você é um ser humano nojento e mimado. As pessoas da sua idade têm previdência e uma casa. E o que você tem? Não tem nem mesmo uma reserva. Nunca vai ter condições de comprar uma casa própria...*

Aí está, portanto: a torturante trilha sonora do meu dia. Era tão normal para mim que eu nem mesmo percebia que estava lá.

Essa era a razão pela qual eu ficava doente o tempo todo. Estava envenenando meu corpo com meus pensamentos. Eu pensava que estava usando essa postura mais agressiva para me estimular, mas tinha o efeito contrário. Minha voz intimidadora roubou a alegria de tudo e drenou minha energia. Também me paralisou — eu estava ocupada demais me afogando em erros passados e em desastres futuros imaginários para de fato seguir com a tarefa da vez. Estava ocupada demais me odiando para valorizar a vida ótima que eu tinha à minha frente. Estava em uma prisão mental que eu mesma havia criado.

256 Autoajude-me!

★ ★ ★

Tolle afirma que não precisamos sentar de pernas cruzadas no chão para estar no Agora. Ele diz que parar durante o dia para dar uma olhada pela janela durante um minuto ou dois é o suficiente para nos trazer de volta ao presente. Sair para uma caminhada e contemplar o céu, as nuvens, as árvores, os pássaros também ajuda. Deixar-se absorver pelas sensações físicas do que quer que você esteja fazendo — seja lavar a louça ou subir degraus de uma escada. Como regra geral, afirma ele, não podemos estar em nosso corpo e em nossa mente ao mesmo tempo. Ele aconselha que você sinta a energia do seu corpo quando seus pensamentos vierem à tona com força. Sugere que feche os olhos e sinta a energia em suas mãos, seus pés, seu abdômen, seu peito. Isso vai acalmá-lo instantaneamente.

E foi o que fiz. Continuei olhando pela janela, respirando profundamente e sentindo as extremidades do meu corpo, enquanto escrevia um artigo sobre uma nova dieta. A dieta do gelo. É isso mesmo, você come gelo e isso ajuda a perder peso. Já que não há calorias no gelo. Nem eu poderia inventar uma coisa dessas.

Depois de uma semana de respiração, conversa com as árvores e de sentir os pés, o volume dos meus pensamentos negativos não tinha diminuído. Na verdade, descobri algo interessante: eu tinha muito apego a eles.

Descobri isso enquanto estava comendo uma massa na casa de Helen. O lugar estava bem aquecido e aconchegante e a comida estava deliciosa. Deveria ter sido uma noite agradável. Mas não era uma noite agradável na minha cabeça: *Você não deveria estar bebendo... Você é uma preguiçosa e um desperdício de oxigênio. Mas não diga nada, porque Helen vai pensar que é idiotice... E por que está comendo mais macarrão? Sua calça jeans já está apertando. E você não deveria estar comendo carboidratos. Todas as refeições do dia tinham carboidratos.*

Recorri à história do "Esteja aqui agora" — inspirando profundamente e sentindo os pés —, mas o disco continuava tocando. A verdade é que eu sentia um prazer perverso com a minha narrativa pessimista e derrotista de "coitada de mim".

"A mente, condicionada como é pelo passado, sempre busca recriar o que conhece e com o que é familiarizada. Ainda que seja doloroso, pelo menos é conhecido", diz Tolle. "Observe o prazer que você sente pelo fato de ser infeliz."

Meu Deus, ele está certo. Eu *sentia* prazer por estar infeliz. Mas por quê?

Tolle diz que é uma coisa do "ego" — o que ele define como a falsa identidade que criamos para nós mesmos, com base em nossos pensamentos e nas histórias que contamos para nós mesmos. Todos achamos que uma pessoa com um ego grande é alguém que se acha melhor que os outros, mas na verdade também pode ser exatamente o contrário.

"Todo ego quer ser especial", explicou o autor a Oprah. "Se não puder ser especial sendo superior aos outros, fica bem feliz pelo fato de ser especialmente infeliz. Alguém diz 'Estou com dor de cabeça', e outra pessoa diz 'Estou com dor de cabeça há semanas'. As pessoas chegam a competir para ver quem é mais infeliz! O ego que age assim é tão grande quanto o que se acha superior a alguém."

Ele ainda afirma que muitos de nós construímos nossa identidade ao redor de nossos problemas e então relutamos ao desistir deles porque pareceria perder a si mesmo.

Tony Robbins disse a mesma coisa — que nosso maior vício é em nossos problemas. Disse também que, por mais que pensemos que não queremos problemas, nós os queremos porque saciam uma vontade nossa. Foi apenas agora que entendi o quanto isso era verdade.

E então, enquanto ouvia uma garota bonita cantando uma música do Coldplay no programa de TV "The Voice", tive uma pequena epifania.

EU AMAVA OS MEUS PROBLEMAS. QUERO DIZER, REALMENTE, EU OS AMAVA DE VERDADE. EMBORA, NA VERDADE, TECNICAMENTE FALANDO, EU NÃO TIVESSE PROBLEMA ALGUM, ALÉM DOS CRIADOS NA MINHA CABEÇA.

Tolle afirma que em qualquer momento, se estivermos preocupados, devemos nos perguntar: "Isso é um problema agora?" Em 99 por cento das vezes, não é.

Mas continuei inventando alguns. Preferia estar mergulhada em meus pensamentos negativos, não importava quão infeliz me fizessem, porque eles eram quem eu pensava ser. Eram a história que vinha contando para mim mesma por tanto tempo quanto eu era capaz de me lembrar.

Tolle diz que sair de seu ego (suas histórias) é como morrer, então ele (na forma de seus pensamentos malucos e maníacos) vai fazer de tudo para manter você nessa espiral. "Uma vez que se identifica com alguma forma de negatividade, você não quer deixá-la partir e, em um profundo nível inconsciente, você não quer uma mudança positiva. Isso ameaçaria a sua identidade de pessoa deprimida, irritada e injustiçada. Você vai, então, negar ou sabotar aquilo que é positivo em sua vida."

E, como se meus pensamentos negativos já não fossem suficientemente ruins, ainda desenvolvemos um sentimento de apego aos sentimentos negativos. Entra em cena então o misterioso "corpo de dor" — o que, na linguagem de Tolle, é uma dor antiga que carregamos conosco. Do dia em que você faz xixi na calça na escola e se sente envergonhado, até a dor da primeira desilusão amorosa e daquela raiva que nutria pelo seu pai... Toda essa emoção, se não sentida, expressada e liberada a tempo, fica em você e direciona como reagir ao dia a dia, mesmo cinquenta anos após um determinado acontecimento.

Inconscientemente, buscamos situações que confirmem que nosso "corpo de dor" está certo. Assim, por exemplo, as pessoas inseguras vão encontrar afirmações constantes de que ninguém gosta delas e vão até mesmo buscar relacionamentos com pessoas que não têm interesse nelas, apenas para confirmar os sentimentos de seu "corpo de dor".

Era isso. Eu estava sempre buscando situações complicadas. Coisas com as quais eu precisasse lutar. Estava sempre buscando pessoas que me rejeitassem — embora, segundo o que descobri no mês da Terapia da Rejeição, na maior parte do tempo era eu que me afastava.

"Você prefere ficar na dor", escreve Tolle, "a dar um salto no desconhecido e arriscar-se a perder seu já familiar eu infeliz."

Exatamente! Eu sempre me coloco de volta no papel da garota ruiva, gorda e pobre coitada que ninguém chamaria para dançar na escola.

Porque, assim, eu poderia sentir pena de mim mesma e bancar a vítima, em vez de sair, colocar a mão na massa e aguentar as porradas como todo mundo.

Enquanto navegava pelo site atrás de mais conteúdo de Eckhart — eu nunca estava saciada —, encontrei um resumo ainda mais forte: "O corpo de dor é isso: um vício em infelicidade."

Eu era assim! Eu era viciada na minha infelicidade.

Eu amava ser infeliz! Eu tinha um fraco por ser infeliz. Um fraco pela narrativa de "coitada de mim".

Voltando para casa à noite, tive dificuldade em entender essa nova realidade. Tudo em minha mente era apenas uma coisa inventada sem sentido. Não era real.

Acordei ainda atordoada por chegar a essa conclusão. Quem seria eu se perdesse todas as minhas histórias sobre ser gorda e feia, sobre ser descontrolada com dinheiro e estar sempre doente? Essas narrativas eram minha identidade. Eu ainda seria eu? Ou eu seria... bem, nada?

A ideia de perder meus problemas não parecia boa — na verdade, parecia terrível. Como dar um passo e cair de um penhasco.

Enquanto fazia minha caminhada matinal no parque, ponderando sobre essas questões existenciais profundas, me dei conta de que talvez seja por isso que os livros de autoajuda não funcionam comigo no longo prazo. Pensamos que queremos mudar, mas não é isso que queremos. Continuamos voltando aos nossos antigos hábitos, nossa antiga personalidade, nossas antigas histórias porque é assustador demais não fazê-lo.

Porque para mudar *de verdade* é necessário que a gente se perca completamente.

Foi aqui que minha cabeça começou a girar. No fim da terceira semana de janeiro, me encontrei vagando pelo Hyde Park, tentando dar sentido a algo que não fazia sentido algum para mim.

Se não somos nossos pensamentos e sentimentos, o que somos realmente?

Segundo Tolle, nosso ego quer que nos sintamos separados das pessoas ao nosso redor, ao passo que a verdade é que somos todos parte da mesma consciência, da mesma força vital. Somos um com as flores e com as árvores. Um com os animais e com os outros humanos — somos um com toda a vida. Somos todos a mesma massa de energia ou consciência que apenas assumiu diferentes formas. Tolle diz que acreditar nisso é como uma onda achando que está separada do mar. Não está. Ela faz parte do oceano e temporariamente assume forma própria, mas retornará sempre ao oceano. Assim é a vida e a morte para nós, afirma ele. Nosso corpo vem e vai, mas o nosso "Ser" estará sempre aí, e todos somos parte do mesmo "Ser".

Ele escreve: "Por baixo do nível das aparências físicas e da forma separada, cada um de nós é um com tudo que é."

Li e reli essas frases, tentando absorvê-las, mas elas eram escorregadias. Ser era outra palavra para Deus? Aquilo estava certo? Havia um Deus? Havia uma força divina? Era isso o que ele estava dizendo? Eu não conseguia acompanhar. É lógico que nós estamos separados... Eu sou eu e você é você... Ah, minha cabeça doía...

Levantei o olhar e descobri que tinha andado pelo Hyde Park, pela Edgware Road e agora estava na Baker Street. Isso foi depois do trabalho e a rua estava cheia de funcionários de escritório bem-vestidos correndo para o metrô.

Fui até um Starbucks e pedi um chocolate quente. Uma mulher ao meu lado estava escolhendo um muffin de mirtilo enquanto um jovem casal sorria e flertava um com o outro. Eles estavam em um date sem álcool — uma ideia quase tão desconcertante quanto consciente.

Abri meu laptop e me vi digitando "Deus existe?" no Google. Por duas horas, naveguei por sites que eu não entendia que tratavam de coisas como *New Age*, Consciência, Energia e Conexão... Eu não entendia, mas queria entender.

Nunca pensei sobre essas grandes coisas antes — estava sempre muito obcecada pelas minhas neuroses para fazer isso. Passei minha vida trancada na estúpida e minúscula prisão criada pelos meus pensamentos e estava perdendo a experiência de estar viva!

Enquanto descia a Marylebone Road, os carros presos no trânsito de sexta-feira à noite, minha cabeça girava. Por que estávamos todos aqui? Se estamos todos conectados, por que não somos gentis uns com os outros? Por que a vida não pode ser um tipo de paraíso?

Liguei para minha mãe. Ela era professora e sabia das coisas.

— *O poder do agora* diz que nós somos mais do que nossos pensamentos e sentimentos. Mas, se for verdade, quem *somos* exatamente? — perguntei. — Quero dizer, será que somos apenas Energia? Ou Amor? Ou Consciência? Você acha que há um Deus? Não um Deus católico mesquinho, mas um tipo de poder maior que conecta a nós todos?

Depois de uma longa pausa, a resposta da minha mãe à principal questão filosófica subjacente à toda a nossa existência foi sucinta:

— Não sei, Marianne, mas tenho que desligar. Vai começar *Graham Norton* na televisão.

Contudo, embora eu não entendesse plenamente o que Tolle dizia, suas palavras causaram algum efeito sobre mim. No fim de janeiro, senti um tipo de calma completamente nova para mim.

À noite, em vez de ficar deitada horas a fio preocupada com tudo e nada, eu escaneava cada parte do meu corpo, sentindo a energia nos meus pés, nas minhas pernas, nos meus quadris... E costumava cair no sono mais ou menos ao chegar aos ombros.

Os dias ainda começavam com uma injeção de ansiedade, mas eu dizia a mim mesma: "Esteja aqui agora, esteja aqui agora..."

Eu descia, preparava meu café atentamente e de fato saboreava minha torrada, em vez de engoli-la. Em seguida, saía para minha rápida caminhada no parque mais próximo. Minha rotina era ouvir uma faixa de dance ruim enquanto apertava minha bunda e caminhava o mais rápido possível rumo ao topo da colina, tentando criar algum tipo de motivação para o dia. Mas em 30 de janeiro resolvi adotar uma abordagem diferente.

Enquanto fazia minha caminhada ao redor do Hampstead Heath, percorri mentalmente minha lista de tarefas para aquele dia: terminar outro artigo sobre frizz no cabelo e escrever um artigo sobre atenção plena para um jornal irlandês. Normalmente, seria o suficiente para uma violenta queda de adrenalina. Eu começaria a andar cada vez mais rápido, me repreendendo por não ter levantado mais cedo. Eu teria me estressado escrevendo um artigo sobre como não se estressar por meio da atenção plena — o que seria ridículo.

Nesse dia, não me senti sobrecarregada pela minha lista de coisas a fazer.

Pelo contrário, veio uma sensação de paz. Tentei algo radical: tirei os fones de ouvido e caminhei em silêncio.

Diminuí o ritmo, ouvindo as leves pisadas dos pés no solo e o barulhinho das mangas da jaqueta contra o meu tronco. Tomei consciência do ar frio que batia nas minhas bochechas. Incrível como todos os sentidos são aguçados pelo simples ato de desligar a música.

Achei que estava ouvindo gaivotas e me perguntei se era verdade. Eu estava ouvindo gaivotas em Londres? Havia também um cão latindo, e depois o ronco distante de um avião.

Parei.

Olhei para as árvores marrons desnudas espalhadas pelo parque. Eram elegantes, silenciosas e fortes. *Gostaria de ser essas árvores*, pensei. Aposto que nada as incomoda.

Eu podia sentir meu coração batendo.

Duas mulheres passaram por mim usando roupas de ginástica.

— Ele nem mesmo enviou uma mensagem de texto — disse uma delas.

— Revoltante — comentou a amiga, enquanto prosseguiam exasperadas, em uma leve fúria.

Fiquei pensando como somos bobos, nos indignando por nada.

Um labrador amarelo enlameado passou correndo por mim com um graveto na boca, ofegante de prazer e se sacudindo de empolgação. Os cães são tão felizes, não é mesmo? Precisam apenas de um campo aberto,

O poder do agora

um graveto e explodem de alegria. Não ficam ofendidos nem se sentem insultados nem preocupados com seus preciosos egos. Sabem apenas que neste exato momento suas patas estão chafurdando em terreno lamacento, que uma bola de tênis mastigada está voando até ele e que é a melhor coisa do mundo!

Por que não podemos ser assim?

Voltei para casa me sentindo serena. Fiz todo o meu trabalho em cinco horas — sem nenhum drama.

Por volta das 15 horas, parei para um almoço tardio. A luz da tarde entrava pelas janelas e havia na tranquilidade da casa um suave sussurro. Ao longe, a leve vibração da secadora de roupas concluindo seu ciclo no andar de cima. Eu quase podia sentir a eletricidade e os canos fazendo seu trabalho.

Respirei fundo.

Admirei a beleza da comida no meu prato e levei um pedaço de brócolis à boca. Ele explodiu de vida lá dentro. Como é que eu nunca tinha notado como brócolis é tão cheio de vida? Quer dizer, sempre gostei de brócolis, mas aquele parecia mágico.

Olhei pela janela. Havia um esquilo sentado na grama do jardim. Lembrei como Rachel ficava louca com eles — sempre cavando e mastigando —, mas o animalzinho estava majestoso, sentado ali com sua suntuosa cauda. Como ficar furiosa?

Respirei fundo de novo.

Olhei para a madeira da mesa prestando atenção na textura cor de caramelo. Olhei para as tulipas cor de laranja num vaso. Elas me pareceram tão vivas — como pequenas pessoas ali na mesa. Naquele momento, eu via a vida em tudo. A mágica de tudo.

Por que eu vinha tornando as coisas tão difíceis? Tudo de que eu precisava estava bem ali. Senti uma onda quente de amor percorrendo meu corpo, um sentimento tão forte que quase doía. Foi tão avassalador que lágrimas brotaram em meus olhos.

Pensei na minha mãe e senti tanto amor por ela que poderia ter explodido. Pensei nas minhas irmãs e nas minhas amigas... Pensei em pessoas nas quais não pensava há anos, até em algumas que tinham me magoado ou irritado; podia ver que todas tinham seu propósito. Pensei em pessoas que magoei, esperando que sentissem o mesmo a meu respeito.

De repente, parecia quase insuportavelmente perfeito que tenhamos sangue correndo nas veias e um coração que bate e um céu que fica cor-de-rosa e vermelho e dourado no início da noite. Tínhamos pessoas que nos amavam, e também plantas, vida, morte e luz que vislumbrávamos pelas janelas.

Eu podia ouvir crianças conversando na casa ao lado e o som de um avião no céu... Devia estar indo para Nova York, onde minha irmã morava... Eu era parente de alguém que morava em Nova York! Isso não é incrível? Pessoas conheciam outras de todo lugar e viajavam de avião para vê-las, atravessando os céus...

Os canos estavam fazendo um som latejante e me senti sonolenta, aquecida e pronta para um cochilo. Caminhei pela sala e me deitei no sofá, pousando uma manta xadrez no meu colo. O sofá era mole. Fechei meus olhos e senti que ia apagar... Ah, sonecas, uma das melhores coisas do mundo. E tem tantas outras melhores coisas... café, sorrisos, abraços...

Acordei na escuridão. A casa ainda estava vazia. A felicidade ainda estava lá, em meu corpo, na sala... então por um segundo meus pensamentos entraram em cena novamente: *Por que dormiu? Você tem coisas pra fazer... Você é tão preguiçosa. Rachel não dorme durante o dia...* Mas dessa vez eu ri sobre como aquilo era previsível.

É apenas seu cérebro fazendo o que faz, disse a mim mesma. Isso é apenas uma gravação.

E então parou. E me senti um pouco perdida.

Largar essa voz parecia estranho — e assustador.

Eram 19h20. Rachel ainda não tinha chegado em casa. Eu me sentei em silêncio. E agora?

Se viver o momento é a resposta para a felicidade, isso significa que agora me resolvi? Não preciso mais de autoajuda ou autoaperfeiçoamento?

O poder do agora 265

Eu deveria sair e encontrar um banco de parque para me sentar? Não me preocupar com dívidas e abrir mão de todas as minhas ambições e meus sonhos?

O que me levou de volta ao início de todo esse projeto: por que eu estava fazendo aquilo? De verdade, o que estou buscando?

Eckhart Tolle diria que tenho tudo de que preciso neste exato momento. Estou viva, respirando. Estou em segurança. E, no entanto, eu ainda queria mais.

Era errado? Significava que eu não estava no Agora?

Porque, embora parte de mim quisesse um futuro legal, todas as vezes em que eu pensava sobre metas e objetivos, ficava estressada. O desejo me estressava. Eu começaria a entrar em pânico e diria para mim mesma para tentar com mais afinco, fazer mais, fazer as coisas acontecerem. Querer é o contrário de estar no Agora.

Tolle descreve o estresse como "estar 'aqui', mas querer estar 'lá'". Segundo ele, é natural planejar coisas para o futuro, sem jamais priorizar o futuro em relação ao momento presente. Podemos estabelecer metas e trabalhar para alcançá-las, mas a maior atenção deve estar concentrada no passo que estamos dando agora, e não no destino final.

Se não fizermos isso, "sua vida não é mais uma aventura, apenas uma obsessiva necessidade de chegar a algum lugar, de alcançar, de 'conseguir'. Você já não vê nem sente o perfume das flores no caminho nem tem consciência da beleza ou do milagre da vida que se desvela ao seu redor".

Minha vida tem sido uma longa e obsessiva necessidade de "conseguir", de "chegar lá". Achei que ficaria bem quando alcançasse o sucesso, ficasse mais magra, conseguisse mais dinheiro. Achei que me sentiria melhor se arrumasse um namorado ou me autoaperfeiçoasse.

Mas nada disso tinha funcionado porque a felicidade não se encontra na procura, mas se aprofundando em cada momento e tirando tudo dele. Aproveitando o trabalho, não o resultado. Aproveitando o som da risada de Rachel. Aproveitando o gosto da torrada com manteiga. A sensação ao cair num sono profundo no sofá em uma tarde de sexta-feira.

266 Autoajude-me!

Estar no Agora não significa que você deva desistir. Você pode agir o quanto quiser, desde que o faça com os pés firmemente presos no Agora. Tolle afirma que, na verdade, nosso melhor trabalho e inspiração vem de um lugar de calma e paz, não de busca incessante e estresse. Pensei na Itália e em como eu tinha agarrado a bala com facilidade quando parei de tentar. Era a mesma ideia.

Mas poucos de nós vivem desse jeito. Estamos todos muito ocupados correndo atrás da próxima coisa, e da próxima, e da próxima, e da próxima. É como a sociedade nos diz que devemos ser. É absurdo.

"Os seres humanos são uma espécie perigosamente insensata e muito doente", diz Tolle. "Isso não é um julgamento, é um fato." Ele sugere pegarmos um livro de história e estudar o que aconteceu no último século. Guerras mundiais, genocídios, destruição de florestas e da vida selvagem — esse não é o comportamento de uma sociedade saudável, argumenta ele. Estamos literalmente matando uns aos outros e destruindo o planeta do qual dependemos para sobreviver. Estamos também nos matando.

Tolle pensava em suicídio quando teve sua epifania. Ele acredita que é somente quando chegamos ao fundo do poço que percebemos que tem de haver uma forma diferente de viver a vida.

E era isso que os últimos meses tinham feito por mim.

Pensei no que Gemma tinha falado sobre a analogia do elástico e quão perto meu cérebro chegou de arrebentar. Não era mais uma opção continuar vivendo daquele jeito: sempre me criticando, me pressionando e me punindo.

Como Tolle escreve: "Quando se está preso em um pesadelo, você vai estar mais motivado a acordar do que alguém que está apenas vivendo altos e baixos em um sonho comum."

Eu havia acordado.

No fim de janeiro, tendo passado um mês lavando louças, contemplando árvores, sentindo meus pés, não havia outro lugar onde eu gostaria de estar, não havia outra pessoa que eu gostaria de ser.

Em 31 de janeiro, um sábado, eu estava tomando café em uma famosa cafeteria, a Bread and Bean. Começou a tocar no rádio uma canção do

Depeche Mode — "All I ever wanted, / All I ever needed / Is here in my arms" ["Tudo que eu já quis/ Tudo de que precisei/ Está aqui nos meus braços"] — e cantei junto, baixinho, enquanto olhava pela janela. A neve caía como um segredo sendo sussurrado. O mundo parecia mais leve. Um sujeito acima do peso e careca usando um tênis cor-de-rosa chamativo passou pela rua. Eu estava com uma agradável sensação dentro de mim. Uma sensação de calma e alegria tão profunda que mais uma vez lágrimas brotaram em meus olhos, e me dei conta de que a vida é boa, de que eu estava bem. Esses momentos são preciosos, mas acho que, se prestarmos atenção, vamos perceber que acontecem o tempo todo.

Capítulo 15

Mulheres poderosas não esperam pela sorte,
de Matthew Hussey

"Você fica tão obcecada em conhecer O cara que não conhece NENHUM cara."

— Essa história de ficar sentindo o aroma das rosas é boa, mas onde está a ação? Onde está a pegação? — perguntou o amigo de Rachel, Paul, que já havia tomado três cervejas e estava mais agressivo.

Estávamos no pub St. John, em Archway, e o lugar estava cheio de pessoas dispostas a celebrar o fim do mês seco que é janeiro. Era minha primeira saída à noite em semanas.

Eu vinha mostrando meu entusiasmo sobre viver no momento presente e apenas aceitar tudo como era. Achava que transparecia uma calma e serenidade que todos ao meu redor perceberiam (e invejariam), mas até então ninguém tinha percebido que praticamente estavam bebendo com uma Buda ruiva.

— Pensei que você fosse ler um livro sobre encontros — concordou Rachel.

— Eu ia — respondi. — Mas não sei se deveria me importar em ler mais livros. *O poder do agora* foi meio que o livro certo para mim. Eu queria ser feliz e agora sou, então o trabalho foi concluído.

— Mas ter encontros pode ser divertido depois de toda essa busca espiritual — disse Rachel.

— Não acho encontros divertidos — respondi. — E, de qualquer forma, todos os livros dizem que não é necessário encontrar outra pessoa para ser feliz. Você só pode fazer isso por conta própria. E é o momento em que estou.

— O cara que escreveu *O poder do agora* é solteiro?

— Não, ele está com alguém.

— E o John do *Dane-se*?

— Ele é casado.

— Então, eles devem achar o amor algo bom. Você não quer conhecer alguém? — perguntou Rachel.

Eu nunca sabia como responder a essa pergunta.

— Por que você não pega a próxima rodada de bebidas e flerta com o barman? — sugeriu Paul. — Quando ele te der o troco, toque a mão dele e olhe em seus olhos.

— Ah, pelo amor de Deus. Não vou fazer isso.

Enquanto eu esperava no bar, fiquei irritada. Depois de tudo o que eu havia feito no último ano, tudo o que todo mundo queria saber era quando eu encontraria um homem.

Por que tudo tem que se resumir a isso? Não era suficiente ter encontrado paz e contentamento? Sentir a alegria nos brócolis e ter transformado as vozes em minha cabeça em um sussurro em vez da confusão instaurada de antes? Ter tido, talvez, possivelmente — não conte a ninguém — um "despertar espiritual"?

— O que vai querer?

Olhei para os grandes olhos castanhos do barman e senti um solavanco quente de excitação. Ah!

— Dois vinhos tintos e uma cerveja IPA, por favor — pedi.

Mulheres poderosas não esperam pela sorte 271

Senti meu rosto esquentar e desviei o olhar.

E eu estava de volta. Assim, de repente. De volta ao mundo real. De volta ao mundo dos encontros — caso eu já tenha estado nele um dia.

Busque por "encontro" na Amazon e você vai encontrar uma média de 13.111 resultados. Livros com títulos como *Comporte-se como uma dama, pense como um homem*, *Ele simplesmente não está a fim de você* e *Getting to I Do* [Chegando ao "Sim"]. Cada um prometia desvendar o segredo de como conquistar o Sr. Cara Certo e cada um deles me fez encolher de constrangimento.

Depois de uma hora ou duas navegando pelo site, comprei *Mulheres poderosas não esperam pela sorte*, de Matthew Hussey, um autor inglês expert em encontros. Havia muitas avaliações cinco estrelas, nas quais as leitoras diziam que era um livro realista e muito útil, nada enigmático ou cheio de joguinhos. Até mesmo Eva Longoria é dita como fã, embora eu ache difícil acreditar que ela encontre dificuldade para arrumar alguém em uma sexta-feira à noite.

De acordo com a citação no verso do livro, "Matthew Hussey é a autoridade mundial no tema atração. Ele estudou mais de dez mil homens e analisou mais de cinco mil encontros, tudo para contar a verdade sobre como os homens realmente pensam e como você pode atrair o melhor deles".

Esse livro ensina a você a: "Como e onde encontrar o melhor homem; oito palavras que instantaneamente despertam atração e química em qualquer cara; técnicas infalíveis para fazer o cara que você gosta notá-la."

Convenientemente para mim, um dos melhores lugares para conhecer homens, de acordo com Hussey, é em cafés. "Você pode pedir para que ele lhe dê licença para que você possa pegar alguma coisa na bancada", sugere Hussey. "Ou pode pedir a ele que segure seu guarda-chuva enquanto você pega a bolsa, ou pode perguntar em qual lado do debate café *flat white vs.* cappuccino ele está..."

Isso é estar no limite entre o sublime e o grotescamente ridículo. Em um momento, estou me perguntando se Deus existe, e no seguinte, estou sendo ensinada a puxar conversa com o cara atrás de mim na fila do café... o que me fez pensar no Grego. Vínhamos nos falando toda semana desde o Ano-Novo e parecia errado voltar ao mundo dos encontros sem contar para ele.

Por coincidência, eu estava perto do Soho a trabalho, então liguei para ele do café onde havíamos nos conhecido.

— Queria estar aí com você — disse ele quando contei onde eu estava.

— Não, você não está perdendo nada. É tudo cinza e molhado aqui.

— Então, o que está havendo?

— Bem, estou lendo um livro novo...

— É sobre o quê?

— Sobre encontros.

E lá estava o silêncio.

— Ah, tudo bem — comentou ele, seguido de outra pausa. — Bem, tudo bem. É bom que você esteja se divertindo.

— E você? Está saindo com alguém?

Foi a primeira vez que falamos sobre isso.

— Não — respondeu ele. — Tem uma garota no bar que eu frequento com quem estou flertando, mas não sei... Não tenho muito a oferecer a uma mulher nesse momento.

Ele disse que precisava desligar.

Matthew Hussey diz que a maioria de nós entrega a própria vida amorosa ao destino. Passamos a vida com a atenção voltada para todas as outras áreas — amigos, família, carreira — e os anos vão passando e um dia acordamos e nos damos conta de que temos 37 anos e o Cara Certo não caiu no nosso colo. Entramos em pânico.

Ficamos tão obcecadas em conhecer O cara que não conhecemos *nenhum* cara.

Mulheres poderosas não esperam pela sorte 273

Hussey afirma que, para conhecer mais homens, é necessário... bem, conhecer mais homens. Literalmente tantos quanto for possível. "Toda interação com outro ser humano é um possível portal para um novo mundo ou uma nova experiência, que poderia, por sua vez, apresentá-la ao amor da sua vida." Ele aconselha que iniciemos conversas em todo lugar — em parques, livrarias, na academia. Pergunte o nome das pessoas. Faça elogios. Sorria. Pergunte aos homens sobre os livros que estão lendo e sobre os dispositivos eletrônicos que usam — todo homem gosta de falar sobre seus dispositivos eletrônicos, de acordo com o autor. Você não precisa cortejá-los, é tudo questão de praticar o sorriso, a conversa e o flerte.

É uma loteria. Na verdade, Hussey considera que, se você estivesse em uma festa com cem homens (que festa!), existiria a probabilidade de ter alguma química com cerca de vinte deles. Destes, talvez você tivesse vontade de marcar um encontro com dez, e cinco deles valeriam um segundo encontro — sendo que, destes, se apenas um lhe despertasse vontade de mais um encontro, você já estaria no lucro.

Hussey pergunta: quantos homens você conhece em média numa semana? Se for apenas um (ou zero), quanto tempo levará para que encontre alguém de quem goste? Resposta: muito tempo.

Assim, meu desafio na primeira semana da operação "Pegue o Cara" foi sorrir, elogiar e conversar. E foi o que fiz — me tornei uma máquina de charme. Conversei com o gari sobre o tempo; com o homem na lavanderia sobre seu tempo livre. Disse para o garçom do restaurante italiano local — que descrevia o bolo de chocolate como "três níveis acima" de tão bom e nos garantia estar ali "para satisfazer seus desejos" — sobre ele dominar bem o inglês. Falei para o cara na loja da esquina que gostei de seu suéter. Disse ao novo colega de Mike no café que gostava da barba dele. E falei para Mike que gostava de suas tatuagens. Ele parecia confuso por eu estar comentando sobre elas depois de um ano vendo-as dia sim, dia não, mas agradeceu e disse que gostava do meu suéter.

— Obrigada. Minha amiga diz que tenho que parar de usar esses suéteres grandões, mas eu gosto.

— Acho que você deveria usar o que gosta — disse Mike.

— Você não perderia o interesse em uma garota que usasse suéteres assim?

Ele fez uma pausa.

— Não, é legal quando alguém se sente confortável consigo mesmo.

Oba! Elogios por toda parte.

No segundo dia de interações, dia 4 de fevereiro, perguntei a um homem no metrô sobre o livro que ele estava lendo, chamado *Stuffocation*.

— Sobre o que é esse seu livro?

— Ahn, é sobre como não precisamos de tantas coisas em nossa vida.

— É bom?

— Ainda estou na primeira página — respondeu —, então não sei.

Olhei para o seu colo e ele realmente estava na primeira página.

— Você acha que vai te fazer querer ir pra casa e se livrar dos seus pertences? — continuei.

— Não.

E foi isso.

Quando saí do trem, fui até o supermercado comprar comida. Eram 18 horas e o lugar estava cheio de homens. Matthew diz que todo lugar é um potencial local para conhecer caras, mas eu realmente podia iniciar uma conversa com um homem no mercado, em Archway? Ou estaria cruzando uma linha de desespero que eu não queria atravessar?

O primeiro homem que vi usava uma jaqueta de couro e estava próximo às geladeiras. Me aproximei e vi que ele estava procurando por sorvete. Eu iria mesmo fazer aquilo? Fiquei ali em pé, congelada, tentando pensar no que dizer. Hussey não tinha dado instruções... *Dane-se, Marianne, apenas abra a boca!*

— Ahn, você já provou esse sabor? — perguntei.

Ele pareceu surpreso, mas olhou para mim e sorriu.

— Não.

— Esse é qual? — perguntei.

— Manteiga de amendoim e geleia de framboesa.

Devo ter feito uma cara estranha porque ele riu.

— É, eu sei — comentou ele. — Um pouco diferentão demais, talvez.

Gostei de como ele usou a palavra "diferentão", mas antes que eu pudesse embalá-lo em uma fascinante conversa sobre vocabulário, ele colocou o sorvete de volta no freezer e se afastou.

Eu me senti rejeitada. Estava constrangida. Olhei em volta para checar se alguém tinha presenciado aquele encontro. Não parecia que tinha acontecido, mas peguei um pote do sorvete diferentão, apenas por precaução. Dessa forma pareceria que eu, de fato, estava interessada no sorvete.

No entanto, minha adrenalina estava pulsando e eu queria aproveitar isso. Um homem baixo com pinta de artista e com um cachecol azul brilhante estava decidindo entre uma salada niçoise sem graça e uma salada feta igualmente sem graça. Ele escolheu a feta.

Faça isso, Marianne. Vá em frente...

— Você já experimentou essa?

— Não — disse ele, mas dessa vez recebi um grande sorriso. — Espero que seja boa. Vai ser o meu jantar.

Ele soava italiano e parecia que ficaria feliz em conversar, mas eu não sabia como prosseguir naquela conversa sobre salada. "Aproveite!", respondi com uma voz boba e falsa antes de ir para casa e comer sorvete no jantar. Sozinha. Não era tão ruim — o sorvete de manteiga de amendoim e geleia é surpreendentemente bom. Nem um pouco diferentão.

Percebi na metade do caminho para o metrô que, na verdade, eu estava conversando muito bem com homens. Meus meses de Terapia da Rejeição e o medo de confronto tinham me tornado uma pessoa muito menos envergonhada. Meu único problema era com homens que me atraíam, como descobri na tarde seguinte no Hampstead Heath quando um homem alto e de cabelos pretos em um blazer de tweed apareceu com um labrador. Ele estava caminhando na minha direção, um pouco malvestido, porém parecia inteligente e bonito, mas não lindo. Algo entre Heathcliff e Ryan Gosling. Pude perceber em meio segundo que ele era gentil e inteligente, bom com as mãos e provavelmente muito bem-sucedido em algo artístico, porém prático...

Conforme ele se aproximou, meus pensamentos aceleraram.

Olhe para ele, sorria e diga oi!

Ele se aproximou.

Sorria, Marianne. Apenas sorria. Ou olhe para ele — é suficiente...

Mas não fiz uma coisa nem outra. Em vez disso, desviei para uma rota secundária tentando evitá-lo. Fiquei tão assustada que praticamente me joguei em um arbusto.

Sério — o que havia de errado comigo?

Depois de tudo, eu não conseguia sorrir para um homem bonito.

Por que tudo sempre acabava nesse mesmo lugar? Por quê? Quando isso iria mudar?

O que poderia acontecer de pior? Eu sorriria e ele não iria retribuir? E daí?

Caminhei até minha casa furiosa comigo mesma. Que progresso havia feito depois de um ano inteiro se eu ainda era inútil desse jeito com uma coisa que todas as outras pessoas conseguiam fazer? Eu estava com quase 40 anos, pelo amor de Deus! Havia adolescentes de 13 anos com mais lábia que eu.

Passei pelo pub St. John e por hábito olhei pela janela para ver se conhecia alguém. Não havia ninguém a não ser o barman atraente que tinha me servido quando saí com Rachel e Paul. Continuei caminhando e me censurando... e então tive um estalo. Estraguei as coisas com Heathcliff, mas eu poderia falar com o barman. Eu tinha que fazer isso.

E então me lembrei de uma coisa que Matthew fala em seu livro — funcionários são pagos para serem legais, então você não será rejeitada. Foi o que fiz. Eu me virei e voltei ao pub, empurrei a porta pesada, fui até o bar e me sentei em uma das cadeiras. Um homem mais velho no fim do bar assentiu para mim. Eu assenti de volta. Estava tensa. Nunca me sentava em pubs sozinha.

E lá estava ele. De pé à minha frente. Sorrindo. Radiante.

Sorri de volta, depois entrei em pânico.

Não seja tão óbvia, Marianne! Ele vai achar que você está atraída por ele e que é uma perdedora desesperada que não consegue arrumar um namorado e tem que ir para bares sozinha.

Mulheres poderosas não esperam pela sorte 277

— Oi — disse ele.

— Oi.

Meu coração estava acelerado.

— O que vai querer? — perguntou ele.

— Hum. Uma taça de vinho tinto pequena, por favor.

— De que tipo?

Minha mente congelou. O esperado seria que depois de todos esses anos de prática eu saberia que tipo de vinho eu gostava, mas eu não sabia.

— Ahn...

— Shiraz, Merlot... Pinot Noir?

— Merlot, por favor.

Enquanto ele ia encher a taça, peguei meu celular. Sabe, para fingir que eu tinha amigos e uma vida. Que era requisitada. Ninguém havia me mandado mensagem. Comecei a fazer anotações no bloco de notas... *Estou sozinha em um bar...*

Ele me entregou a taça e minhas primeiras palavras foram palavras que nenhuma mulher jamais deveria dizer a um homem, nunca.

— Parece pequeno.

— Bem, você pediu uma dose pequena, não é mesmo?

— Ah sim, é verdade. Desculpa.

Nunca peço taças pequenas, por isso estranhei tanto. Só fiz isso porque não queria que ele pensasse que tenho um problema com álcool.

Durante os próximos vinte minutos, mais ou menos, ele continuou atendendo aos clientes enquanto eu bebericava meu vinho (pequeno) e trocava mensagens de texto com Rachel para ver se ela podia vir me salvar. E agora? Segundo o livro, eu tinha que perguntar o nome ou descobrir alguma coisa sobre ele.

O Sr. Radiante serviu o homem no fim do bar e voltou até mim.

— Quer outra? — perguntou ele, sorrindo. Ele tinha um lindo sorriso. Sorri de volta.

Eu não queria que ele pensasse que eu era o tipo de garota que ficava nos bares sozinha tentando — mas fracassando — faturar o barman, então comecei a mentir.

278 Autoajude-me!

— Eu vim encontrar uma amiga, mas ela me mandou mensagem dizendo que está presa no trabalho... Não sei se espero ou vou para casa.

— Tome mais uma taça, está frio lá fora — comentou ele, e sorriu mais uma vez.

Ele estava dizendo aquilo porque gostava de mim ou porque era um barman e isso era o que devia fazer? Quer dizer, não era esse o trabalho dele?

— Tudo bem. Ok, mais uma.

— Pequena?

— Ah, definitivamente não. Uma grande...

Sorri de volta. Aquilo era um flerte?

— Sou Marianne. A propósito, qual o seu nome?

Ele sorriu.

— Antonio.

— De onde é esse seu sotaque? — perguntei, o coração batendo forte. As bochechas queimando.

— Brasil.

— Há quanto tempo está aqui?

— Dez meses.

— Você gosta daqui?

— É legal, mas é difícil. Eu trabalho, pego o metrô, durmo... — disse ele.

O que era um bom sinal. Em momento algum ele disse: "Eu trabalho, pego o metrô, faço amor com minha linda namorada e depois vou dormir."

— Acho que não sou um cara urbano. Sou do interior, de uma cidade pequena.

— Por que veio para Londres se não gosta de cidades grandes?

Ele deu de ombros. Não vou mentir, a conversa estava um pouco ruim.

Por isso Matthew Hussey diz que devemos puxar conversa com caras que nos agradem — caso contrário, podemos transformá-los em alguém perfeito, quando, na verdade, cinco minutos de conversa podem deixar explícito que não combinamos. Embora o carinha estivesse meio infeliz, eu ainda gostava dele. Pelo menos era sincero.

Ele parecia solitário. Enquanto ele atendia outra pessoa, pratiquei frases na minha cabeça: "Se um dia quiser dar uma volta para conhecer lugares legais de Londres, é só falar..." Ou então: "Quando tiver uma folga, seria um prazer mostrar a cidade." Eu as diria quando ele voltasse.

Senti um tapa no meu ombro. Rachel. Eu tinha esquecido que havia mandado mensagem para ela.

Ela olhou para o barman, que estava andando por ali.

— Devo ir embora?

— Não, não, não! — disse, com medo de que ele escutasse.

Depois disso, perdi a vontade de continuar. O pub começou a encher e ele foi atender outras pessoas. Nós duas bebemos e fomos embora. Não disse a ele que gostava do seu sorriso nem pedi seu telefone. Eu me sentia envergonhada e rejeitada. É assim que sempre me sinto na presença de homens que me agradam — envergonhada e rejeitada. Não importa o que façam, é como eu me sinto.

Naquela noite eu estava muito inquieta para dormir. Questões relacionadas a homens sempre traziam sentimentos de esperança, insegurança, medo... Ele pensou que eu era uma perdedora por ter sentado lá sozinha? Tinha ficado óbvio que gostei dele? O que ele pensou de mim? Comecei a tocar os discos antigos — pensando sobre o quanto eu era gorda, catalogando tudo o que eu tinha comido no dia... Eu me preocupei em relação aos meus dentes e o fato de que meu cabelo estava uma bagunça... Por que eu não podia ter um cabelo liso e brilhante em vez de ruivo e volumoso?

Pare com isso, Marianne. Sinta seus pés. Esteja aqui agora.

Fechei meus olhos e me concentrei em meu corpo, parte por parte, caminhando mentalmente pelos meus dedos dos pés... quadris... e...

— Quem é ele? — berrou Paul quando entramos no bar. — O magrelo ou o de camisa social?

Eu tinha cometido o erro de contar a Paul sobre o barman e estava arrependida. Ele me fez voltar ao pub, prometendo que não iria se envolver, e agora estava agindo feito um idiota e eu queria morrer.

280   Autoajude-me!

— Cale a boca ou eu vou embora — vociferei, antes de socá-lo com força no braço e andar até a mesa mais longe possível do bar que pude encontrar.

— Juro que ele não me ouviu — disse Paul quando voltou com drinques. — Então é aquele de camisa social?

— Sim.

Eu me acalmei. Olhei para o bar justo no momento em que o Sr. Radiante estava olhando.

Nossos olhos se encontraram. Eu me senti enjoada.

Matthew Hussey diz que o contato visual é essencial no flerte. Afirma que todos nos achamos muito bons em matéria de contato visual, mas não é o que acontece: para que os homens entendam a deixa, temos de ser BEM objetivas. Segundo ele, devemos olhar para o cara que nos interessa e sustentar o olhar por um segundo a mais do que o tempo que seria confortável. E em seguida desviar o olhar. Depois, voltar a olhar para ele, com um sorriso travesso que deixe nítido que você está interessada.

Acho esse tipo de contato visual assustador. Sorrisos provocativos também — o que isso significa? Qual é a diferença entre um sorriso normal e um provocativo? O Grego me disse que se uma garota sorrisse para ele três vezes, ele ia até ela. Então o sorriso importava. E eu podia sorrir para todo mundo sob o sol — não apenas para homens por quem eu me sentisse atraída. Levantei o olhar e sorri para ele. Ele sorriu de volta. Senti uma onda de eletricidade me percorrer.

Fingi ouvir Rachel e Paul conversando enquanto meu coração batia forte e eu derrubava meu drinque.

— Tá bom, eu vou lá.

Rachel sorriu e aplaudiu.

— *Shh*. Não faça disso uma grande coisa — pedi, me levantando e sentindo minhas pernas tão trêmulas quanto no dia em que fiz stand-up.

Fui até o bar. Ele sorriu. Eu sorri.

— Como vai? — perguntei.

— Bem, e você? — respondeu ele.

— Pode me ver uma garrafa de Merlot e uma cerveja IPA, por favor?

Mulheres poderosas não esperam pela sorte

— Quantas taças de vinho?

— Não precisamos de nenhuma, obrigada.

— Vocês vão beber do gargalo?

— Sim, ou então, se tiver um canudo, pode ser bom.

Caramba, alguém quase poderia considerar esta uma conversa espirituosa!

Ele buscou as bebidas e voltou.

Este é o momento no qual Matthew gostaria que eu tivesse dito que gostava do seu sorriso ou dos seus olhos... Perguntar sobre o debate *flat white*/cappuccino, mas o que saiu da minha boca foi:

— Meus amigos estão me zoando porque eu tenho uma queda por você.

Houve uma pausa. Ele olhou para mim. Eu olhei para ele.

As palavras ficaram suspensas no ar. À minha volta, estavam as conversas das pessoas em uma sexta-feira à noite, que desconheciam o pôquer emocional de alto risco que estava acontecendo bem ali. Continuei olhando para ele. Ele continuou olhando para mim.

— Ah.

Até que ele empurrou a máquina do cartão na minha direção e disse:

— São £25, por favor.

Ah.

Minhas mãos tremiam enquanto eu digitava a senha. Peguei as bebidas e retornei à mesa. Fiquei com medo de derrubar a garrafa, de tanto que minhas mãos tremiam. Eu me sentia humilhada, irritada, mas então veio outro sentimento, inesperado, um sentimento desconhecido... O que era? Sim, era isso: eu estava eufórica. Eu acabara de fazer algo que jamais teria feito antes. Algo completamente fora da minha zona de conforto. Tinha sido um fracasso total — mas e daí? Por que fazemos disso grande coisa? Eu não conhecia o cara. Ele não me conhecia. Tudo o que importava era que eu havia enfrentado meus medos — de novo — e tinha tentado. Hussey concorda. Ele escreve: "Às vezes, o cara pelo qual você está interessada vai te dar um toco ou já estará com outra pessoa... Não importa. Tudo o que importa é que você tentou. Essa é a história de sucesso aqui."

— Talvez ele não tenha entendido a palavra "queda" — comentou Rachel quando contei o que aconteceu.

— Talvez.

— Ou talvez ele tenha namorada — sugeriu ela.

— Você tentou, é isso o que importa — disse Paul, erguendo sua taça. — Agora vamos em frente procurar pelo próximo.

No canto do pub, o DJ estava tocando "Sexual Healing", de Marvin Gaye. Mais bebidas foram pedidas. Então mais. E mais.

A essa altura, eu estava sorrindo para qualquer um e para todos, incluindo um homem velho e banguela que passou os seus dias do lado de fora de uma casa de apostas e um cara de vinte e poucos anos com uma camisa aberta.

Em seguida, sorri para um homem com cabelos cacheados volumosos que estava no bar. Ele sorriu de volta. Mantivemos o contato visual por alguns segundos. Desviei o olhar e depois voltei para ele. Ele ainda estava olhando.

Hussey diz que as mulheres pensam que os homens não nos abordam porque não gostam de nós — mas não é o caso. A maioria deles está com muito medo de parecerem estúpidos na frente dos amigos, e por isso não tomam a iniciativa, mesmo que achem você a mulher mais gostosa do lugar. Então, é nosso trabalho tentar deixar tudo mais fácil, posicionando o nosso grupo próximo ao dele.

Hussey não recomenda beber uma garrafa de vinho antes de fazer essa abordagem, mas achei que ajudou.

— Ah, desculpe — disse depois de trombar com o Sr. Cacheado enquanto pedia mais bebidas no bar.

— Desculpo — respondeu ele. Seus olhos eram muito azuis.

Sorri provocativamente. Ou talvez embriagadamente.

— Vi você mais cedo — comentou ele.

— Também vi você.

— Você realmente sustenta o contato visual.

Ele tinha um nariz grande e eu conseguia sentir que ele cheirava à loção pós-barba, mas não conseguia lembrar o nome dela.

Mulheres poderosas não esperam pela sorte 283

— Posso te pagar uma bebida? — perguntou ele.

— Obrigada. Vou querer a mesma que você.

— Malibu e suco de abacaxi.

— Sério?

Nós conversamos. Ele trabalhava com TI. Tocava ukulele. Estava se divorciando. A mulher estava levando todo o seu dinheiro. E deixando apenas os gatos. Eu só conseguia ouvir metade do que ele falava, por causa da música. Ele pediu mais drinques. Eu mal conseguia enxergar. Dançamos Britney Spears. Eu estava gostosa em meu suéter. Não sabia para onde os outros tinham ido, mas agora éramos só nós dois. Estávamos dançando ao som de... "Only Girl (in the World)", da Rihanna... Levantei as mãos para o alto e fechei os olhos. Isso é que é vida! Dançar! Beber! Se divertir. Para que ter medo? Os homens gostavam de mim. Lógico que gostavam.

Então estávamos andando para casa no escuro.

— Eu não esperava passar por um divórcio — dizia ele. — Odeio viver sozinho.

E logo ele estava novamente falando sobre o gato.

A próxima coisa da qual me lembro foi de que estávamos do lado de fora da casa da Rachel, nos beijando nos degraus. Foi um beijo terrível, cheio de colisões de dentes. Bagunçado, estranho e cheio de mãos. Tinha gosto de abacaxi e cigarro.

— Isso é bom — disse ele.

Assenti.

Ele me assistiu subir os degraus e me atrapalhar com as chaves.

— Vou te ligar — disse ele. Eu sabia até mesmo em meu estado alcoolizado que não tínhamos trocado números de telefone.

Na manhã seguinte, acordei vestida e me sentindo morta.

— Bem, pelo menos você beijou na boca — comentou Rachel enquanto assistíamos a *Campo dos sonhos*, com Kevin Costner, e comíamos uma gigantesca barra de Snickers.

— É verdade.

— Como está se sentindo em relação ao barman?

— Será que a gente pode, por favor, nunca mais falar sobre isso?

284   Autoajude-me!

★ ★ ★

Ele: Oi, Marianne!

Eu: Oi, Jon!

Ele: Gostei do seu cabelo.

Eu: Obrigada!

Ele: "Quando preciso fazer um trabalhinho sujo, prefiro mesmo uma ruiva..."

Eu: ???

Ele: É do Bruce Springsteen.

Eu: Imagino que ele esteja falando de limpar o forno...

Ele: Eu bem que gostaria de te ver agachada no meu forno. Ou isso foi demais?

Na verdade, sim, de fato foi. Não respondi.

Uma hora depois, outra mensagem: *Você pode usar luvas de borracha.*

Também não respondi.

Outra hora depois, recebi outra mensagem: *Podemos esquecer as luvas?*

Logo depois do fã de Bruce Springsteen, veio outro pretendente que apenas tinha uma foto de perfil, na qual ele estava usando óculos escuros. Eu deveria saber que esse não era um bom sinal.

Ele: Oiê! Como vai?

Eu: Tudo bem, obrigada. E você?

Ele: Bem, obrigado. Suas fotos são boas. Já encontrou o amor?

Eu: Obrigada. Ainda não, e você?

Ele: Não estou atrás de amor. Quero algo casual.

Eu: É casado?

Ele: Sim. Te incomoda?

Eu: Não, não me incomoda, mas não quero isso.

Ele: Existe alguma coisa que eu possa fazer para você mudar de ideia?

Eu: Não, acho que não.

Dez minutos depois: *Pode me botar em contato com alguma amiga sua?*

Matthew Hussey não é fã de aplicativos de relacionamentos. Ele os acha ótimos para abrir o leque de opções, mas crê que não devemos contar exclusivamente com isso porque é muito fácil ficar sentado no sofá conversando on-line, na tentativa de evitar interagir com pessoas no mundo real. E esse foi exatamente o motivo pelo qual baixei o Tinder.

Quem precisava ser rejeitada por algum barman ou colidir dentes com um divorciado de coração partido quando podia flertar sem sequer sair de casa?

Nunca tinha entrado no Tinder e foi uma revelação — era ali que estavam todos os homens solteiros de Londres! Postando fotos de si mesmos com ou sem blusa. Rostos sorridentes e carões em fotos preto e branco. No pub, ao lado de carros esportivos, no alto de uma montanha, afagando cachorros. Sozinhos ou rodeados de garotas glamorosas — a foto que diz "Veja, as mulheres me amam! Sou um conquistador!".

Pequei pelo excesso de generosidade: qualquer um com sorriso legal e totalmente vestido ganhava o benefício da dúvida. Como resultado, recebi muitos matches e a cada poucas horas recebia uma nova mensagem: *Oi, Marianne! Como está o seu dia?*

Achei estranho dizer a um completo estranho como estava o meu dia — eles queriam mesmo saber que, depois de adiar por dias, finalmente lavaria meu cabelo? Ou que eu iria ao mercado comprar leite? Eu achava que não, então enviava a entediante e vaga mensagem: *Ótimo, obrigada! Como você está?*

No fim do segundo dia no Tinder, eu tinha quatro dates marcados.

Era a deixa para um colapso nervoso. Toda a vibe zen de *O poder do agora* desapareceu diante do mundo dos encontros.

Meu trabalho em tempo integral agora era odiar meus dentes, minha bunda e meu cabelo. A voz na minha cabeça se preocupava ao máximo se meus pretendentes não gostariam de mim ou me diriam que eu não parecia com a mulher nas minhas fotos — a propósito, eu não parecia mesmo. Selecionei minhas melhores fotos. Sei que isso é parte do jogo, mas, sério, eu poderia ser presa por propaganda enganosa.

Liguei para minha mãe, o que foi um erro.

286 Autoajude-me!

— Não beba demais. Você sabe que fica toda vermelha e inchada.
Esse foi o conselho dela.

Mas eu bebia demais. Beber era o que eu fazia quando ficava nervosa.

Primeiro, o funcionário público. Ele morava em Surrey, mas iria me
encontrar em Southbank. Nós nos encontramos em um bar na terça-feira,
10 de fevereiro. Passei três horas me arrumando, provando calças jeans
e blusas. Vestidos e botas. Saias e suéteres. Quando saí de casa (vestindo
jeans, uma blusa de seda e botas), já havia me acalmado com duas taças
de vinho. Eram 18 horas de uma terça-feira e já tinha bebido meia garrafa
de vinho. E, depois de todo estresse e ansiedade, soube, no momento em
que o vi, que não queria colocar meus lábios nele. Nós conversávamos
com facilidade, mas havia zero química.

Esse é outro motivo pelo qual Hussey diz que aplicativos de relacionamento não funcionam — no mundo real, achamos pessoas atraentes por
causa de pequenas coisas, como o jeito que andam, falam e gesticulam.
Você não consegue se dar conta desses detalhes quando está on-line, o
que quer dizer que esteve uma pilha de nervos ao longo de uma semana
por causa de um homem que em dez segundos de encontro já sabe que
não é para você.

Mas quando estava no metrô voltando para casa, me senti animada.
Meu primeiro encontro do Tinder. Não foi tão difícil ou assustador.

Na quarta-feira à noite, tomei um café com um fotógrafo que tinha
acabado de voltar do Iraque. Ele pareceu interessante. Ele também achava
isso. Passei duas horas ouvindo a voz dele sem parar.

Na noite de quinta-feira, saí com um cara que se descrevia como "um
cara de 1,80m com sotaque de Liverpool atraído pelo absurdo". As fotos
de seu perfil eram dele usando um bigode falso e uma peruca ou dele
vestindo o que parecia ser uma roupa flamenca num festival...

Nada disso fazia meu tipo. Eu era muito chata em relação a roupas
que pareciam fantasias. Eu achava coisas absurdas uma estupidez e uma
infantilidade. Mas também havia uma foto legal, com um sorriso normal,
e vi que ele morava por perto, então deslizei para um possível match.
Trocamos algumas mensagens que me fizeram rir. Ele afirmou que sabia

Mulheres poderosas não esperam pela sorte 287

fazer hambúrgueres e não gostava de pessoas preguiçosas. Respondi que eu era uma cozinheira horrível e, além disso, muito preguiçosa. Ele falou que admirava minha honestidade. Falei que gostava de hambúrgueres.

Ele disse não gostar de trocar mensagens por muito tempo... E perguntou se eu queria me encontrar com ele.

Nós nos encontramos no pub Crown and Goose, em Camden, às 18 horas, e em vinte minutos de uma conversa entediante, ele foi direto ao ponto.

— Depois daqui vamos para sua casa? — perguntou ele.

— O quê?

— Depois daqui vamos para sua casa?

— Não.

— Por que não?

— Porque eu não quero.

— Tudo bem.

Ele pareceu não se importar. Talvez estivesse aliviado por já deixar aquilo explícito desde o começo.

Não é uma surpresa que Hussey não seja um grande fã de sexo nos primeiros dez minutos de encontro. Ele afirma que, apesar de todos os homens quererem transar, eles também não gostam de sentir que você já transou com outros. Eles gostam de sentir que são especiais.

— Isso já funcionou antes?

— O quê?

— Perguntar isso assim.

— Ah, sim.

— E o que aconteceu?

— Encontrei uma mulher e perguntei: "Vamos daqui para sua casa?" E ela respondeu que sim, e transamos.

— E depois?

— Como assim?

— O que fizeram depois de transar?

— Transamos de novo.

— E depois?

— Encontramos outras pessoas com quem transar.

Eu me sentia a Madre Teresa em um encontro com Hugh Hefner.

— O que você está esperando? Que um raio caia na sua frente? — perguntou ele.

— Talvez.

— E você não se contentaria com uma chuvinha?

Achei aquilo engraçado. Ele era engraçado quando não estava sendo desprezível. Dei uma risada e ele se aproximou para um beijo. Aceitei.

Foi um beijo molhado, com barba, mas até que foi bom. Senti o cheiro da jaqueta bolorenta dele.

— Tem certeza de que não vamos para a sua casa depois?

— Nunca tive tanta certeza de algo na minha vida.

Voltei para casa me sentindo vazia. Ele transformou a ideia de sair num encontro em algo muito sem graça. Conhecer alguém, transar, conhecer alguém, transar... É só lavar e repetir. Eu sabia que se tratava de uma aposta, mas não tinha a capacidade mental e física para jogar. Ainda era quinta-feira e eu já estava exausta.

Três encontros em uma semana, e não conheci ninguém legal. Eu tinha planos de sair com um quarto cara, que trabalhava em uma instituição beneficente, para tomar um drinque no Charlotte Street Hotel no sábado à noite — que era Dia dos Namorados. Ele me mandou mensagem na manhã de sábado para me dizer que não se sentia bem. Respondi desejando melhoras e que poderíamos remarcar. Depois, ele desfez o match. Fiquei magoada e confusa, mas também aliviada.

Passei a manhã do Dia dos Namorados no sofá, com Rachel, vendo um filme de Ashton Kutcher. Ele estava em lua de mel com Brittany Murphy e tudo estava dando errado. Peguei no sono antes de chegar na parte do filme em que eles descobriam que se amavam de verdade.

Estava na terceira semana e meu último encontro do Tinder seria com Alistair, um homem escocês que trabalhava para o Serviço Nacional de Saúde. Seu perfil dizia que ele "gostava de tirar conclusões sobre as pessoas com base nas fotos escolhidas para o perfil". Ele deduziu que eu era irlandesa, gostava de dançar swing e de roupas antigas. Eu deduzi que ele era escocês.

Estávamos trocando mensagens já havia alguns dias, e ele me fez rir. Foi fácil.

Ele perguntou se eu queria encontrá-lo. Eu disse que sim. Combinamos para quinta-feira, dia 19. Ele disse que entraria em contato para acertarmos tudo.

Na quarta-feira à noite, nada dele. Isso era bem chato. Por orgulho, não queria ser a primeira a mandar mensagem, mas queria saber se o encontro ainda estava de pé, para fazer outros planos se fosse o caso.

Então mandei esta mensagem: "Olá, Alistair, tudo bem? Queria saber se amanhã à noite está confirmado."

A resposta veio cinco minutos depois: "Tenho estado superocupado com o trabalho, começando muito cedo e trabalhando até tarde da noite, então não vai dar."

Nada de "Oi, tudo bem?". Nada de desculpas por não ter entrado em contato. Nem mesmo um "Ainda estou interessado".

Então veio outra mensagem: "Podemos nos encontrar por volta de 8/8:30."

Hum, me faz um favor? Que tal não?

Minha primeira reação foi deletá-lo e sumir igual fumaça, mas respirei fundo e escolhi o caminho mais difícil.

Respondi: "Vamos deixar pra lá, você parece muito ocupado."

Ele respondeu: "Sim, tem sido uma semana pesada."

E, em seguida, mandou uma longa lista do que está acontecendo no seu trabalho, explicando como anda cansado e estressado... Fiquei furiosa de novo. Eu não estava interessada na situação em seu escritório. Eu nem o conhecia.

Sei que estamos falando do Tinder, mas não estamos no direito de esperar algum esforço a essa altura dos acontecimentos? Cadê o charme? Cadê a sedução?

Ao terminar de compartilhar sua lista de afazeres, ele acrescentou: "Mas ainda estou a fim de te encontrar, a não ser que você tenha mudado de ideia."

E era *isso* mesmo que tinha acontecido.

Respondi: "Entendo que o trabalho tenha tomado seu tempo, mas sou meio antiquada em relação a essa história de educação. Teria sido bom ter notícias suas, mesmo que fosse para adiar. Para ser franca, talvez eu esteja fazendo malabarismos com muitas possibilidades de encontros, então vamos deixar pra lá. Boa sorte com tudo, e obrigada pelas mensagens divertidas. Gostei mesmo delas."

Fiquei superfeliz com a frase sobre o excesso de possibilidades de encontros. Na verdade, estava feliz com tudo aquilo. Eu nunca me imponho em relação ao que penso — seja com homens, amigos, com ninguém. Foi muito bom dizer educadamente que, na verdade, aquilo não era bom o suficiente.

Era algo novo.

Hussey afirma que, ao sustentar uma posição assim, eu me tornei uma Mulher de Alto Valor. O que não significa Muito Difícil de Manter nem Difícil de Conquistar — apenas uma mulher que tem autoconfiança e segurança, que sabe o que quer e não tem medo de expressar isso.

Ele escreve: "Uma mulher segura de si tem uma profunda noção de autoestima... Se não consegue o que quer ou precisa em um relacionamento, a mulher autoconfiante se sente confortável em articular suas necessidades ou ir embora. Isso também se aplica nos primeiros encontros com um cara — se um homem com quem estiver conversando entediá-la, ou se for um fanfarrão, a mulher segura dará um jeito de se livrar dele, com educação, em vez de perder tempo."

Pensei em todas as conversas chatérrimas que ouvi, fingindo interesse, só para ser educada. Segundo Hussey, quando expressamos os padrões que buscamos, os homens vão tentar se igualar a eles.

Ele tinha razão.

O tom de Alistair mudou depois da minha mensagem. Ele mandou várias mensagens pedindo desculpas por não ter entrado em contato antes e pedindo que, por favor, eu não o deletasse, pois adoraria sair comigo em algum momento... mas era muito pouco e foi tarde demais. Desfiz o match.

Mulheres poderosas não esperam pela sorte

Tinha certeza de que Alistair era um cara legal — só que foi complacente e preguiçoso. E acho que eu também. Nessas duas semanas no Tinder, abandonei conversas sem me despedir, só porque perdi o interesse. Mandava mensagens enquanto assistia TV, comia, batia papo com Rachel. Mal era uma comunicação de verdade. Tudo começou a parecer um jogo — e era fácil de esquecer que eu falava com pessoas reais.

Enquanto a última semana de fevereiro se aproximava, eu estava física e mentalmente exausta. Tive mais interação com homens nas últimas três semanas do que durante toda a minha vida adulta, e isso acabou comigo. Sair para encontros me fez repensar tudo de novo — eu estava muito agitada, ou não estava agitada o suficiente?

Mas, por outro lado, foi bom desmistificar essa história de encontros. Ver que caras eram iguais a mim — tentando seu melhor para encontrar alguém. E fiquei surpresa positivamente ao descobrir que era fácil conhecer homens — mas encontrar O cara era diferente. Era isso que sempre aconteceria comigo? E, mais importante, aquilo era algo que eu queria de verdade? Tive mais uma semana para descobrir. Mas sem Tinder. Era hora de voltar a abordar estranhos na rua. Ou na sala de reunião.

Capítulo 16

Arrumar um marido?

"Nunca pensei que me casaria e teria filhos."
— Minha mãe

Houve uma gargalhada geral de pessoas chocadas. Um homem começou a tossir, engasgando com o café. Outro se virou constrangido. Uma mulher idosa com um cabelo curto grisalho deixou escapar um gritinho agudo.

— Bem, tenho que dizer que essa é a primeira vez! — disse um homem engravatado com uma careca brilhante, enquanto se remexia em sua cadeira. Ele olhou em volta da mesa de reunião, na qual homens e mulheres de negócio que aparentavam ter uns 20 anos estavam sentados, em um silêncio atordoado, com pastas, blocos de anotação e canetas à frente.

Uma voz no fundo da sala disse:

— Eu até que a convidaria para sair, mas acho que minha esposa não ia gostar.

Olhei em volta e sorri para quem falou.

— A minha também não, mas se eu fosse solteiro... — disse outro.

— Se eu fosse vinte anos mais novo, te levava para sair! — Um homem que parecia o Papai Noel em um terno de três peças riu.

— Bem, quem não arrisca, não petisca — comentei, com as bochechas queimando, e me sentei.

Outra primeira vez. Levantar em uma sala cheia de estranhos e perguntar se alguém queria me chamar para sair. Eu não sabia se isso contava como um ponto alto ou baixo na minha jornada pelo autodesenvolvimento... Quem eu estava querendo enganar? Era um ponto baixo. Obviamente.

Quando Paul sugeriu que eu fosse com ele a um café da manhã de negócios já que haveria muitos homens, concordei porque Matthew Hussey diz que você precisa dizer "sim" a convites.

Foi apenas quando estávamos no metrô às 6h30 da manhã que Paul me disse que cada pessoa precisaria se levantar e falar um pouco sobre si mesma.

— Você pode dizer que é uma escritora freelancer e que está disponível para trabalhos — disse ele. — Ou você poderia se levantar e dizer que está procurando um pretendente para um encontro.

Então foi isso o que fiz. Depois de ouvir um cara falando sobre seus serviços de impressão e outro vendendo suas habilidades de marketing digital, me levantei em uma sala com vinte engravatados, usando um adesivo com meu nome escrito em caneta azul e pedi um encontro. Às 7h30 da manhã.

Um ano antes eu teria morrido, mas agora, bem, era apenas uma manhã de quinta-feira. Eu me senti constrangida, mas não tanto quanto esperava. E, assim que me sentei, a sala se encheu de falatório.

— Isso aí! — disse uma voz feminina do fundo da sala. — Também estou disponível para jantar! Todos os interessados devem se organizar em uma fila, por favor!

Todo mundo riu. Uma sala cheia de empresários instantaneamente se tornou uma sala cheia de pessoas adoráveis e humanas.

Assim que tudo voltou ao normal, um homem vestido com um blazer azul-marinho e um grande anel de sinete me passou um bilhete escrito: "Vou te levar pra sair..."

"Ok!", escrevi no papel e entreguei a ele.

"Café depois daqui?", escreveu e me devolveu.

Arrumar um marido?

"Ok."

Estávamos na metade de nossos cafés quando ele me perguntou:

— Você quer se casar?

Ele estava me pedindo em casamento ou era só uma curiosidade? Eu não sabia, mas de qualquer jeito aquela era uma grande pergunta a ser feita em um Starbucks, às 9h30 da manhã, por um homem cujo sobrenome eu sequer sabia.

— Ahn, na verdade, não tenho certeza — respondi. — Não sei se quero casar e ter filhos. Não acho que esse seja o caminho para mim no momento.

Ele parecia surpreso. O fato de eu ter levantado e pedido por um encontro em uma reunião de negócios provavelmente lhe deu a impressão de que eu estava desesperada para me estabelecer com alguém. Era uma conclusão justa.

— Talvez você só não tenha encontrado o homem certo.

— É, talvez — admiti.

Tivemos uma ótima conversa sobre as viagens e o trabalho dele, além do fato de que seus pais tinham morrido.

— Estou pronto para me estabelecer com alguém e formar uma família. Já tenho estabilidade no trabalho. Não tenho interesse em encontros de uma noite só. Estou cansado de tudo isso. Quero algo real.

Eu admirava sua honestidade e invejava sua certeza.

— Estarei fora da cidade a trabalho na semana que vem. Quando voltar, deveríamos sair para jantar. Eu te ligo.

— Hum, tudo bem, pode ser, talvez...

E ele foi embora.

Quando estava no metrô a caminho de casa, depois de outra experiência duvidosa, não me sentia nem perto de saber mais sobre o que eu queria do que sabia no início do projeto. Eu queria me casar e sossegar? Queria filhos? O fato de não ter acontecido era um sinal de que isso não era para mim? Ou minha independência era nada além de um sintoma do meu medo? Você precisa estar com alguém para ter uma vida boa e plena ou é possível alcançar isso por conta própria? Essas perguntas desapareceriam se eu encontrasse o homem certo? Ou eu estava tão fechada para o mundo que não o conheceria mesmo se ele sorrisse para mim em um café?

Vivemos em um mundo em que a felicidade é associada ao casamento e a filhos — e em que, com frequência, estar solteiro é recebido com um sorriso solidário e comentários do tipo "Você vai encontrar alguém..." ou "Não liga, você ainda tem tempo...", e isso me irritava. A sugestão de que ser solteiro é um sinônimo de que sua vida é um fracasso.

Mas a dama faz demasiados protestos?

Quando desci na Archway, liguei para minha mãe.

— Onde você está? — perguntei.

— Em casa, passando roupa.

— Ok.

— O que você está fazendo?

— Acabei de sair de um encontro.

— Ah! E como foi?

— Não gostei muito dele.

— Ele gostou de você?

— Parece que sim.

— Ah!

— Mãe, não precisa parecer tão surpresa.

— Não sabia que você era uma mulher fatal! — Ela pareceu achar essa ideia muito divertida.

Então, perguntei a ela algo que nunca tinha perguntado antes.

— Você não acha estranho que todos os meus amigos estejam se casando e eu não?

Ela pausou e fez-se silêncio. Eu podia ouvir o rádio no fundo.

— Bem, você sempre foi muito independente — disse ela.

— É possível ser independente e ter relacionamentos.

— Nunca imaginei que você fosse casar e ter filhos.

Isso era uma grande novidade para ser recebida do lado de fora de um restaurante de kebab na Junction Road.

— Você não lembra que falei isso quando você era adolescente?

— Não.

Arrumar um marido? 297

— Você e suas irmãs estavam me perguntando o que eu achava que aconteceria a cada uma quando crescessem e eu disse que não achava que você iria querer um casamento. E você ficou triste e seu pai bem irritado comigo.

— Não me lembro de nada disso. Por que você achava isso?

— Não conseguia ver você em uma vida doméstica; sempre pensei que se sentiria presa.

Meu primeiro sentimento foi de alívio — de que minha mãe estava dizendo que eu não precisava seguir por esse caminho. O pensamento de que casamento, filhos, uma casa e a eternidade me faziam sentir presa — tão presa que eu queria arrancar minha pele...

Mas então senti um soco no estômago. De repente, eu estava de volta na cozinha da minha infância, bebendo chá quando ela disse isso. Lembro-me de sentir uma onda de mágoa pelo fato de que até minha mãe achava que ninguém iria querer se casar comigo.

— Ela me conhece muito bem, obviamente — disse à minha terapeuta (sim, eu voltei) no dia seguinte. — Então, talvez ela esteja certa e eu esteja fadada a viver sozinha.

— É difícil saber se o que ela disse fez você viver dessa forma.

— É verdade, mas foi um alívio quando ela disse isso ontem. Durante toda a minha vida me senti um fracasso por não estar casada ou por não ter namorados como as outras pessoas, mas talvez isso tenha acontecido porque não era para mim. Gosto da minha liberdade e gosto bastante de estar sozinha. Quando penso no que quero para o futuro, penso em viagens e diversão. Quero transar, que o sexo seja ótimo e viver romances, mas a ideia de me casar me faz sentir presa. E minha mãe estava certa. Eu odeio cozinhar e odeio a vida doméstica.

— Mas essa é uma visão muito antiquada dos relacionamentos — disse minha terapeuta. — As pessoas fazem os relacionamentos funcionarem de várias formas.

— Você acha que posso ser feliz se não me casar?

— Lógico. Acho que você vai ter uma vida boa independentemente do que fizer.

298   Autoajude-me!

— Mas acha que eu seria mais feliz se encontrasse alguém?

— Se fosse a pessoa certa, sim. Mas você precisa amá-la, amar o cheiro e a pele dela. Não se contente com pouco.

— Como sei que é a pessoa certa? Talvez eu esteja sendo muito afobada?

— Não sei, mas acho que tudo o que pode fazer é tentar estar aberta...

Essa coisa de estar aberta é cansativa. Todo dia ter esperanças, mas sem criar expectativas demais. Olhar para todo homem na rua pensando: *Eu deveria perguntar o nome dele? Perguntar em que lado do debate* flat white versus *cappuccino ele está?*

Mas então, quanto estava prestes a desistir, aconteceu. E quando digo "aconteceu", quero dizer que *ele* aconteceu.

Ele estava parado no sinal, na Old Street. Era alto, tinha a pele bronzeada e barba. Vestia uma jaqueta de tweed assim como o cara que eu tinha ficado atraída no Hampstead Heath. Na verdade, eu não tinha certeza se era ou não o mesmo cara. Era tão bonito quanto. Cabelo grisalho...

Ah, Deus. Não fuja, Marianne. Faça alguma coisa.

De acordo com Hussey, até mesmo no século XXI, "você poderia me ajudar?" são as palavras ditas por uma mulher que mais atraem um homem. Essas palavras apelam para os instintos primitivos masculinos de prover e proteger. Essa atitude ia contra cada instinto feminista no meu corpo, mas fiz isso; fingi ser a donzela indefesa.

— Com licença — disse, olhando para ele.

Ele estava de headphones e não me escutou.

Toquei de leve a manga da camisa dele. Ele pulou de susto e tirou os headphones. Eu conseguia ouvir música clássica saindo deles.

— Desculpa — disse. — Será que você poderia me ajudar? Estou tentando chegar ao hotel Hoxton... Você sabe qual direção devo seguir?

Ele parou por um segundo e olhou para mim. Seus olhos castanhos se suavizaram.

— Ah, sim, você continua reto e então vira à esquerda no sinal.

— Tudo bem, muito obrigada. — Sorri para ele. Ele sorriu de volta.

— Estou indo na mesma direção, na verdade — respondeu ele.

Andamos um ao lado do outro em um silêncio constrangedor. O chuvisco que estava caindo o dia todo se tornou uma chuva mais pesada. Ele tinha um guarda-chuva.

— Quer uma carona no meu guarda-chuva? — perguntou ele.

Hussey diz que você sempre deve dizer "sim" se um homem oferece o casaco dele, ou o guarda-chuva. Faz com que se sintam úteis. Fiquei ali embaixo com ele e caminhamos em um silêncio ainda mais constrangedor. Estávamos próximos demais para dois estranhos.

Entrei em pânico e comecei a balbuciar, perguntando a ele onde iria e o que fazia.

Descobri rapidamente que ele estava indo se encontrar com o irmão e que trabalhava para uma instituição beneficente. Uma instituição beneficente! Finalmente, meu anjo sexy.

— Então você é uma boa pessoa — comentei.

— Não sei, mas eu tento — disse ele, olhando para o chão.

Um homem bonito, porém humilde, que trabalha em uma organização sem fins lucrativos! E eu estava debaixo de um guarda-chuva com ele! Obrigada, Matthew Hussey! Obrigada, universo.

— Eu sigo reto por aqui, mas o Hoxton é descendo ali — avisou ele, apontando para a esquerda.

— Ok, muito obrigada.

— Disponha.

— Foi um prazer te conhecer.

— Sim, para mim também.

Ficamos um segundo imóveis embaixo do guarda-chuva. Eu me lembrei de ter ficado parada perto das catracas do metrô em janeiro com o artista com a barba hipster. Dessa vez, não corri. Permaneci onde estava, olhando para o Sr. Guarda-chuva. Ele continuou me olhando. Eu ri. Ele riu também.

— Olha, não tenho o costume de abordar garotas na rua, mas... você gostaria de sair para beber uma hora dessas?

— Sim, seria ótimo — respondi de uma forma que, você sabe, sugeriu que isso era perfeitamente normal. Homens bonitos me chamam para sair na rua todo santo dia.

— Ah! Ah, tudo bem, legal.

— Legal!

— Bem, acho que eu deveria pegar o seu número.

Dei a ele o meu número e tentei não sorrir. *Fica de boa, Marianne, de boa.*

— Ok, tchau — disse ele.

— Tchau.

Acenei e desci a rua.

— Sou Harry, a propósito!

— Oi, Harry A Propósito! — gritei de volta.

Ele sorriu e eu praticamente saltitei até o bar.

Ele me mandou mensagem mais tarde, na noite daquele mesmo dia, me perguntando se eu estava livre no dia seguinte à noite. Nas 24 horas antes do encontro, pensei demais em absolutamente tudo. Não conseguia me concentrar no trabalho. Não conseguia comer. Tive medo de não ser bonita o suficiente para ele. Hussey diz que isso é bobagem — se um cara viu você e te chamou para sair é porque gosta da sua aparência. Pensei em todas as formas que ele poderia ser o cara perfeito e como eu poderia estragar tudo. Em minha mente, eu já me visualizava conhecendo os amigos dele, que seriam todos bem-sucedidos e inteligentes, e onde nós iríamos morar... Ele vivia a sul do rio, o que não era o ideal, mas eu poderia tentar me acostumar com Brixton, se fosse necessário... Visualizei a casa dele, que com toda a certeza seria repleta de livros e teria janelas grandes. Nos visualizei dando jantares e tomando café da manhã tarde no domingo...

Eu estava projetando sem parar.

Esse é outro grande erro de acordo com Hussey, que explica que as mulheres conhecem alguém e o transformam no Cara Certo rápido demais. Ao fazer isso, permitimos nos apaixonar antes mesmo que ele se mostre de verdade e nosso entusiasmo nos desvaloriza. Ele diz que nós temos que lembrar, mesmo quando gostamos de alguém, que eles ainda precisam se provar para nós.

Arrumar um marido?

Optamos por comida etíope. Foi sugestão minha. Havia um lugar no Tufnell Park que eu sempre quisera conhecer. Ele já estava lá quando cheguei. Foi bom vê-lo. Eu me senti tímida e estranha dizendo "oi". Ele me deu um beijo na bochecha e me afastei um pouco enquanto ele vinha me dar um segundo beijo.

— Nunca sei se dou um ou dois — disse ele.

— Desculpe — respondi.

Fomos para a mesa e me senti consciente e alerta em relação a tudo — sobre andar na frente dele, sobre ele ver como eu andava... Fui sentar justo no momento em que ele dava a volta na mesa para puxar a minha cadeira.

— Você arruinou o meu momento. — Brincou. — Pratiquei esse movimento da cadeira o dia todo.

Levantei-me novamente e disse:

— Pode fazer agora.

— Não, agora é tarde demais — respondeu ele, sorrindo.

Pedimos drinques e começamos a conversar. Pedimos uma panqueca grande com um monte de acompanhamentos diferentes por cima. Fiquei nervosa comendo na frente dele. Quanto mais conversávamos, mais eu gostava dele. Ele era inteligente e divertido. Parecia uma boa pessoa. Ele tinha o próprio apartamento e um trabalho bom. Era um homem adulto de verdade. Adulto demais para pessoas como eu. Ele me perguntou sobre meus relacionamentos anteriores e me senti corar ao responder que nunca tivera nada sério. Ele se ofereceu para me deixar em casa e passou o braço ao meu redor, e fiquei paralisada. Meu corpo estava rígido.

— Gostei muito do nosso encontro — disse ele.

Eu não disse nada.

— Você gostou? — Ele sorriu.

— Ahn, sim... — Eu estava congelada, feito uma idiota. *Deixe de ser ridícula, Marianne... Aja normalmente!*

Matthew Hussey diz que grande parte do encontro é "estar confortável em permitir uma atmosfera de tensão sexual". EU NÃO ESTOU.

Segundo ele, "as mulheres que não se mostram confortáveis vão desviar as afeições do homem e mudar de assunto quando ele tentar transmitir os desejos sexuais *dele*. Às vezes ela vai tentar diminuir a tensão se fechando quando a conversa caminhar para um território mais íntimo. Está tudo bem se você não está interessada em algo a mais com ele. Se está, isso pode esfriar as coisas".

Isso é o que eu faço. Esfrio as coisas.

Hussey diz que há muitas mulheres de sucesso que conseguem conversar com qualquer pessoa, mas morrem de medo de serem divertidas, provocantes e femininas. Então é isso. Essa sou eu.

Flertar me deixa tão constrangida que até meus dentes ruborizam.

Harry me acompanhou até em casa e, conforme paramos em frente à porta, ele começou a se inclinar para me beijar e entrei em pânico. Beijei suavemente sua bochecha, subi os degraus correndo e disse: "Ok, boa noite!" Disse isso como se estivesse me despedindo da minha avó. Quando me virei no topo da escada, ele já tinha começado a se afastar.

Meu coração quase parou.

No dia seguinte, mandei mensagem para ele agradecendo pelo encontro adorável. Ele não me respondeu durante todo o dia. Às 20 horas, recebi uma mensagem curta dizendo que tinha sido um prazer me conhecer também. Nenhum convite para um segundo encontro. Eu precisava salvar aquela situação! *Você gostaria de sair novamente?*, e mandei a mensagem.

Duas horas depois, a resposta: *Estou abarrotado de trabalho pelas próximas semanas, então não é um bom momento.*

Eu tinha estragado tudo.

Durante anos, pensei que não tinha namorados porque não era bonita o suficiente, magra o suficiente, loira o suficiente. Agora percebia que isso era tudo uma bobagem. Eu não tinha namorados porque morria de medo.

Eu poderia conhecer homens — o que se mostrou verdadeiro com muito mais facilidade do que imaginava. E conseguia conversar com eles sem nenhum problema. O único problema era quando eu conhecia um cara que poderia gostar de verdade. E então eu corria assustada. E nenhuma dica para encontros no mundo iria me ajudar. Quando se está solteira por tanto tempo quanto eu, o buraco é sempre mais embaixo...

Capítulo 17

A coragem de ser imperfeito,
de Brené Brown

"Conexão é o motivo de estarmos aqui."

"A coragem começa em nos mostrarmos
e nos permitirmos ser vistos."

— Nunca me apaixonei e ninguém nunca se apaixonou por mim. — As palavras ficaram suspensas no ar. O cômodo, em silêncio. Vinte e cinco pares de olhos olharam para mim de um círculo de cadeiras de plástico. — Nunca tive um relacionamento de verdade. Nunca morei com alguém. Nem perto disso.

Os olhos permaneceram observando. Silenciosos. Impassíveis.

— Não sei o que há de errado comigo...

Minha voz e minhas pernas estavam tremendo.

— E-e-eu não acho que alguém decente poderia me amar.

E ali estava: a verdade. A verdade que eu ignorava estava lá. A verdade que era a base de tudo.

Eu não sentia que alguém em sã consciência poderia me querer. Achava que havia algo de errado comigo. Não conseguia ser amada como outras pessoas conseguiam.

Agora eu estava chorando tão intensamente que não conseguia respirar. Coriza se misturava às lágrimas e eu sentia que minhas pernas iriam ceder.

Nunca havia me sentido tão exposta e vulnerável em toda a minha vida.

Antes de começar minha aventura na autoajuda, uma amiga tinha me falado sobre essa semana de terapia maluca que a irmã dela fora. Havia muito mistério em torno da coisa toda, mas, pelo que ela podia me falar, parecia se tratar de confessar seus segredos mais profundos e obscuros para um bando de estranhos e golpear travesseiros com um taco de beisebol. Havia também uma conversa sobre se desprender da "bagagem" e se conectar com a sua "criança interior".

A coisa toda parecia medonha.

— Quer dizer, quão desesperada você tem que estar para se colocar numa situação dessas? — disse para a minha amiga na época, enquanto gravava o nome no fundo de minha mente, suspeitando de que um dia eu estaria naquele nível de desespero.

E então eu me vi em algo chamado Processo Hoffman, desmoronando diante de 25 pessoas em uma casa de campo em Sussex.

Quando terminei meu discurso com palavras desconexas, voltei para o meu lugar e outra pessoa se levantou e compartilhou a própria história, mas eu não estava ouvindo. Em vez disso, eu repetia as palavras que tinha falado. Tinha dito mais para aqueles estranhos do que para meus amigos a vida toda — ou sequer admitido para mim mesma...

Minhas pernas fraquejaram quando me levantei no intervalo. Mantive a cabeça baixa conforme andava até a cozinha e me juntava à fila de pessoas fazendo chá. Não conseguia olhar para ninguém. Havia uma tensão no ar. Todos estavam atordoados pelo que estava acontecendo. Eu me senti enjoada. Abandonei a fila sem preparar o chá e fui para fora.

Estava frio. Cinzento. Um tordo saltitava pela grama congelada. Sentia como se tivesse caído da margem do mundo. Era realmente aquilo que eu pensava? Que ninguém me amaria?

Ouvi um barulho de passos atrás de mim e me deparei com uma mulher loira parada próxima a mim, de cabelo curto, vestida com uma saia lápis e com um cigarro na mão. Olhei para ela e dei um leve sorriso. Normalmente agora eu ativaria o meu charme, fazendo inúmeras perguntas, ouvindo, sorrindo e sendo o mais adorável possível. Mas qual era o sentido? A sala inteira havia me visto nua.

— Aquilo foi muito corajoso — comentou ela.

Esse era o código para "constrangedor, estupido, patético"? Ela estava me julgando, em sua saia lápis perfeita e seu corte de cabelo chique?

— Me identifiquei com tudo o que você disse — continuou, mas ela estava apenas tentando ser legal. Falou sobre estar sob muita pressão no trabalho. Aposto que tinha um cargo sênior em alguma empresa gigantesca com uma casa grande, um marido, uma família e uma vida. Nós não éramos nem um pouco parecidas.

Ela continuou falando.

— Eu era uma covarde. Não falava a verdade. Meu marido me deixóu e eu passo os meus fins de semana trancada em um apartamento de um quarto, fumando sem parar e assistindo a idiotices na televisão por horas. Como chocolate até me sentir enjoada. Então, eu forço o vômito. Tentei me matar no ano passado.

Ah.

Permanecemos em silêncio por alguns minutos, assistindo ao tordo Ela deu um trago no cigarro.

— Sinto muito por isso — disse.

Ela assentiu.

Não havia mais o que dizer.

O sino tocou nos chamando de volta.

Ela jogou fora o cigarro e voltamos para a sala. Na porta, um homem alto e bronzeado também estava terminando um cigarro. Ele usava um suéter cinza-claro e tinha o tipo de pele brilhante e sem poros que apenas os ricos têm. Eu não conseguia olhar para ele; estava envergonhada demais por ele ter me visto naquele estado. Mas eu não tinha onde me esconder. Estava feito. Aconteceu. Eu estava um caco. Olhei para ele e dei um breve sorriso.

Então algo incrível aconteceu. Esse homem de pele incrível se inclinou sobre mim e pôs o braço ao redor dos meus ombros, e apenas ficou lá, daquele jeito.

Não dissemos nada. Três estranhos em silêncio. Sozinhos. Juntos. Mais lágrimas rolaram pelo meu rosto. Ele me estendeu um lenço.

— Vamos voltar? — perguntou ele.

E voltamos. Juntos.

Por oito dias, nós nos sentamos em círculos, conversamos sobre nossos sentimentos, nossa vida e nossas famílias. Nosso grupo variava entre pessoas de 19 a 65 anos e havia todo tipo de história de vida.

Como previsto, golpeamos travesseiros com tacos de beisebol de plástico enquanto gritávamos com toda a força para nos livrarmos da raiva. Fomos para campos enlameados, fingindo enterrar entes queridos com a finalidade de dizermos o que precisávamos para eles. Até mesmo enterramos a nós mesmos — ou melhor, as piores partes de nós — o que significou que, contando com o exercício do funeral que eu tinha tentado nos 7 Hábitos, já havia estado presente em dois funerais de mim mesma até então.

A cada novo exercício eu pensava *Essa é a minha ideia de inferno*, e então passávamos para o próximo exercício, que conseguia superar o anterior — *Não, ESSA é a minha ideia de inferno*, e assim por diante.

Algumas partes eram tão ridículas que eu suspeitava de que estivéssemos sendo filmados em algum tipo de documentário da comediante Ruby Wax — "Veja o que essas pessoas doidas do 'primeiro mundo' têm que fazer para serem felizes!", diria ela enquanto a câmera virava e nos mostrava golpeando uma almofada de veludo que supostamente deveria representar nossa criança interior.

A semana foi ainda mais horrível do que esperava.

Mas também foi uma das melhores coisas que já havia feito na vida.

Compartilhei minhas piores partes com pessoas e elas não saíram correndo — na verdade, foi o oposto. Elas foram constantemente gentis. Pela primeira vez em minha vida, não me senti sozinha. Pareceu um milagre.

Mas o maior milagre de todos foi que, apesar de todos termos histórias diferentes, logo ficou explícito que, antes de tudo, éramos todos iguais. Todos nos sentimos falhos. Pensamos que não somos bons o suficiente e que não somos dignos de ser amados.

Sem perceber, o problema que eu havia compartilhado no primeiro dia — o problema de que eu tinha tanta vergonha, o segredo carregado de culpa que eu vinha escondendo até de mim mesmo — acabou sendo a origem da dor mais comum entre todos os seres humanos. Problema esse que vem sendo mencionado em todos os livros de autoajuda que eu li, mas que eu nunca tinha percebido até aquele momento.

"Todos temos medo de não ser suficientes", diz Tony Robbins. "No centro disso tudo, há um lugar onde as pessoas sentem que não são inteligentes o suficiente, jovens o suficiente, velhas o suficiente, ricas o suficiente, engraçadas o suficiente, alguma coisa que não seja o suficiente. E esse é o pior dos sentimentos porque, no fundo, nosso medo se resume a 'Eu não serei amado'."

Eckhart Tolle concorda: "Esse sentimento de que há algo de errado com você não é um problema só seu. Ele é universal, uma condição humana. Talvez você ficasse surpreso em saber que há milhões, talvez bilhões de pessoas no planeta com a mesma lógica de pensamento. É parte do ego humano."

Após voltar de Hoffman, descobri uma mulher que ficou famosa por abordar esse sentimento. Alguns anos atrás, Brené Brown apresentou um TED Talk para algumas centenas de pessoas em sua cidade natal, Houston, no Texas.

Em um mundo obcecado por pensamento positivo e produtividade, seu conteúdo não era sobre entusiasmo e positividade; na verdade, era quase o oposto. Era sobre vergonha — algo que ela define como um "sentimento ou experiência intensamente doloroso de acreditar que somos falhos e, por isso, indignos de amor e pertencimento".

O TED Talk acabou viralizando, assistido por dezenas de milhões de pessoas ao redor do mundo. E se transformou em um livro chamado *A coragem de ser imperfeito: Como aceitar a própria vulnerabilidade, vencer a vergonha e ousar ser quem você é*, no qual ela explica que as pessoas acreditam que a vergonha é reservada para aqueles que sobreviveram a algum trauma, mas isso não é verdade. A vergonha é algo que todos nós vivemos. Na verdade, Brown alega que estamos no meio de uma epidemia de vergonha — na qual ninguém acredita ser bom o suficiente, magro o suficiente, inteligente o suficiente, rico o suficiente, bem-sucedido o suficiente, bem-vestido o suficiente.

Algumas pessoas já tinham me falado sobre o TED Talk de Brené Brown, incluindo, surpreendentemente, o cara do Tinder que queria ir para a minha casa no primeiro encontro. Mas eu nunca havia investigado a fundo até chegar em casa do Processo Hoffman, quando assisti à conferência repetidas vezes e li *A coragem de ser imperfeito* do início ao fim. Três vezes. O livro parecia capturar a essência do que é ser humano. Também parecia capturar padrões de comportamento que regiam a minha vida, fato este que eu desconhecia. Ele capturou o motivo pelo qual uma semana me abrindo sem pudores para estranhos havia me transformado de uma forma que nenhum outro livro de autoajuda havia conseguido.

Brené diz que, quando sentimos vergonha, fazemos muitas coisas. Primeiro, tentamos ser perfeitos. Pensamos que se conseguirmos ficar mais magros, mais inteligentes, mais bem-sucedidos, então nos sentiremos bem, as pessoas vão nos amar e não vamos nos machucar.

Quando isso não funciona — e nunca funciona —, tentamos outra abordagem: entorpecemos nosso sentimento de vergonha. Assistimos televisão. Bebemos. Comemos demais. Nos drogamos. Brown acredita que o entorpecimento é o motivo da obesidade, do vício e da depressão estarem se alastrando.

Quando o entorpecimento e o perfeccionismo não funcionam, pegamos uma terceira rota: nos isolamos, reprimimos nossos sentimentos e decidimos seguir sozinhos.

A coragem de ser imperfeito   309

Brené estava praticamente descrevendo minha vida — tanto antes quanto depois da autoajuda. Afinal, o que esse projeto inteiro havia sido senão uma tentativa equivocada de alcançar a perfeição? E o que eu fiz quando isso deu errado? Bebi, assisti televisão e parei de falar com meus amigos.

Eu não fui pela rota que Brené afirma ser a única que funciona: me conectar com os outros. Mostrar quem realmente somos para as pessoas que vão nos amar e aceitar — até mesmo nossos defeitos.

Ser vulnerável.

Brené escreve: "Se compartilharmos nossas história com alguém que responda com empatia e compreensão, a vergonha não vai perdurar."

Com isso em mente, Brené não é fã do termo "autoajuda".

"Não sei o que isso significa", disse ela em uma entrevista. "Não acho que devamos fazer isso sozinhos. A cura vem de compartilhar sua história com alguém digno de ouvi-la."

Ela tinha razão. Percebi que tinha feito a coisa toda da autoajuda errado. Eu *não podia* fazer isso sozinha. Depois de passar a vida toda dizendo a mim que eu era forte e não precisava de outras pessoas, percebi que, sim, eu precisava.

Foi assustador mostrar o meu verdadeiro eu para outras pessoas no Processo Hoffman, mas era exatamente o que eu precisava. No meu estado deplorável de lágrimas, me senti aceita e amada, e vista de uma forma inédita em toda a minha vida. E, ainda que eu não tivesse percebido, isso é tudo o que os seres humanos querem. Não calças jeans novas, emprego novo, casa nova, namorado novo, carro novo, mas o sentimento de amar e pertencer.

Brené escreve em um livro anterior, *A arte da imperfeição: Abandone a pessoa que você acha que deve ser e seja você mesmo*: "Um sentimento profundo de amor e pertencimento é uma necessidade irredutível de todas as mulheres, homens e crianças. Somos biológica, cognitiva, física e espiritualmente programados para amar, ser amados e pertencer. Quando essas necessidades não são atendidas, não funcionamos como deveríamos. Entramos em colapso. Desmoronamos. Ficamos entorpecidos. Sofremos. Machucamos os outros. Adoecemos."

Passei a vida inteira entrando em colapso, me entorpecendo, machucando e adoecendo. Uma vida inteira seguindo sozinha. Era hora de parar, com a ajuda de Brené Brown — e dos meus amigos.

Brené escreve muito sobre amigos. "Carrego um pequeno pedaço de papel na minha carteira com o nome de pessoas cuja opinião sobre mim importa. Para estar nessa lista você tem que me amar por minhas forças e minhas dificuldades... Tem que amar e respeitar o fato de que sou chata."

Ela os chama de amigos que "somem com o cadáver" — pessoas para quem ela poderia ligar no meio da noite e eles viriam e fariam qualquer coisa que ela pedisse, sem perguntar nada.

Eu sentia falta de Sarah. Mais que tudo, eu queria voltar a um pub com o chão grudento, beber além da conta e rir com ela. Ela me amava como eu era. E me fazia rir dos meus defeitos. Ela me fazia sentir incrível mesmo quando eu estava cheia de espinhas e de ressaca.

Ela me conhecia. Me conhecia de verdade. E eu a conhecia também. Sabia que ela era muito mais sensível do que deixava transparecer. Que acreditava em Deus e era gentil com todo mundo. Sabia que ela considerava que excluir alguém era uma das piores coisas que uma pessoa podia fazer. Ela era sempre a pessoa que fazia amizade com a moça na recepção ou com a colega esquisita que estava sozinha em uma festa. Ela as conquistaria com seu amor e humor, logo as duas estariam dançando, e ela faria com que se sentissem as pessoas mais divertidas e fascinantes do lugar.

Percebi que havia agido muito mal com Sarah. Eu a excluí. Eu a deixei de fora da minha vida. Pensei que deveria me autoaperfeiçoar por conta própria, mas a verdade era o contrário. Você só pode crescer com outras pessoas.

Eu tinha que ligar para ela, mas estava morrendo de medo. Deixei passar tanto tempo. O que eu diria?

"Oi, me desculpa?" E então o quê? E se ela desligasse na minha cara? Ou ficasse em silêncio? Ou dissesse que eu era uma babaca?

Por dois dias, eu pegava meu celular e então achava um motivo para não ligar para ela. Um trabalho que precisava ser terminado. Uma ida à agência de Correio. Ou uma necessidade urgente de ligar para minha mãe. Finalmente, no sábado à tarde, sozinha em minha cama, peguei o telefone e digitei o número dela. Um número que eu já havia digitado milhões de vezes antes. Minhas mãos tremiam. Eu não sabia o que iria dizer.

Chamou. E chamou. Então caiu na caixa postal. Eu podia ouvir a voz dela. Límpida. Animada. Entrei em pânico e desliguei sem deixar mensagem.

Eu a imaginei vendo meu nome na tela e silenciando o telefone. Na casa dela com Steve. Queria mais que tudo estar lá com ela, pedindo comida indiana e assistindo a um filme antes de adormecer no sofá depois de muito vinho e chocolates. De repente, senti tanto a falta dela que doeu. Como pude ter sido tão idiota? Tão fria?

Mandei uma mensagem: *Tenho sido uma idiota obcecada por mim mesma. Me desculpe. Sinto sua falta. Bjs, M.*

Não consegui ficar quieta pelo resto da noite. Eu estava com tanto medo da resposta dela que desliguei o telefone. E, em seguida, o liguei novamente. E desliguei. E então o liguei. Sem resposta. Na manhã seguinte, acordei às 7 horas e chequei meu celular. Ainda nada.

— Dê tempo a ela — disse Rachel durante o café da manhã. — Anda, vamos sair. Fazer uma caminhada.

E então caminhamos no Heath e fomos até a lagoa que tínhamos visitado um ano e três meses atrás. Algumas matriarcas de meia-idade estavam nadando de peito. A energia e o otimismo que eu havia sentido depois daquele mergulho, no primeiro dia da minha missão de autoajuda, parecia tão distante agora.

— Vamos entrar? — perguntou Rachel.

— Não trouxemos roupa de banho.

— Eles sempre têm algumas no vestiário.

Eu sabia que deveria fazer isso, apenas para me tirar da zona de conforto. Novamente. Mas não queria.

— Não, não quero ficar com frio. Vamos almoçar.

Almoçamos no restaurante St. John. Ver grupos de amigos e famílias normais fazendo coisas mais normais, comendo juntos, bebendo vinho, lendo jornais — foi uma felicidade. Alguns meses atrás, quando eu estava ocupada planejando o meu funeral, olharia para essas pessoas e pensaria que estavam correndo e se escondendo, mas hoje isso parecia felicidade. Isso era a essência da vida. Amigos comendo juntos e conversando.

Na metade de meu cordeiro, meu telefone apitou e o procurei na minha bolsa.

Era Sarah. Entrei em pânico.

— O que ela disse? — perguntou Rachel.

— Não sei.

— Então olha.

— Estou com medo.

— Anda logo.

Abri a mensagem. Havia a foto de uma mulher em um macacão de tricô com capuz.

Embaixo, a mensagem: *Vi isso há semanas e queria mandar pra você, mas lembrei que éramos inimigas mortais... Que tal não sermos? Gostava mais de quando éramos amigas.*

Eu gritei e pulei na minha cadeira.

Passei o telefone para Rachel, que pareceu confusa.

— Fomos para a Irlanda juntas em um inverno e estava tão frio que fui para a cama com minha jaqueta puffer e três suéteres por baixo. Desde então, ela me manda fotos de roupas térmicas e ceroulas.

Sarah me conhecia.

Ela sabia que eu estava sempre com frio. Sabia que eu adorava suéteres grandes. Sabia também que eu era desorganizada e que dormiria vinte horas todo dia se pudesse. Ela sabia que eu amava o Natal com uma intensidade que só concorria com meu ódio por pisca-piscas.

— Ai, meu Deus, você não está chorando de novo, está? — Rachel sorriu.

Eu estava.

A coragem de ser imperfeito

E estava tão feliz.

Respondi: *Eu quero esse macacão!*

Sarah: *Vou tricotar um pra você.*

Eu: *Agora você tricota?*

Sarah: *Sim. Muita coisa mudou nos últimos meses.*

Eu: *Como você está? Estou almoçando com Rachel. Quer encontrar com a gente?*

Sarah: *Estou com a mãe do Steve hoje. Estamos em Westfield. Odeio esse lugar. Vamos marcar outro dia?*

Eu: *Jantar amanhã?*

Nós nos encontramos no Pizza Express às 18 horas do dia seguinte.

Cheguei primeiro e esperei, mais nervosa do que se estivesse em um primeiro encontro. O lugar estava vazio, exceto por algumas mães cortando pizzas para seus filhos depois da escola. Quando ela entrou, prendi a respiração. Ela estava tão bonita. Eu sentia muita falta dela.

— Você está linda — disse ela quando chegou à mesa. — Essa blusa é nova?

— Já tenho há um tempinho...

Eu havia levantado e ela continuava de pé. Olhamos uma para a outra. Não sabia se dava um beijo ou um abraço. Ela não estava se mexendo. Estava apenas de pé.

— Você está ótima — comentei.

— Você não acha que eu engordei?

— Não.

Ela levantou a blusa. Uma barriga redonda e rígida.

— Ai, meu Deus!

— Estou com cinco meses.

— Ai, meu Deus, você vai ter um bebê.

— Sim!

— Ai, meu Deus!

— Eu sei.

— Perdi isso...

Olhei para Sarah e depois para o chão.

— Como está se sentindo? — perguntei, sem saber se eu ainda tinha direito de fazer aquela pergunta.

— Estou bem, tudo bem... Cansada e acordando vinte vezes durante a noite para ir ao banheiro, mas não quero reclamar para você achar que estou sendo negativa.

Ela ergueu as sobrancelhas.

— Me desculpe. Eu fui uma idiota. Uma grande babaca. Estou muito, muito, muito arrependida.

— Tudo bem.

— Na verdade, não. Me desculpe. Não sei o que dizer a não ser que me perdi. Parei de ser uma pessoa normal. Não sei no que estava pensando.

Houve um silêncio constrangedor. Ela ainda não havia se sentado.

— Você está bem aí ou quer uma mesa diferente? — perguntei.

Ela riu.

— Não, está bom aqui. — E se sentou próximo à janela.

— Tem certeza?

— Sim, Marianne. Está tudo bem.

Havia um silêncio agoniante. Ela não ia livrar minha cara facilmente. E nem deveria.

— Fui muito horrível? — perguntei.

— Sim — respondeu ela, e depois se sentiu mal. — Não me olhe com essa cara de cachorro que caiu do caminhão da mudança.

— Não estou olhando de jeito nenhum. Só estou arrependida.

Mas meus olhos estavam cheios de lágrimas.

Ela fez uma pausa. Percebi que estava tentando encontrar uma forma diplomática de dizer o que tinha para falar.

— Nós estávamos seguindo caminhos diferentes e eu entendo isso. Você estava embarcando em um grande desafio, mas odiei sentir que estava te perdendo. Eu não sabia o que fazer. Você não parecia estar gostando muito de mim.

— Me desculpe.

— Você estava distante e fria. Estava me tratando como se eu não importasse.

Eu me encolhi. Ela estava certa — eu estava *mesmo* tratando os outros assim. Depois do *Dane-se*, achei que tinha entendido essa questão na minha vida. Eu estava presunçosa. Arrogante. Zombando de todos do alto da minha iluminação. Achava que fazia parte de uma elite que tinha descoberto tudo e que o resto das pessoas vivia em negação obtusa e na ignorância.

Belisquei minha perna para não chorar. Eu não era o foco ali. Não tinha o direito de ficar chateada.

— Se serve de consolo, depois da nossa briga, eu fiquei no fundo do poço e passei boa parte do ano chorando na minha cama.

— Sim, me faz sentir melhor. — Ela riu. — Na verdade, não. O que aconteceu?

— Eu me perdi no personagem, fiquei tão obcecada por mim mesma e basicamente implodi por pensar apenas em mim.

— Parece divertido.

— Acho que eu estava em uma missão para ser uma pessoa perfeita e então fiquei extremamente frustrada quando isso não aconteceu.

— Perfeição não existe.

— Eu sei.

— E, de qualquer forma, mesmo se existisse, quem gostaria de ser perfeito? Se lembra da Jane, do escritório? Com o cabelo perfeito e as roupas perfeitas e saladas perfeitas...

Ambas fizemos uma careta.

— Quem quer ser tão obediente e perfeito a ponto de parecer um robô? Isso não é insuportável? Não entendo por que você quer tanto mudar quem é. Quer dizer, leia todos os livros e medite se quiser, mas você não tem que se tornar uma pessoa diferente. Muitas pessoas gostam de você do jeito que é.

— Mesmo que eu seja uma babaca egocêntrica?

— Geralmente você não é. Na maioria das vezes você é calorosa, gentil e divertida. Eu gostaria que essa pessoa voltasse, por favor.

Houve um momento de silêncio.

— Senti falta de conversar com você — disse ela. — Você me excluiu.

— Eu sei.

— Achei que nossa amizade fosse maior do que isso.

Outro silêncio agoniante. O tipo de silêncio no qual a gente pode cair e nunca encontrar a saída. Isso era vulnerabilidade. E era nojento, mas necessário.

— Não podemos nem ficar bêbadas agora, para tudo ficar bem — comentou Sarah. Ela sorriu. Outra pausa.

— Puta merda... Um bebê. Não posso acreditar. Como você está? E o Steve?

— Ele está nervoso. Está sonhando sem parar que esqueceu o bebê no ônibus.

— Ele vai ser um ótimo pai.

— Sim.

— Sinto muito por não ter estado presente.

— Você pode compensar agora me ajudando com uma coisa importante.

— Com certeza, é só dizer.

Ela puxou a bolsa e pegou o celular.

— O que acha disso? Acha legal ou muito professora do primário de 1978?

Sarah me mostrou a foto de um vestido longo floral.

Eu ri.

— Parece um pouco a Srta. Hindley de geografia.

— E esse?

Era um vestido de jersey decotado, justo e listrado.

— Aí sim, garota. Esse com certeza. Se orgulhe das suas curvas!

Senti uma onda quente de amor e alívio — isso era felicidade, e ela não estava em afirmações e sucos verdes, mas em conversas com amigas sobre vestidos florais.

— É menina?

Ela pareceu surpresa.

— Não contamos para ninguém, mas sim. Como soube?

A coragem de ser imperfeito 317

— Eu tive uma visão de você em meu funeral e você tinha uma menina.

— O quê?

— Foi quando eu estava surtando. Eu tinha que fazer um exercício onde imaginava o que as pessoas diriam no meu funeral e você estava lá com Steve e sua filha.

— O quê? Qual livro diz para fazer isso?

— *Os 7 hábitos das pessoas altamente eficazes.* Ele se propõe a te ajudar a se concentrar mentalmente no que deseja para sua vida.

— Funcionou?

— Não. Eu me imaginei no meu funeral e com todo mundo me odiando.

— Parece divertido.

— As pessoas estavam tão irritadas comigo que não ficaram bêbadas nem contaram ótimas histórias sobre mim. Você disse que eu tinha tudo e que tinha jogado fora.

— Peço desculpas em nome da minha eu imaginária no seu funeral imaginário.

— Não, você estava dizendo a verdade.

— Então, como foram os outros? Você leu algum livro sobre encontros amorosos?

— Sim! Eu me levantei durante um café da manhã de negócios e perguntei se alguém queria me chamar para um encontro.

— Você não fez isso!

— Fiz! Saí para tomar um café com um cara que basicamente me pediu em casamento entre um café com leite e outro. Ele me disse que estava preparado para se casar e me ofereceu a vaga.

— E o que você disse?

— Sim, com certeza. Fomos para Vegas.

— Perdi um casamento em Vegas!

— Perdeu...

— Então, não teve ninguém de que você tenha gostado?

— Não. Teve um cara, mas eu estraguei tudo. Eu me esquivei quando ele tentou me beijar e ele não quis mais sair comigo.

— Se ele pulou fora com tanta facilidade então não era o cara certo para você.

Sarah sempre sabia o que dizer.

— Alguém mais?

Contei a ela sobre o Grego.

— Ele parece legal.

— Ele é, mas estamos em países diferentes e... Não sei... Não tenho certeza se sinto alguma coisa por ele romanticamente falando.

— Você deve ter sentido alguma coisa por ele se deu abertura.

— Sim, acho que sim, mas não senti aquele frio na barriga, sabe?

Ela ergueu as sobrancelhas.

— Como teve tempo para descobrir? Eu não senti atração por Steve pelo menos até o nosso terceiro ou quarto encontro.

— Só acho que não havia uma faísca.

Ela balançou a cabeça.

— Tem certeza de que não está apenas fugindo da situação? Quando conheci Steve, eu estava muito assustada. Me apaixonar por ele pareceu como me jogar de um precipício. Criei todo tipo de motivo para ele não ser o cara certo para mim... Baixo demais, magro demais, a voz aguda demais...

— Não é tão aguda.

— Você entendeu. Mas eu só estava com medo. Pude perceber que ele era de verdade e gostava de mim, e eu querendo fugir. Mas ele continuou ligando. Ele não ia me perder.

— O Grego fica me ligando.

— Sério?

— Sim, durante um tempo não atendi porque não queria enganá-lo ou passar uma impressão errada, mas isso me pareceu rude e agora nós apenas conversamos.

— Sobre o quê?

— Não sei, sobre coisas. O pai dele, a minha jornada de autoajuda. Acho que é por ele ter estudado psicologia, mas ele parecer entender o que tenho feito e a conversa flui com facilidade.

— Isso é bom. Com que frequência vocês se falam?

A coragem de ser imperfeito

— Quase toda semana.

— E você se vê pensando nele?

— Sim, acho que sim.

— E o que ele sente por você?

— Eu não sei.

— Você não perguntou?

— Não. Mas, de qualquer forma, não acho que ele seja o amor da minha vida. Nós nos beijamos e não senti nada.

— Você estava pronta para sentir alguma coisa?

— Não sei... Acho que não...

— Você estava pronta para amar? — A voz dela agora era urgente e seu semblante estava sério.

Eu estava atordoada. Nós geralmente não conversávamos daquele jeito.

— Eu não sei.

— Você sequer sabe o que é o amor? — perguntou ela, e lágrimas brotaram em meus olhos como se uma torneira tivesse sido aberta.

— Eu não sei...

Ela pegou a minha mão e a apertou.

— Acho que você só precisa dar uma chance ao que surge. O amor não tem que durar para sempre. Você pode simplesmente conhecer uma pessoa, ter uma conexão e aprender um com o outro. Pode ser por um dia, uma semana, um ano, não importa. O importante é que você dê uma chance para isso. Não precisa ser nada mais do que é.

— Desde quando você ficou tão sábia?

— Acho que são os hormônios, estou toda Mãe Terra agora. — Ela sorriu. — Ou parar de beber me trouxe de volta alguns neurônios.

Encontrei um lenço em minha bolsa e assuei meu nariz. Ela estava certa. Eu morria de medo do amor, mas a única coisa que todos os livros de autoajuda dizem é que o amor é a razão de estarmos neste planeta. Não necessariamente o tipo de amor casada-e-com-casa-própria, mas amor em todas as suas formas. Conexão humana.

Depois de pagarmos a conta, caminhamos de volta à estação.

— Essa é nova: voltar para casa sóbria — comentei.

— Eu sei.

— Te amo e sinto muito por ter sido ridícula.

— Também te amo.

Nós nos abraçamos. Estava escuro e estávamos sob a luz de um semáforo. Foi tão romântico quanto qualquer encontro. Amor é amor. Independentemente se é entre amigas, amantes ou familiares. Passei minha vida tentando fingir que eu não precisava das pessoas, mas isso era uma mentira. No metrô para casa, chorei novamente. Mas, dessa vez, era de alegria.

Quando cheguei em casa, mandei mensagem para o Grego. Eram 23 horas no Reino Unido, o que significava que era uma da manhã em Atenas.

Está acordado?

Sim. ☺

Por que está acordado até tão tarde?

Não estou conseguindo dormir. Quer conversar?

Ele me ligou pelo Skype. Geralmente eu desligo o vídeo quando falo com ele, porque não quero parecer um Monstro de Marshmallow, mas dessa vez deixei meu rosto aparecer.

— Ah, eu estou te vendo! Vou abrir minha câmera também.

E seu rosto apareceu também. Pálido, sorridente, com os olhos brilhando.

— É tão bom te ver — disse ele. — Você está ótima.

— Não, estou acabada... Você está ótimo.

E ele estava mesmo — meu coração acelerou quando eu o vi e tive dificuldade para olhar em seus olhos.

— Obrigado. E então, o que está acontecendo?

— Fiz as pazes com uma amiga com quem eu tinha brigado.

— Isso é ótimo.

— Sim, é mesmo. Como está seu pai?

— Ah, na mesma, sem melhoras... Mas vamos falar de outras coisas. O que está acontecendo em Londres? Qual livro está lendo esse mês?

Mandei para ele o link do TED Talk de Brené Brown. Assistimos juntos. Ele, em Atenas, enquanto seu pai doente dormia no quarto ao lado; eu, em um quarto escuro em Londres. Esse homem que eu havia encontrado em um café há um ano.

— Gosto dela — comentou ele.

— Eu também.

— É assim que tento viver a minha vida.

E ele vivia. Desde a primeira vez que nos encontramos, ele sempre foi sincero. Ele tinha mantido contato comigo mesmo quando tentei afastá-lo. Não escondeu que gostava de mim ou fingiu que sua vida era perfeita. Foi verdadeiro comigo o tempo todo. Era eu quem estava de joguinhos com ele.

Meu coração estava acelerado e eu estava sentada no carpete, perto da porta — onde o sinal do Wi-Fi era melhor.

— É engraçado que tenhamos mantido contato durante todo esse tempo, não é? — comentei.

— Sim, é mesmo.

— Eu estava pensando... hum, o que você acha de mim?

Ele fez uma pausa. Eu conseguia sentir o céu escuro da noite entre nós. Os oceanos. Ele continuou olhando para mim. Então sorriu.

— Quando te conheci, não podia acreditar... No dia anterior, eu estava conversando com uma amiga sobre meu tipo ideal de mulher e então você apareceu, essa mulher linda que era tudo o que eu coloquei em uma lista mental. E isso só de olhar para você. Começamos a conversar e só foi melhorando. Não podia acreditar na minha sorte — disse ele.

Tive que lutar bravamente contra o impulso de dizer "Deve ser uma lista pequena", mas ainda assim estraguei o momento perguntando quantas vezes ele já tinha usado esse discurso antes.

— Nunca. Quando você conhecer minha amiga, pode perguntar a ela.

— Você achou mesmo isso?

— Sim.

Outra pausa.

— E o que você pensou de mim? — perguntou ele, olhando diretamente para mim.

— Hum... — Olhei para o carpete e comecei a puxar um pouco de penugem.

Mais silêncio.

— Que você era legal, inteligente e fácil de conversar — disse, falando com a minha estante de livros.

Voltei a olhar para ele assim que parei de falar. Ele estava sorrindo.

— E o que você pensa de mim agora?

Desviei o olhar de novo.

— Bem... que você é legal, inteligente e fácil de conversar.

Ele sorriu.

— Pare de me olhar desse jeito — pedi.

— Que jeito?

— Eu não sei. Desculpe, não sou muito boa com essas coisas.

— Está tudo bem.

— Eu não sei. Somos amigos, eu acho — disse, olhando para ele.

— Tudo bem.

Ele tinha um jeito doce de dizer "Tudo bem", como se tudo realmente estivesse bem para ele.

— Quer dizer, não sei. Gosto de você e penso em você.

Silêncio. Era isso. De novo. Vulnerabilidade. Ficar tão assustada que parecia que eu ia vomitar o meu coração.

— Estou ficando constrangida.

— Não fique. — Ele riu. — Também penso em você. Como foram seus encontros? Conheceu alguém?

— Não. E você, está saindo com alguém? O que aconteceu com a garota do bar?

— Nada. Ela era legal, mas apenas um flerte.

— Ah. Legal.

Fiquei surpresa por me ver feliz com a notícia de que o homem com quem eu tinha tido um encontro há dez meses não estava saindo com a garota do bar — que na minha cabeça era jovem, magra e com tatuagens.

A coragem de ser imperfeito

Houve outro silêncio e eu senti como se o silêncio entre duas pessoas pudesse ser mais íntimo e honesto que qualquer coisa que se pudesse dizer com palavras. Meu coração doeu. Senti que não conseguia manter a respiração. Queria que isso parasse. Era demais.

Então voltei a falar.

— De que lado você está no debate café *flat white versus* cappuccino?

— *Flat white* — respondeu ele, como se essa fosse a pergunta mais normal do mundo.

— Eu também.

Daisy estava de volta depois de três meses na Índia. Ela apareceu na porta vestindo uma blusa branca longa e um colar de miçangas em volta do pescoço, o que me irritou, mas quando ela se inclinou e me deu um beijo, parecia calma. Sem pulos ou namastês.

— Trouxe uma coisa para você — disse ela, me entregando uma bolsa do Duty Free.

Abri — era uma garrafa de uísque.

— Você nem bebe! — respondi.

— Eu não, mas você bebe.

— Obrigada! Na verdade, estou tentando parar, mas vou guardar essa aqui para fins medicinais. A viagem foi boa? — perguntei com meu chá na mão. O chá dela era de camomila, o meu era chá preto com leite.

— Foi desafiadora, mas exatamente o que eu precisava.

— Você estava fazendo vinte horas de yoga por dia?

— Na verdade, não. Eu queria, mas o Dr. Ali me disse que eu deveria parar. Não fazer nada.

— Quem é Dr. Ali?

— O médico ayurveda com quem eu estava me consultando.

— Ah! — Eu não conseguia imaginar Daisy sem fazer nada. Ela tinha mais energia do que o coelho da Duracell.

— Na segunda semana, durante uma das massagens, senti algo em meus quadris e passei o resto da semana na cama chorando.

324 Autoajude-me!

— Ele te machucou?

— Não, ele disse que eu estava segurando luto em meu corpo, e que aquela dor era necessária.

— Ah.

— Ele disse que eu nunca tinha vivido o luto pela morte da minha mãe e que eu tinha que parar de correr e apenas sentir essa dor.

— Certo. Sinto muito, eu sabia que sua mãe tinha morrido, mas você nunca tinha falado sobre isso.

— Está tudo bem, aconteceu há dois anos. Câncer. Larguei o emprego para cuidar dela.

— Sinto muito. Você deve sentir falta dela.

— Sinto.

— E ajudou? Apenas parar?

— Ajudou.

Esperei que ela preenchesse o silêncio com mais alguma conversa sobre terapia ou energia e limpeza. Mas ela não fez isso.

Bebemos nosso chá e nos sentamos em silêncio. Daisy pegou o vaso na mesa. Girando-o, tocando nas pétalas das rosas dentro dele.

— Você tem mais alguma viagem planejada? — perguntei.

— Acho que está na hora de voltar a trabalhar. Ganhei um dinheiro quando minha mãe morreu e já gastei a maior parte, então acho que é a hora. Pode ser uma boa.

De repente, tudo fez sentido. Os gastos descontrolados e a procura maníaca de Daisy, pulando de um curso para outro, de um retiro de yoga para outro. Ela estava enlutada e sozinha, procurando respostas. Preparei outra xícara de chá.

No fim de março era aniversário da minha irmã. Minha mãe fez um bolo. Fui até o apartamento dela em Ascot para buscá-lo e peguei o trem de volta para a casa de Helen, em East London, fazendo baldeação em dois trens e um ônibus. Minha mãe não tinha um recipiente no qual o bolo coubesse, de modo que estava numa bandeja, tendo por cima uma rede

A coragem de ser imperfeito

estranha, o tipo de coisa que as pessoas põem por cima da comida quando vão desfrutar de um dia ao ar livre no verão. Uma proteção contra moscas.

Isso tornava a viagem bem desafiadora — eu achava que alguém ia tropeçar e mandar o bolo pelos ares, mas não aconteceu. A hora do rush nesse dia foi diferente de todas as outras horas do rush que eu já vira. As pessoas sorriam, saíam do caminho, chegavam até a puxar conversa. "Parece gostoso", diziam. As expressões se abrandavam. O jeitão duro, cansado e decidido do tipo "Odeio a vida" adotado pela maioria de nós no metrô se derreteu.

Era como se todo mundo voltasse a ser humano.

Na última etapa da viagem, eu estava esperando no ponto de ônibus em Highbury, ao lado de dois caras bebendo cerveja. Pareciam dois sem-teto e, quando me sentei perto deles, tive aquele sentimento familiar de culpa pelo fato de ter sorte na vida, junto com tristeza pelos caminhos que a vida dos outros pode tomar. Logo em seguida, fiquei com um sentimento de culpa por tanta condescendência. Talvez fossem felizes daquele jeito.

— Trouxe pra gente? — perguntou um deles.

— Desculpe, é para minha irmã. É aniversário dela — respondi.

— Foi você que fez? — quis saber o outro.

— Não, sou uma péssima cozinheira. Foi minha mãe. Só estou levando para a festa.

— E onde está a sua mãe?

— Ah, a gente não a convida para as festas. A gente só pede para ela fazer os bolos. — Brinquei.

— Encantador, não? — disse um deles.

— Sei que somos terríveis.

— Ela sempre faz bolos para vocês?

— Sim, tenho 37 anos e ela ainda faz bolos para mim.

— Que legal — disseram, olhando radiantes para o bolo.

Por um ou dois segundos, fez-se silêncio, enquanto todos olhávamos para o bolo debaixo daquela jaula esquisita. Olhei para as rosas de açúcar que minha mãe pôs no topo do bolo. Tinha achado sentimentaloide de início, mas agora pareciam amor puro.

Encarei meus dois novos amigos. Eles também estavam olhando. Um olhar distante.

Não sei se os pensamentos dos dois tinham recordado as festas de aniversário que tiveram ou aquelas que nunca tiveram. Os bolos que tinham sido feitos para eles — decorados com doces e velas — ou os bolos que só existiam em seus sonhos.

Imaginei que fosse a última alternativa.

Naquele momento, ambos pareciam ter 10 anos, sentados com suas latinhas de cerveja e um tubo todo amassado de batatas Pringles sabor cebola e sour cream.

Era como se a enorme diferença entre nossa vida fosse representada pelo bolo. Ter uma mãe que fazia bolos de aniversário parecia a coisa mais importante que alguém poderia pedir.

Por uma fração de segundo, me perguntei se devia convidá-los para a festa, mas resolvi não fazê-lo. Em vez disso, conversamos um pouco mais sobre quem iria à festa, quantas irmãs eu tinha e o fato de que estava esfriando. Perguntei o que fariam à noite e eles responderam:

— Nada de mais...

Meu ônibus chegou, eu me despedi e eles acenaram.

Senti vergonha de mim mesma. Tenho estado tão ocupada em descobrir o que havia de errado em minha vida — ou melhor, o que imaginei que havia de errado com ela e comigo —, mas a verdade é que tinha uma mãe que fazia bolos, irmãs que eu amava, amigos que me faziam rir, um corpo saudável, um cérebro que funcionava mais ou menos, um teto sobre a minha cabeça. Eu tinha tudo.

Brené Brown escreve: "A alegria vem a nós em momentos rotineiros. Corremos o risco de perdê-la quando ficamos muito preocupados em correr atrás do extraordinário."

Eu tentei correr atrás do extraordinário. Quando, na verdade, eu já tinha tudo de que poderia precisar.

Capítulo 18

Você pode curar sua vida,
de Louise Hay

"Lembre-se: há anos você se critica, e não está funcionando.
Tente se aceitar e veja o que acontece."

Meu cabelo sujo está como de costume — um coque bagunçado no alto da cabeça. Meu rosto está rosa e meu rímel lutou por liberdade, escorrendo pelas minhas bochechas. Estou com uma espinha no queixo. Sorrio para o espelho e falo em voz alta:

Eu me amo e me aprovo. Eu me amo e me aprovo. Eu me amo e me aprovo.

Tiro minhas calças legging, minha blusa e meu top. Meus seios pendem suados. Ponho a mão na minha barriga e dou uma balançada nela. É a minha parte que tem um relacionamento de longa data com torradinhas com queijo e vinho. Bem, que se dane. Olho de novo e sorrio.

Eu me amo e me aprovo. Eu me amo e me aprovo. Eu me amo e me aprovo.

Longos pelos claros chamam atenção em minhas coxas. Começo a pensar sobre como estou desleixada nesse departamento de remoção de pelos, mas não consigo ficar incomodada o suficiente para me depreciar. Dou outro sorriso.

328 Autoajude-me!

Eu me amo e me aprovo. Eu me amo e me aprovo. Eu me amo e me aprovo.
Viro para examinar a celulite em minha bunda e depois viro de lado para checar as marcas de estrias em meus quadris. Eu as acariciei e senti as ondulações em relevo. Mais um sorriso. Para mim. Para a vida. Para esse constante autoexame no qual sempre nos pegamos querendo alguma coisa. Que perda de tempo!
Eu me amo e me aprovo.

O último mês. Meu 12º livro. A linha de chegada.

Eu tinha decidido finalizar minha aventura com um livro chamado *Você pode curar sua vida*, de Louise Hay. É um clássico da autoajuda que teve 35 milhões de exemplares vendidos desde a sua publicação, em 1985. Ele se resume a se amar. Hay afirma que, em vez de nos culpar, devemos olhar no espelho diariamente e dizer: "Eu me amo e me aprovo."

Ela acredita que todos os nossos problemas — de dinheiro até relacionamentos ruins — vêm de duas coisas: o apego a um ressentimento passado e o fato de que não nos amamos. Também acredita que todas as doenças físicas têm uma causa emocional e que o próprio câncer de ovário que tivera foi causado pela vergonha que sentia em relação ao abuso sexual sofrido na infância.

Com a finalidade de "curar nossa vida", Hay diz que devemos perdoar a todos que já nos causaram algum mal, especialmente nossos pais.

Alguns anos atrás eu teria sido desdenhosa sobre o efeito que nossa infância tem sobre nós. A menos que você tivesse sofrido abuso ou perdido uma figura parental quando jovem, a maioria de nós não tem nada do que reclamar, mas agora vejo que nossa infância é praticamente a base de tudo. De bom e de ruim.

Então, sim, o taxista estava certo. Minha inteligente e astuta terapeuta estava fazendo com que tudo se resumisse à minha família. Não porque tive uma infância terrível — longe disso —, mas porque, mesmo com as melhores intenções dos envolvidos, pequeninos momentos podem causar um grande impacto e é inestimável começar a identificar esses momentos

Você pode curar sua vida 329

que têm nos guiado por anos. Percebi que não podia fazer isso por conta própria. Desde a minha primeira consulta em janeiro, minha terapeuta havia se tornado uma companheira e apoio constante, me ajudando a acessar partes de mim que eu sequer sabia que existiam.

E então — com a habilidade do perdão sendo trabalhada — era hora do amor-próprio.

Cresci em uma casa onde dizer para alguém "realmente se amar" era um insulto. Significaria basicamente que você é uma babaca convencida. Com o rei na barriga. Mas Hay acredita que o amor-próprio nada tem a ver com ser arrogante ou cheio de si. O amor-próprio tem a ver com cuidar de si mesmo, ser compreensivo consigo mesmo e aceitar todas as suas peculiaridades.

Segundo ela, "Quando as pessoas começam a se amar mais a cada dia, é incrível como a vida delas melhora. Elas se sentem melhor. Conquistam o emprego que querem. Conseguem o dinheiro que precisam. Os relacionamentos também melhoram, ou os problemáticos acabam e novos surgem."

Mas se amar não é fácil.

Hay descreve quantas de suas clientes se recusam a dizer "Eu me amo e me aprovo" na frente do espelho. Algumas sequer conseguem olhar para si mesmas sem chorar. Dizem que não podem se amar porque são feias demais, gordas demais, malsucedidas demais, machucadas demais. Dizem que vão se amar quando perderem peso, conseguirem o emprego, encontrarem um marido.

Consigo me identificar com isso. Uma vez, escrevi um artigo sobre o que vi no espelho e não foi bom: dentes acavalados, quadris largos, bochechas gorduchas, pele acneica, rugas... Eu costumava olhar para o espelho toda manhã e listar meus defeitos, usando-os como motivos pelos quais eu nunca seria amada e nunca seria boa o suficiente.

Lá para a metade de abril, no fim da minha jornada da autoajuda, isso havia mudado.

★ ★ ★

— Daisy acabou de me dizer que tenho uma aura brilhante! — contou Sarah, pulando no vestido que delineava perfeitamente a sua bunda empinada.

— Eu sempre disse isso — falei, pulando também.

— Ela é doida. — Sarah sorriu, com rosas vermelhas brilhantes de plástico na cabeça. — Mas eu gosto dela!

— Que bom, eu também!

Nós rimos e pulamos um pouco mais. O chão vibrava enquanto centenas de frequentadores de rave levantavam as mãos para o ar. Dançando como se fosse seu último dia na Terra.

Rachel apareceu com um bambolê.

— De onde você tirou isso? — perguntei.

— Um cara acabou de me dar.

Ela colocou o bambolê em volta da cintura e começou a girar. Rachel estava vestida com um macacão de lycra azul-turquesa cintilante que a fazia parecer uma sereia espacial. A dieta antiquada de nunca repetir o prato parecia estar funcionando para ela. Caramba.

— Onde está Daisy? — gritou ela no meio de um giro.

Apontei para o palco, onde Daisy estava dançando ao lado de um homem vestido de cenoura. Os olhos dela estavam fechados e seus braços flutuavam no ar. Ela tinha um chifre de unicórnio em sua cabeça. Às 7 horas de uma quarta-feira.

A rave matinal foi ideia de Daisy, obviamente. Ela estava indo a esses eventos hippies e descolados há meses, festejando com o tipo de pessoa que gosta de acordar cedinho para tomar água de coco em vez de cerveja.

Era outro mundo: bebês com protetores de ouvido corriam atrás das mães dançantes, mulheres com pouco mais de vinte anos usando croppeds que destacavam suas curvas no palco, enquanto homens vestidos de zebra e — tão estranho quanto — camisas sociais, dançavam, dançavam e dançavam. E nos juntamos a eles. De 7h30 às 10 horas, dançamos e suamos como gloriosas porcas festeiras.

— Você parece tão feliz! — gritou Sarah.

Eu sorri.

Você pode curar sua vida 331

— Você também!

— Talvez você não precisasse de autoajuda. Talvez precisasse apenas dançar mais!

— Pode ser!

Estar com outras pessoas, me movimentar e sorrir era como um tônico; muito melhor para a minha alma que sentar para me analisar por conta própria. Na verdade, durante o ano, praticamente ignorei os poderes mágicos dos exercícios, o que a maioria das pessoas acreditava ser tão eficaz quanto antidepressivos para levantar o ânimo.

Um homem com cabelo comprido e peito nu brilhando de suor e com diversos cordões coloridos sorriu para mim. Sorri de volta.

— Belo sorriso! — disse ele.

— Obrigada! — disse enquanto pulávamos juntos por alguns minutos.

— Esse é o terceiro — disse Sarah.

— O quê? — gritei de volta.

— O terceiro cara que chegou em você.

— Foi de forma amigável, todos estão dizendo "oi"...

— Não, eles estão chegando em você. Você está iluminada.

— Você quer dizer que eu estou suando!

— Sim, mas não é só isso... Sua luz interior está brilhando.

E estava. Eu conseguia senti-la.

Quando Rachel e eu chegamos em casa, corri para o banheiro, tirei a roupa e fiquei de pé diante do espelho. Enquanto eu olhava para o meu reflexo, podia ver que meus olhos e minha pele estavam brilhando. Continuei sorrindo para mim, aceitando os dentes acavalados, as bochechas gorduchas e as coxas com celulite que costumavam me deixar tão infeliz. Mas agora, em vez de enxergar defeitos, vi algo a mais.

Vi uma mulher que havia feito coisas insanas e incríveis nos últimos 16 meses. Gentil e forte, e também corajosa e poderosa. Alguém que estava viva e vibrava.

De pé na frente do espelho do banheiro, vi uma força da natureza.

Eu não estava tão mudada a ponto de não me sentir uma idiota por falar em voz alta com essa pessoa no espelho, mas, conforme segui as instruções de Louise, percebi que eu acreditava no que estava dizendo: eu me amava e me aprovava, não importava como o meu cabelo estava ou quão grande era a espinha no meu queixo ou ainda o pouco tempo que passei me depilando.

Na verdade, às 11 horas do dia 13 de abril, me senti incrivelmente maravilhosa.

Eu estava tão orgulhosa de mim mesma. Sério, muito, muito orgulhosa.

Mas agora eu estava dando um basta.

Um basta em tentar eliminar todas as minhas partes ruins, em lutar comigo mesma por conta de todas as minhas falhas óbvias. Eu estava farta de tentar ser Altamente Eficaz ou passar cada segundo em um estado de alegria zen. Estava cansada de afirmações e de fingir felicidade quando tudo que eu queria era suar e ser rabugenta. Eu estava farta de beber sucos verdes e de me sentir culpada toda vez que colocava queijo na torrada. Porque a questão era que eu gostava, muito mesmo, de colocar queijo na torrada. Às vezes essa era a melhor parte do meu dia.

No Natal, quando minhas tentativas de alcançar a perfeição tinham chegado perto de acabar comigo, me vi chorando, como faço todo ano, enquanto assistia a *Bridget Jones*. Era aquela cena na qual Darcy diz a Bridget que gosta dela do jeito que ela é.

As amigas de Bridget não conseguem acreditar nessa afirmação.

— Do jeito que você é? Nem mais magra ou mais esperta? Nem com seios um pouco maiores ou com um nariz menor? — pergunta Jude quando Bridget conta para ela.

— Não — diz Bridget.

— Nossa, uau — disse Shazza.

Isso virou o santo graal da minha geração: essa ideia de que se você pudesse encontrar seu Darcy, alguém que a amasse do jeito que é, tudo ficaria bem.

Mas e se apenas aprendêssemos a amar a *nós mesmos* como somos? Não seria melhor do que esperar que outra pessoa nos diga que somos bons?

Olhei para o espelho novamente e para a minha barriguinha de queijo e pão e para o meu rosto inchado e com marcas de expressão, e sorri. E então disse minha última afirmação:

Eu me amo e me aprovo. Exatamente do jeito que sou.

E na minha cabeça ampliei a afirmação: *Eu me amo e me aprovo do jeito que sou, mesmo que meu único exercício seja caminhar em volta do quarteirão. Eu me amo e me aprovo, mesmo que eu beba vinho e ame Netflix. Eu me amo e me aprovo, mesmo sendo desorganizada e péssima em administrar minhas finanças. Eu me amo e me aprovo, mesmo que eu chore por tudo... incluindo Bridget Jones e anúncios de seguro.*

E, como se fosse uma deixa, comecei a chorar novamente porque percebi, olhando para o espelho, que por todo o tempo que passei obcecada com as minhas partes ruins, eu raramente pensava nas minhas partes boas. E *havia* partes boas. Muitas.

Por isso, eu disse em voz alta:

Sou gentil, engraçada e sorridente. Tento ser legal com as pessoas. Faço doações para instituições de caridade. Sou uma boa ouvinte. Trabalho para caramba. Faço minhas amigas rirem. E tenho ótimas amigas: divertidas, legais e interessantes! E elas me amam e me aprovam EXATAMENTE COMO EU SOU.

Embora elas possam mudar de ideia se me virem falando sozinha e pelada na frente do espelho.

Uma vez li alguém descrevendo o sucesso como ser capaz de se olhar no espelho de manhã e se sentir bem com o que vê. E eu havia chegado lá.

Depois de longos e dolorosos 16 meses, eu conseguia me olhar no espelho.

Mas, enquanto eu me secava e escovava os dentes, soube com a absoluta certeza que era hora de dar um passo atrás com relação ao meu reflexo real e metafórico. Eu não conseguia mais pensar em mim mesma nem por um minuto.

★ ★ ★

Na terra da autoajuda, o noticiário não é visto com bons olhos. Essa é uma fonte de negatividade e infelicidade. Vai te deixar para baixo. É melhor caminhar pelo quarteirão repetindo afirmações ou ler sobre o poder do pensamento positivo do que encarar o mundo feio e cruel. E, por mais de um ano, segui esse conselho. Fui de uma pessoa que lia jornal todo dia para uma que lê posts motivacionais no Facebook. E isso era bom de alguma forma. A vida parecia mais simples, mais leve.

Mas, conforme fui chegando perto do final do meu desafio, negar o mundo real — em toda sua loucura e tragédia — não parecia mais uma prática iluminada. Parecia egoísmo. Então, depois do banho, fui até a loja da esquina, comprei jornais e li sobre o naufrágio que matou centenas de migrantes africanos e bengalis que tinham tentado escapar da guerra e da pobreza. A equipe de resgate descreveu a cena como "um cemitério no mar", enquanto um dos sobreviventes contou quantas centenas de pessoas morreram porque estavam trancadas abaixo do convés "como ratos em uma jaula". Foi simplesmente terrível. Aqui estava a história de pessoas lutando para continuar vivas, crianças que estavam morrendo antes mesmo de terem vivido. Mães assustadas colocando seus bebês em barcos porque não havia outra alternativa...

Minha jornada rumo à perfeição pareceu imoral. Do que eu tinha para reclamar? O que eu estava tentando aperfeiçoar? Eu já estava vivendo uma vida dos sonhos comparada a 99,99 por cento do mundo.

Eu era muito mais que abençoada. Estava na hora de valorizar o que eu tinha.

Ser grata.

Tony Robbins, Eckhart Tolle e Susan Jeffers, todos eles falam sobre substituir "expectativa por gratidão". Mas eu não havia feito isso. Nem um pouco. Estava tão ocupada analisando os problemas que eu mesma havia criado que não via quão sortuda eu era. Isso iria mudar.

— Tomei uma decisão — disse a Rachel, que estava digitando em seu laptop enquanto eu lia os jornais.

— Qual? — perguntou ela, sem levantar o olhar.

— Chega de autoajuda!

Você pode curar sua vida 335

Ela levantou os olhos.

— Sério?

— Sim.

— Ai, graças a Deus.

Ela sorriu. E, pela primeira vez, percebi como deve ter sido um pesadelo conviver comigo — entre os altos, os baixos e olhar voltado constantemente apenas para o meu próprio umbigo. Eu não era capaz de tomar uma xícara de chá sem analisar meus sentimentos e obrigá-la a fazer o mesmo.

— Decidi fazer trabalho voluntário em vez disso.

O rosto de Rachel congelou.

— Você não vai tentar virar a Madre Teresa agora, não é?

— Não! A amiga de um amigo postou uma coisa no Facebook. Ela está organizando doações para Calais esse fim de semana e precisa de pessoas para ajudar. É apenas por um dia.

— Parece bom. Posso ir com você?

— Pode, sim, seria ótimo.

Enquanto esperava a água na chaleira ferver para fazer outro café, reuni coragem para fazer a Rachel a pergunta na qual vinha pensando há meses.

A Grande Pergunta, na verdade.

Durante todo o ano, fiquei esperando que as pessoas comentassem quão sábia eu parecia, quão calma e equilibrada. Eu queria que elas pensassem "Eu quero o que ela pediu", sabe? Tipo ver a Meg Ryan no café em *Harry & Sally*. Não aconteceu. Nem perto disso.

— Você acha que alguma coisa nisso tudo ajudou? — perguntei, mantendo meu olhar focado no café.

— *Você* acha que ajudou? — perguntou ela. Ela não era melhor que a terapeuta.

— Não sei. Em alguns aspectos, sim; em outros, não. Acho que vai levar um tempo para assimilar.

— Bom uso da palavra "assimilar".

— Obrigada.

336   Autoajude-me!

— E o que vai fazer agora?

— Trabalhar, ver pessoas, ser normal... Mas, primeiro, vou arrumar o meu quarto.

Rachel ergueu as sobrancelhas.

— Talvez os livros tenham *mesmo* ajudado.

Sentei na minha cama e olhei para os livros coloridos na minha estante. Todos com a lombada gasta e páginas dobradas. Todos foram minha companhia durante as semanas do meu intenso exame de consciência, de agonia e, com bastante frequência, de muito choro.

Peguei meu exemplar manuseado de *Apesar do medo*, o primeiro livro da minha jornada, aos 24 anos e agora aos 36. Ambos os momentos pareciam ter ocorrido há uma eternidade. O stand-up, ser modelo vivo, o karaokê — eu ainda não conseguia acreditar que tinha feito aquilo tudo. Em um mês. Susan estava certa: a vida realmente começa no minuto em que você faz alguma coisa, *qualquer coisa*.

Próximo à sua lombada vermelha maltratada, o livro que me introduziu à minha trágica história de amor com o dinheiro. Que mês! Como nunca percebi que não sabia lidar com dinheiro antes desse livro? Comecei o ano esperando — magicamente — me tornar muito rica, mas isso não aconteceu. Eu ainda tinha dívidas e ficava tensa com bancos e caixas eletrônicos, mas pelo menos estava checando meu saldo bancário agora. Bem, às vezes.

Logo olhei para *O Segredo* e senti uma onda de irritação familiar. Esse livro ainda me irritava. Era verdade? Não era? Eu ainda não sabia.

Eu me ajoelhei no chão e olhei para o Quadro de Visualização que fiz, escondido atrás da minha escrivaninha. As imagens de sucos verdes e yoga estavam agora enrugadas e empoeiradas. Olhei para tudo o que eu queria em março. A viagem internacional ainda não havia acontecido, nem um vocalista de uma banda tinha aparecido na minha porta. Eu tinha, no entanto, bebido muitos sucos verdes e feito yoga, com e sem roupa... Então talvez houvesse algo de bom nisso?

Você pode curar sua vida **337**

Jogada atrás do Quadro estava a caixa dos cartões de anjos. Puxei um pelos velhos tempos: "Acredite e confie". Durante o mês dos anjos, a imprecisão disso me deixou furiosa, mas agora até parecia legal. Apenas uma mensagem positiva para ajudar durante o dia. O que havia de tão errado nisso?

Peguei a caixa do chão e a coloquei em minha prateleira, ao lado do meu exemplar de *Dane-se* danificado pela água. Ah, Dane-se — só de falar isso me dava certo alívio. Esse livro foi enganosamente profundo e sábio. O irmão mais novo e desbocado de *O poder do agora*, o meu preferido de todos eles.

Folheei o exemplar que estava na minha cabeceira. Passeei pelas páginas sublinhadas na maior parte dos dias. Com margens cheias de "SIM!" e exclamações, parecia a Bíblia de uma mulher doida, mas cada página continha um pouco de sabedoria.

Assim como todos os livros que eu havia lido. Até mesmo os que não gostei tinham algo a oferecer — alguma verdade. Algo para fazer você ver o mundo de modo diferente.

Mas o que fazer com eles agora?

Parte de mim queria jogá-los fora — talvez até mesmo queimá-los — para marcar o fim de uma era, mas não pareceu certo. Passamos por muita coisa juntos.

Esses livros e seus autores foram minha companhia constante por um ano. Em alguns momentos, parecia que havia 12 pessoas morando na minha mente, comentando sobre tudo o que eu estava fazendo. Mas, por mais que eu amasse todos eles, minha cabeça foi ficando desconfortavelmente abarrotada de gente.

Liguei para minha mãe.

— Onde você está? — perguntei.

— Na rua comprando fronhas. Onde você está?

— Em casa, fazendo uma limpeza. Decidi que vou parar com essa coisa de autoajuda.

— Ah, que bom — disse ela, deixando escapar um suspiro.

Houve um silêncio na linha antes de ela me fazer a mesma pergunta que fiz a Rachel.

— Você acha que ajudou?

— Não sei, ainda não estou curada. Ainda estou dura e solteira...

Ela pareceu surpresa.

— Não achei que você estava tentando de alguma maneira se consertar, Marianne. Achei que você estava tentando se conhecer e a essa altura você deve se conhecer muito bem.

Levei isso como uma crítica.

— Sei que você acha que estou obcecada por mim mesma e que venho sendo autoindulgente — disse.

— Na verdade, Marianne, não acho. — Sua voz ficou aguda e falha do jeito que costumava ficar quando ela nos repreendia quando crianças. — Bem, sim, tudo bem, um pouco, mas também acho que o que você fez foi muito corajoso. Você encarou questões que as pessoas passam a vida toda evitando, e isso requer coragem. E-e-e-eu nunca pensei sobre as coisas ou questionei a vida do jeito que você faz. Eu apenas aceitava o que estava acontecendo. Nunca tive ambições. Queria ter refletido mais sobre a vida como você tem feito. Estou orgulhosa de você. Não poderia estar mais orgulhosa.

Meus olhos se encheram de lágrimas. Essa deve ter sido a coisa mais gentil que minha mãe já me disse.

— Obrigada, mãe.

— Você é uma boa garota.

Esse era o maior prêmio que poderia ganhar da minha mãe depois de crescida — ainda mais poderoso por ser algo bem raro de ser dito. Mas eu tinha sentimentos conflitantes sobre o que ela estava dizendo. Não era isso parte do meu problema — sempre tentar ser uma boa garota? Fazer tudo certo? Agradar todo mundo? Por mais que eu soubesse que ela estava dizendo aquilo puramente por amor, era hora de parar de tentar ser uma boa garota. Parar de *tentar*. Apenas ser quem quer que eu fosse. Para o bem ou para o mal.

Eu não respondi isso, é óbvio.

— E você é uma boa mãe.

Houve um silêncio na linha.

— Bem, sou muito sortuda por ter as filhas que tenho. Te amo.

— Também te amo.

Outro silêncio.

— Certo, não posso ficar conversando. Preciso ir ao mercado antes que feche.

Desliguei o telefone, sentei na cama e chorei. Novamente. Se esse ano tinha me transformado em algo, era numa grande chorona.

Então aqui estava eu. Eu consegui. Cheguei no fim da estrada. Parecia algo importante. Significativo. Emocionante. Mas também era um anticlímax.

Não havia linha de chegada. Nem prêmio. Nem cheque de £100.000 do Universo.

Apenas eu, sentada na cama, cercada de livros de autoajuda.

Peguei meu exemplar relativamente intocado de *Você pode curar sua vida*.

Eu me senti mal por ver que a adorável Louise, a grande dama da autoajuda, não estava ganhando a atenção que merecia. Mas acho que ela aprovaria. Minha falta de desejo de fazer mais autoajuda foi, de muitas formas, um sinal de que *havia* curado a minha vida.

Enfrentei meus demônios um por um e ainda estava de pé. Mais do que isso, estava de pé com orgulho. Estava em paz comigo mesma e havia encontrado meu lugar no mundo.

Minha jornada pelo autoaperfeiçoamento havia se transformado em uma jornada pela autoaceitação e então, milagre dos milagres, uma jornada para me amar.

Eu não mudei muitas das coisas que queria mudar em mim no início, mas fiz algo melhor. Não me consertei — *me tornei* eu mesma.

Agora era hora de parar de pensar em mim mesma. Hora de olhar para fora, não mais para dentro. De viver a vida em vez de analisá-la.

Olhei pela janela. O céu londrino estava rosa e com nuvens esparsas. Logo seria verão. Eu conseguia ouvir a conversa de duas senhoras no jardim ao lado, sentadas em meio a suas rosas. Um cachorro estava latindo e era possível escutar uma sirene de polícia ao longe. A vida estava acontecendo em cada esquina e eu queria ser parte disso.

Rachel gritou do primeiro andar.

— Sei que você bebendo pouco, mas vamos comemorar com um drinque? Vamos sair?

— Sim! — gritei de volta. — Desço em um minuto.

Coloquei meu Quadro de Visualização debaixo da cama, junto dos 12 livros de autoajuda.

O telefone tocou. Era Sheila.

— Como você está? — perguntei.

— Bem. Ocupada. Estou indo para a academia. E você?

— Estou indo para um pub beber com a Rachel. Estamos celebrando. Decidi colocar um ponto final na jornada da autoajuda.

— Então você acha que está bem agora? — perguntou ela.

A verdade era que, pela primeira vez, eu realmente acreditava que estava.

E então, a autoajuda *ajuda*?

Passaram-se exatamente três meses desde que encerrei minha jornada de autoajuda, e estou no chalé da minha melhor amiga no oeste da Irlanda. Gemma e seu filhinho, James, estão de chamego no sofá enquanto escrevo na varanda, numa mesa que dá para a estrada.

Esta manhã, meia dúzia de vacas passaram bem ao lado da casa, e ontem quatro ovelhas ficaram perambulando por perto como se fossem donas do lugar. E de fato são — mais que eu, pelo menos.

O sol brilha e o céu é um enorme véu azul. O céu aqui parece ficar maior a cada dia, não entendo como. Simplesmente fico pasma. Hoje ficará cor-de-rosa e roxo com o pôr do sol, e eu direi, pela milionésima vez: "Meu Deus, como é lindo!"

Antes, porém, Gemma vai preparar um peixe para o jantar e eu vou dar de comer a James — embora ele já esteja crescidinho agora e seja plenamente capaz de se alimentar sozinho, primeiro com a colher e depois, quando já está cansado demais, com a mão.

Quando já estiver cheio, ele vai nos presentear com seus restos; transferidos de seus perfeitos dedinhos cobertos de comida para nossas mãos adultas. Vamos dizer "Dá, dá!" e ele irradiará pura luz, amor e alegria, e a mamãe vai falar que ele é o menino mais bonito do mundo inteiro.

James e eu vamos então dar uma caminhada pelo jardim depois do jantar, e ele vai fingir cheirar as flores. Ele vai se inclinar muito perto, fazer um som com o nariz e olhar para mim em busca de aprovação. E ele a receberá. Em seguida, vai gritar "Abelha!" e apontará para as abelhas que parecem estar sempre zunindo junto às flores roxas — cujo nome aparentemente é *Nepeta*.

Continuaremos caminhando, cheirando e apontando para as abelhas até que chegará a hora de James entrar para seu banho *chuá-chuá*. Ele então vai brincar com seus patos de borracha e depois sairá tão reluzente, limpo e inocente em sua toalha branca felpuda que eu poderia explodir de amor. Quando dou sorte, ganho um beijo. Será um momento perfeito, no fim de um verão de muitos momentos perfeitos.

Estou tão feliz!

Na noite passada, depois de uma tarde nadando no Atlântico, dando gritos por causa das ondas geladas que batiam em nós, Gemma e eu assistimos a um documentário que tinha uma entrevista com o dramaturgo britânico Dennis Potter, que estava morrendo de câncer. Ver a entrevista me fez chorar. Eis o que ele disse sobre a vida:

> Nós tendemos a esquecer que a vida só pode ser definida no presente (...) Debaixo da minha janela, por exemplo (...) a floração está no auge (...) e em vez de dizer "Puxa, que flores lindas!" (...) vejo que são as flores mais brancas, delicadas e cheias que poderia haver (...) e a verdade é que, quando percebemos o presente, caramba, nós realmente o vemos! E, caramba, como podemos valorizá-lo!

É como eu me sinto agora. Estou vivendo a vida no presente. Cada momento parece pronto a explodir em sua perfeição. Até mesmo as coisas mais banais, como pendurar a roupa lavada ou lavar pratos, parecem carregadas de significado. Não sei por quê. Acho que acabo de chegar ao fim de uma longa jornada apenas para me dar conta de que não há outro lugar onde eu quisesse estar. Não quero ser nenhuma outra pessoa. Estou aqui. Estou feliz.

Então isso significa que a autoajuda de fato ajudou?

Em muitos níveis o meu ano foi um desastre.

Minhas dívidas aumentaram, minha produtividade despencou e agora tenho alguns quilos a mais em comparação ao início da jornada. Tornei-

E então, a autoajuda *ajuda*?

-me irresponsável, egoísta e desiludida, assistindo a vídeos motivacionais no YouTube em vez de realmente trabalhar e gastando o dinheiro que eu não tinha baseada na crença de que o Universo iria prover. E o pior de tudo: eu havia brigado com uma das minhas melhores amigas.

E Sarah estava certa — eu *estava* obcecada por mim mesma. Eu me encolho constrangida ao pensar em como era egoísta, constantemente analisando cada pensamento que eu tinha e cada atitude que eu tomava. Tornei-me uma viciada em autoajuda, sem consideração com meus amigos e minha família, sempre pensando que a resposta estaria no próximo livro, ou no próximo...

A cada livro, as minhas expectativas para a vida aumentavam. Eu não queria apenas uma vida feliz, queria uma vida fenomenal! Quanto mais alto a meta era posta, mais eu sentia que estava falhando. Quanto mais perseguia a Eu Perfeita, mais ela fugia de mim. Quanto mais desesperada em ser feliz eu me tornava, menos feliz ficava...

Mas agora eu via que a perfeição não existia e que a felicidade vem não de você conseguir o que pensa que quer, mas de abrir os olhos e reconhecer que tem tudo que poderia precisar agora.

Em dezembro, quando eu estava desmoronando e não saía do sofá de sua casa, Gemma me disse que esperava que eu conseguisse chegar ao fim desse ano só para me dar conta de que eu estava bem exatamente do jeito que era. Não precisava saltar de aviões, puxar conversa com estranhos, ou ficar nua em público para ser amada. Naquele momento, achei aquilo ridículo. Só enxergava meus defeitos e falhas. Achava que estava quebrada e que precisava de conserto e achava que precisava me curar antes que alguém pudesse me amar.

Com o Processo Hoffman, eu aprendi que não era bem assim.

Ficar de pé na frente de estranhos e compartilhar as minhas partes que eu mantinha escondidas foi um dos momentos mais assustadores e bonitos da minha vida. Longe de ser o fim do mundo, isso marcou o início do meu novo mundo, um mundo onde eu era aceita com todos os meus defeitos, onde eu era amada e sentia que pertencia sendo exatamente do jeito que era.

344 Autoajude-me!

Durante a semana nós também fizemos um exercício no qual tínhamos que escrever todas as coisas horríveis que dizemos a nós mesmos em um pedaço de papel gigante e então reduzi-lo a migalhas usando um sapato (foi uma semana estranha) enquanto gritávamos a plenos pulmões. Depois de vinte minutos de gritos e golpes ferozes, eu tive o tipo de experiência feliz que havia tido no *Dane-se* e com *O poder do agora*.

Por um minuto inteiro toda a merda na minha cabeça foi embora e eu olhei ao redor na sala e senti amor puro por todos que estavam ali, incluindo eu mesma. Percebi que não é possível amar os outros quando estamos ocupados demais nos odiando. É simplesmente impossível.

Agora, olhando novamente para aquele momento, percebi outra coisa: tentar encontrar a felicidade pode parecer um comportamento egoísta, mas não é. Quando você está tão infeliz como eu estive por anos, sua infelicidade é lançada no ar e afeta todo mundo à sua volta. Você não é paciente, é mal-humorado. Você não é realmente gentil, não tem consideração pelos outros, se isola na própria prisão de infelicidade. Você também é, frequentemente, uma preocupação para os que o amam.

Enquanto não é saudável pensar sobre si mesmo com a intensidade que eu fiz no último ano, isso me permitiu ter nitidez sobre toda a porcaria na minha cabeça, e assim, finalmente, consegui enxergar além da onda de ódio por mim mesma e reparar nas pessoas ao meu redor.

Nesse aspecto, a autoajuda realmente ajudou — *bastante*. Ela, ironicamente, me ajudou a olhar além de mim mesma. Enquanto escuto Gemma e James cantarem "Old Mcdonald Had a Farm" no quarto ao lado, penso na afirmação de Brené Brown de que "conexão é o motivo de estarmos aqui".

Acho que ela está certa. Passei a vida inteira tentando viver por conta própria, mantendo as pessoas que me amam distantes, mas não mais. Conforme penso no meu último ano e no pouco de autoaperfeiçoamento que fiz, as melhores partes foram aqueles momentos de conexão. É apenas a partir do encontro com outras pessoas que a mágica acontece — uma mágica que poderia ser definida como amor. Ou Deus. Ou beleza. Ou espírito.

E então, a autoajuda *ajuda?* 345

E até agora, pelo menos, estou me lançando mundo afora com o coração aberto para o amor.

O que me traz aos homens, ou, mais especificamente, a um homem. Quando comecei, algumas pessoas me sugeriram que, se a história não terminasse comigo encontrando meu Príncipe Encantado, ela seria um fracasso e isso me deixou irritada. Eu não achava — e ainda não acho — que alguém precise de um parceiro romântico para estar completo ou se sentir bem. Não acho que a felicidade tem de vir na forma de um casamento e filhos. E ainda assim continuo pensando no Grego. Não porque ache que ele seja o homem dos meus sonhos, ou porque ache que seja a mulher dos sonhos dele, mas porque, por algum motivo, entre todos os homens de Londres, eu caminhei até ele naquele dia. E, por algum motivo, ele me deixou fazer isso. E ainda que só tenhamos passado algumas horas juntos, ainda estávamos conversando um ano depois.

Gemma grita dizendo que vai começar a cozinhar.

— Obrigada — grito de volta.

Olho pela janela e vejo as árvores tremulando com a brisa de verão. Respiro fundo e pego meu celular.

Como você se sentiria com uma visita? ☺

Digito e então clico em enviar antes que eu possa me acovardar.

A resposta chega instantaneamente. *Sim!*, diz ele, seguido de três carinhas felizes. E dessa vez elas jogavam beijinhos.

Pulei na cadeira e gritei. Mal posso esperar para dizer a Gemma e Sarah, mas primeiro preciso escrever uma coisa...

Em *Os 7 hábitos das pessoas altamente eficazes*, Stephen Covey recomenda escrever uma missão que descreva o tipo de pessoa que você quer ser. Ao contrário do exercício do funeral, esse não envolve saber o tipo de pessoa que você quer ser no futuro, apenas o tipo de pessoa que você quer ser agora.

Na época eu não consegui pensar em nada, mas, sentada na varanda de Gemma, isso veio a mim:

Seja honesta. Seja gentil. Veja o lado divertido das coisas. Faça exercícios. Ria. Seja alegre. Tenha as conversas difíceis e faça as coisas difíceis. Não fuja. Dizer o que penso de maneira calma, objetiva e respeitosa. As pessoas não leem mentes. Apenas diga sem medo. Trabalhe duro e aproveite. Orgulhe-se e fique feliz com suas habilidades, elas são maiores do que você pensa. Acredite em si mesma. Vá atrás das grandes coisas — por que não? Qual é a pior coisa que pode acontecer? Falhar não vai matar você. Diga não. Diga sim. Veja o que há de bom nas pessoas, não julgue. Ouça, entenda, perdoe. Aproveite o dia e as pessoas na sua vida — você é tão sortuda em tê-las. Seja humilde: você não é melhor nem pior do que qualquer outra pessoa. Todos estamos tentando o nosso melhor, somos todos iguais, de verdade. Ame com todo o seu coração e aprenda com tudo. Quando as coisas estiverem difíceis, saiba que elas vão passar e nada disso importa tanto assim. Você é apenas um pontinho passando, então aproveite da melhor maneira. Cante, dance, olhe para o céu e seja grata. Se estiver em dúvida, organize-se e faça um plano — às vezes ajuda sair da sua mente e ser prática. Mais importante, no entanto, tome uma xícara de chá (ou uma taça de vinho) e lembre-se disto: você está fazendo um ótimo trabalho. Está mesmo.

Agradecimentos

Mamãe acaba de me telefonar.

— Ando pensando numa coisa... — disse ela.

— Sim — respondi.

— Sobre o seu livro — prosseguiu.

— Sim.

— Por favor, não escreva cinco páginas de agradecimentos. Não aguento mais todos esses agradecimentos efusivos no fim dos livros. Qualquer um acreditaria que eles evitaram uma guerra, em vez de ter escrito algo que ninguém vai ler.

Achei melhor ignorar a insinuação de que ninguém ia ler este livro.

— Então você não quer que eu a agradeça? — perguntei.

— Exatamente, caso contrário você teria de agradecer às suas irmãs, aos amigos, às tias, aos tios, e onde é que isto ia acabar? Quando se desse conta, você estaria agradecendo ao cachorro.

— Nós não temos um cachorro — digo.

— Você entendeu, Marianne.

— O que devo dizer então?

— Simplesmente agradeça aos amigos e à família, e pronto. Nada de nomes.

Ok. Obrigada, então, aos meus amigos e à minha família. Nada de nomes, mas espero que vocês saibam quem são. Obrigada por me aturarem e, em alguns casos, me animarem. Esse livro não existiria sem vocês.

Obrigada também aos leitores maravilhosos que me animaram quando anunciei esta experiência no meu blog e aos estranhos com os quais tive as conversas perfeitas nos momentos perfeitos. Obrigada a todos que me ajudaram a tornar minha história um livro real.

Obrigada também ao cachorro.

E um obrigada extra e muito especial a minha mãe.

Nota da autora

Escrever sobre si mesmo é difícil. Embora eu não pareça ter dificuldade em expor meus sentimentos para o mundo (isso surpreendeu mais a mim mesma do que a qualquer outra pessoa) — sei que a maioria das pessoas não se sente da mesma forma, por isso mudei nomes e detalhes que pudessem identificar algumas das pessoas citadas neste livro.

Eu tinha muitos amigos torcendo por mim (e me tolerando) durante o meu ano (e um pouco mais) de autoajuda, e para manter as coisas simples, os amigos que aparecem no livro são a mistura de algumas pessoas.

Também mudei a ordem de alguns acontecimentos, em nome de (espero) uma boa narrativa.

Dito isso, cada incidente louco, estúpido, constrangedor e de nudez que descrevo foi real e verdadeiro. Eu saltei do avião. Fiz stand-up. Flertei com o Grego. Fiquei de pé na frente de uma sala cheia de executivos e pedi um encontro.

Eu até pensei, por um curto mas agoniante período em ir para uma audição do *X Factor*.

Quanto à mamãe, eu não poderia ter inventado ou melhorado as falas dela, mesmo que tentasse.

Este livro foi composto na tipografia Dante MT Std,
em corpo 12/16, e impresso em
papel off-white no Sistema Cameron da
Divisão Gráfica da Distribuidora Record.